本书为国家社科基金西部项目"司法工作人员职务犯罪预防研究"（项目号：13XFX016）研究成果

重大法学文库

司法工作人员
职务犯罪预防研究

肖　洪◎著

中国社会科学出版社

图书在版编目(CIP)数据

司法工作人员职务犯罪预防研究／肖洪著.—北京：中国社会科学出版社，2021.6

（重大法学文库）

ISBN 978-7-5203-8370-7

Ⅰ.①司… Ⅱ.①肖… Ⅲ.①法律工作者—职务犯罪—预防犯罪—研究—中国 Ⅳ.①D924.114

中国版本图书馆 CIP 数据核字(2021)第 082798 号

出 版 人	赵剑英
责任编辑	梁剑琴
责任校对	季　静
责任印制	郝美娜

出　　　版	中国社会科学出版社
社　　　址	北京鼓楼西大街甲 158 号
邮　　　编	100720
网　　　址	http://www.csspw.cn
发 行 部	010-84083685
门 市 部	010-84029450
经　　　销	新华书店及其他书店

印刷装订	北京市十月印刷有限公司
版　　　次	2021 年 6 月第 1 版
印　　　次	2021 年 6 月第 1 次印刷

开　　　本	710×1000　1/16
印　　　张	13.75
插　　　页	2
字　　　数	235 千字
定　　　价	88.00 元

凡购买中国社会科学出版社图书，如有质量问题请与本社营销中心联系调换
电话：010-84083683

出版寄语

　　《重大法学文库》是在重庆大学法学院恢复成立十周年之际隆重面世的，首批于2012年6月推出了10部著作，约请重庆大学出版社编辑发行。2015年6月在追思纪念重庆大学法学院创建七十年时推出了第二批12部著作，约请法律出版社编辑发行。本次为第三批，推出了20本著作，约请中国社会科学出版社编辑发行。作为改革开放以来重庆大学法学教学及学科建设的亲历者，我应邀结合本丛书一、二批的作序感言，在此寄语表达对第三批丛书出版的祝贺和期许之意。

　　随着本套丛书的逐本翻开，蕴于文字中的法学研究思想花蕾徐徐展现在我们面前。它是近年来重庆大学法学学者治学的心血与奉献的累累成果之一。或许学界的评价会智者见智，但对我们而言，仍是辛勤劳作、潜心探求的学术结晶，依然值得珍视。

　　掩卷回眸，再次审视重大法学学科发展与水平提升的历程，油然而生的依然是"映日荷花别样红"的浓浓感怀。

　　1945年抗日战争刚胜利之际，当时的国立重庆大学即成立了法学院。新中国成立之后的1952年院系调整期间，重庆大学法学院教师服从调配，成为创建西南政法学院的骨干师资力量。其后的40余年时间内，重庆大学法学专业和师资几乎为空白。

　　在1976年结束"文化大革命"并经过拨乱反正，国家进入了以经济建设为中心的改革开放新时期，我校于1983年在经济管理学科中首先开设了"经济法"课程，这成为我校法学学科的新发端。

　　1995年，经学校筹备申请并获得教育部批准，重庆大学正式开设了经济法学本科专业并开始招生；1998年教育部新颁布的专业目录将多个部门法学专业统一为"法学"本科专业名称至今。

1999 年我校即申报"环境与资源保护法学"硕士点，并于 2001 年获准设立并招生，这是我校历史上第一个可以培养硕士的法学学科。

值得特别强调的是，在校领导班子正确决策和法学界同人大力支持下，经过校内法学专业教师们近三年的筹备，重庆大学于 2002 年 6 月 16 日恢复成立了法学院，并提出了立足校情求实开拓的近中期办院目标和发展规划。这为重庆大学法学学科奠定了坚实根基和发展土壤，具有我校法学学科建设的里程碑意义。

2005 年，我校适应国家经济社会发展与生态文明建设的需求，积极申报"环境与资源保护法学"博士学位授权点，成功获得国务院学位委员会批准。为此成就了如下第一：西部十二个省区市中当批次唯一申报成功的法学博士点；西部十二个省区市中第一个环境资源法博士学科；重庆大学博士学科中首次有了法学门类。

正是有以上的学术积淀和基础，随着重庆大学"985 工程"建设的推进，2010 年我校获准设立法学一级学科博士点，除已设立的环境与资源保护法学二级学科外，随即逐步开始在法学理论、宪法与行政法学、刑法学、民商法学、经济法学、国际法学、刑事诉讼法学、知识产权法学、法律史学等二级学科领域持续培养博士研究生。

抚今追昔，近二十年来，重庆大学法学学者心无旁骛地潜心教书育人，脚踏实地地钻研探索、团结互助、艰辛创业的桩桩场景和教学科研的累累硕果，仍然历历在目。它正孕育形成重大法学人的治学精神与求学风气，鼓舞和感召着一代又一代莘莘学子坚定地向前跋涉，去创造更多的闪光业绩。

眺望未来，重庆大学法学学者正在中国全面推进依法治国的时代使命召唤下，投身其中，锐意改革，持续创新，用智慧和汗水谱写努力创建一流法学学科、一流法学院的辉煌乐章，为培养高素质法律法学人才，建设社会主义法治国家继续踏实奋斗和奉献。

随着岁月流逝，本套丛书的幽幽书香会逐渐淡去，但是它承载的重庆大学法学学者的思想结晶会持续发光、完善和拓展开去，化作中国法学前进路上又一轮坚固的铺路石。

陈德敏

2017 年 4 月

内容摘要

　　司法权是国家权力的核心组成部分之一，而司法权的行使往往涉及公民各种权利的保障、限制乃至剥夺。当司法权被正当行使时，可以实现人们对权力预期的各种功能；但若是行使不当，就会损害人民的权利，造成社会秩序的混乱，并使人们丧失对司法的期待。我国社会缺乏深厚的现代法治基础，而长期以来的司法活动也未能完全建立起人民对司法的信心，当前，我国司法权威相对不足、司法公信力相对低下已成为困扰司法界的问题。司法工作人员职务犯罪是多种因素彼此作用而产生的复杂社会现象，经人类社会艰苦卓绝的抗争，仍无法彻底地得到解决。司法工作人员职务犯罪危害着人民群众的切身利益，破坏了社会的良性发展，一定程度上阻碍着国家的长治久安。由于司法被认为是社会公平的"最后一道防线"，所有的社会公正，最后都需要司法的保障和落实。在司法系统出现的司法工作人员职务犯罪将导致人们对社会公正失去信心，直接威胁着整个社会的诚信基础，这必然意味着司法人员的职务犯罪问题是法治国家共同关注的焦点。因此，面对司法腐败这一现象，专门研究针对司法工作人员职务犯罪的惩防工作就显得尤为必要，这不仅直接关系着人心所向，也决定了党和国家事业的兴衰成败。所以，本书以西南地区（包括重庆市、四川省、云南省、贵州省和西藏自治区）的 2013—2016 年被判决的司法工作人员职务犯罪案例为基础，专门研究司法工作人员职务犯罪的特点和成因，并且有针对性地提出预防司法工作人员职务犯罪的策略就具有非常强的理论价值和现实意义。

　　本书主要分为六个部分进行研究。

　　第一部分，西南地区司法工作人员职务犯罪现状分析。本部分具体以西南地区 2013—2016 年被判决的司法工作人员职务犯罪的案例为视角，以图表的形式展示西南地区近四年司法工作人员犯罪的基本情况，总结出西南地区的司法工作人员职务犯罪的特点以及各种类型的司法工作人员犯罪人的犯罪特点，从而为后续研究司法工作人员职务犯罪及其预防提供数据和资料。

第二部分，西南地区司法工作人员职务犯罪成因分析。本部分通过对判决书的分析和走访调研，具体分析司法工作人员职务犯罪的原因，这些原因包括：社会因素、经济因素、制度因素、个人因素，尤其个人主观因素是最主要的因素。主因是个人贪利和特权思想作祟；社会大环境和周围小环境促使司法工作人员很强的从众心理；以程序正当、法律缺失、权力行使为掩护的侥幸心理占据上风；利用手中权力在司法活动各个环节中"明修栈道暗度陈仓"；权力异化导致利益需求膨胀等。以前我们对预防职务犯罪时过于偏重对相关监督制度的研究，但是，任何制度都不可能尽善尽美，希图建立完美无缺的制度来约束、监督现今的司法工作人员仅仅是一厢情愿。"要学会做事，先要学会做人"已经成为许多司法机关领导选择人员的标准，这说明仅仅从制度监督的构建来预防司法工作人员职务犯罪是远远不够的。职务犯罪的潜在犯罪人之所以走向犯罪的深渊，不仅因为存在相关制度漏洞，更关键是犯罪人自身的心理因素出现问题，没有培养正确的世界观、人生观，没有辩证地看待、认识周围发生的一切，而是盲目地攀比、嫉妒而最终走向犯罪的道路。因此，研究犯罪人自身的心理因素，从犯罪人自身的心理出发进行职务犯罪的预防就显得非常必要。

第三部分，我国预防司法工作人员职务犯罪的对策。本部分针对司法工作人员职务犯罪的特点、成因，提出了我国预防司法工作人员职务犯罪的对策。首先是对我国现行职务犯罪预防体系分析，提出了国家打击司法工作人员职务犯罪的预防体系的调整和变化，专门设立国家监察委员会来惩治腐败犯罪，最高人民检察院第五检察厅专门针对司法工作人员利用职权实施的侵害公民权利、损害司法公正的犯罪进行侦查。其次通过对司法工作人员职务犯罪预防的现实困境，提出了一系列预防司法工作人员职务犯罪的对策：犯罪预防体系的构筑与完善；加强司法职业道德建设，促进司法工作人员职业共同体的形成；强化检察机关在侦查、起诉、审判、执行领域的法律监督作用；充分发挥人民监督员的监督作用；促进电子化、信息化对职务犯罪的监督；加强社会舆论监督；强化司法理性疏导与民众舆情引导；建立公职人员财产申报制度。

第四部分，司法工作人员徇私枉法罪的认定。这一部分，是考虑到徇私枉法罪作为司法工作人员专有的渎职犯罪，是司法工作人员的犯罪中常见犯罪，专门针对司法工作人员在刑事追诉和裁判过程中违背司法公正性的行为而设立，旨在通过对司法工作人员徇私枉法、徇情枉法，对明知是无罪的人而使他受追诉、对明知是有罪的人而故意包庇不使他受追诉，或者在刑事审判活动中故意违背事实和法律作枉法裁判的行为进行惩处，从而规范司法工作人员的职务行为，实现司法公正。因此，探讨徇私枉法罪的目的是更好地惩治、预防司法工作人员职务犯罪。这部分内容重点探讨的是徇私枉法罪中的客观要件的"枉法"标准，在给予法官自由裁量权的基础上，尽量减少钻法律空子来徇私、徇情枉法等行为的出现，从而为更好地规范司法工作人员的刑事追诉、裁判行为提供可行性方案。

第五部分，包庇、纵容黑社会性质组织罪的认定。这一部分也是考虑到司法实践中司法工作人员容易触犯包庇、纵容黑社会性质组织罪的缘故而写作。尤其 2018—2020 年我国开展的"扫黑除恶"专项斗争，在严厉打击黑恶势力的情形下，我们也发现一些黑恶势力的保护伞在助长黑恶势力的发展壮大。而这些黑恶势力的保护伞中，由于司法工作人员是打击、防范黑恶势力的排头兵，因此，黑恶势力对司法工作人员的渗透、腐蚀就显得更为严重一些。故，司法工作人员触犯包庇、纵容黑社会性质组织罪的情形就显得相对突出。研究这个罪名，尤其是研究包庇、纵容黑社会性质组织罪中的犯罪客观要件的行为方式、犯罪主观要件中"明知"的认定等问题就显得尤为必要。

第六部分，受贿罪的客观要件的分析。这部分内容也是针对司法工作人员常见犯罪受贿罪进行分析。实际上，受贿罪作为国家工作人员常见犯罪，并不仅仅是司法工作人员独有的犯罪罪名，只是考虑到在司法实践中，司法工作人员职务犯罪中触犯罪名最多的就是受贿罪，因此，本书对此罪名予以分析论证。由于受贿罪的内容特别庞杂，再加上 2016 年 4 月最高人民法院和最高人民检察院联合颁布的《关于办理贪污贿赂刑事案件适用法律若干问题的解释》重点探讨的就是受贿罪的客观要件，因此，本部分就探讨受贿罪的客观要件内容。这部分内容重点分析贿赂的范围、"为他人谋取利益"要件和斡旋受贿的认定等内容，目的是解决司法工作人员受贿罪的认定问题。

目　　录

绪　　论

一　研究背景

2014 年 10 月 20—23 日在北京举行中国共产党第十八届中央委员会第四次全体会议，在这次会议上，审议通过了《中共中央关于全面推进依法治国若干重大问题的决定》。这是中华人民共和国历史上第一次专门针对法治问题召开的一次中央委员会全体会议。该决定强调全面建成小康社会、实现中华民族伟大复兴的中国梦，全面深化改革、完善和发展中国特色社会主义制度，提高党的执政能力和执政水平，必须全面推进依法治国。全面推进依法治国，总目标是建设中国特色社会主义法治体系，建设社会主义法治国家。依法治国，是坚持和发展中国特色社会主义的本质要求和重要保障，是实现国家治理体系和治理能力现代化的必然要求，事关我们党执政兴国，事关人民幸福安康，事关党和国家长治久安。要实现依法治国，关键是司法公正。公正是法治的生命线。司法公正对社会公正具有重要引领作用，司法不公对社会公正具有致命的破坏作用。必须完善司法管理体制和司法权力运行机制，规范司法行为，加强对司法活动的监督，努力让人民群众在每一个司法案件中感受到公平正义。但是，要让人民群众在司法案件中都感受到公平正义，首先就需要司法工作人员的公正司法，这是重中之重，就像英国哲学家培根说："一次不公正的审判，其恶果甚至超过十次犯罪。因为犯罪虽是无视法律——好比污染了水流，而不公正的审判则毁坏法律——好比污染了水源。"因此，如何使得司法工作人员公正司法，如何防治司法腐败，就成为摆在每个法律人面前不可回避的话题。

由于我国社会缺乏深厚的现代法治基础，而长期以来的司法活动也未能建立起人民对司法的信心，当前，我国司法权威相对不足、司法公信力相对低下已成为比较严重的问题，尤其是我国司法工作人员的职务犯罪更是让民众对司法的公信力和司法的权威大打折扣。最高人民检察院2014—2017 年公布的司法工作人员的职务犯罪的数量如下：2013 年查处以权谋私、贪赃枉法、失职渎职的司法工作人员 2279 人，2014 年依法惩治渎职侵权犯罪司法工作人员 1771 人，2015 年查办涉嫌犯罪的司法工作人员 2424 人，2016 年查办涉嫌职务犯罪的司法工作人员 2183 人。①。这一司法腐败的现状危害着人民群众的切身利益，破坏了社会的良性发展，阻碍了国家的长治久安。本书以西南地区司法工作人员职务犯罪行为的案例为切入口，专门对司法工作人员职务犯罪行为进行研究，并提出针对性地预防司法工作人员职务犯罪的策略就非常有意义和价值。

二 司法工作人员职务犯罪概述

（一）司法工作人员的界定

"司法工作人员"限定了"司法工作人员职务犯罪预防"的主体范围，使其成为区别于其他国家工作人员的职务犯罪主体。根据我国《刑法》第 94 条的规定，"本法所称司法工作人员，是指有侦查、检察、审判、监管职责的工作人员"，刑法上该概念不等同于"司法机关工作人员"，后者从广义上②理解，囊括了公安机关、国家安全机关、司法行政机关、军队保卫部门、监狱等机关中所有从事公务的人员，即其职务范围除了"侦查、检察、审判、监管"四项职责外，还包括了如公务接待、后勤保障、资产管理、设备维护、信息宣传、理论调研、档案管理等职务职责的工作人员。但二者亦并非如集合与元素之间包含与被包含的从属关系，而是外延有且只有部分相重合的交叉关系，即在负有侦查、检察、审判、监管职责的工作人员中，有来自司法机关的工作人员，也有来自其他非司法机关的人员。在法学理论界，最广义的司法工作人员定义将所有从事司法以及与司法相关活动（包括但不限于侦查、检察、审判、监管、执

---

① 参见最高人民检察院每年向全国人大所作的工作报告（2014—2017 年）。

② 狭义上，我国的司法机关一般仅指人民法院和人民检察院。

行、治安、仲裁、调解、律师执业）的全部工作人员都纳入了范畴之内。而最狭义的司法工作人员仅将人民法院中具有审判职责的工作人员包含在内。本书结合《刑法》第94条之规定，将研究的司法工作人员范围限定于侦查机关、人民法院、人民检察院及司法行政部门内从事侦查、检察、审判、监管以及执行职务的工作人员。当然在司法实践中，也会有一些司法工作人员的身份认定的争议，主要有以下两种观点。

1. 身份说

持该说的学者认为，是否为司法工作人员，主要看其是否具有司法工作人员的身份，是否具有正式的编制，只要具备该身份就可以成立司法工作人员。按照该说的观点，具备司法工作人员身份的人譬如书记员、司法机关的鉴定人员①等均是司法工作人员，而人民陪审员由于不具备司法工作人员身份，因此不是司法工作人员。

2. 职责说

持该说的学者认为，在认定主体要件时关键是看行为人是否在司法活动中承担了司法职责，不论行为人是否为司法工作人员、是否具有正式编制，只要行为人承担了司法职责就能成为本罪的主体。职责说也得到了我国相关司法解释的印证，如2002年全国人大常委会《关于〈中华人民共和国刑法〉第九章渎职罪主体适用问题的解释》中规定："在依照法律、法规规定行使国家行政管理职权的组织中从事公务的人员，或者在受国家机关委托代表国家机关行使职权的组织中从事公务的人员，或者虽未列入国家机关人员编制但在国家机关中从事公务的人员，在代表国家机关行使职权时，有渎职行为，构成犯罪的，依照刑法关于渎职罪的规定追究刑事责任。"该司法解释就采取了职责说，承认了不具备特定编制的国家机关工作人员，如果有相应的职权，也可以成为渎职罪的犯罪主体。徇私枉法罪作为渎职犯罪的一种，对该解释也同样适用。因此根据我国《刑事诉讼法》第178条规定："人民陪审员在人民法院执行职务，同审判员有同等的权利。"

---

① 根据全国人大常委会2005年2月28日颁布的《关于司法鉴定管理问题的决定》第7点指出：侦查机关根据侦查工作的需要设立的鉴定机构，不得面向社会接受委托从事司法鉴定业务。人民法院和司法行政部门不得设立鉴定机构。因此，此处所指的司法机关的鉴定人员仅仅指侦查机关鉴定机构中的人员。

本书赞同职责说，但是应当强调职责的来源必须合乎法律，诸如职责来源于司法机关的委托或者授权，从而限制犯罪圈的扩大。因此对于超越职责权限的行使"职责"行为，不属于司法职权的，就不能被认定为司法工作人员。

（二）司法工作人员职务犯罪的界定

职务犯罪并非为固定的某个法定罪名，在司法实践中，通常是指国家工作人员因其在履行职务环节中的不当行为违反刑法而引起的犯罪。截至2016年，全国已有19个省份出台了相应的地方预防职务犯罪条例或决议，但是各个省市针对职务犯罪一词概念的表述却并非完全一致。

1. 西南地区地方性法规相关规定的不完全列举

《四川省预防职务犯罪工作条例》（2009年11月27日四川省第十一届人民代表大会常务委员会第十二次会议通过，自2010年1月1日起施行）第2条第4款规定："本条例所称职务犯罪，是指前款所列国家机关和有关单位及其工作人员利用职权实施的贪污贿赂犯罪、渎职犯罪、侵犯公民人身权利和民主权利的犯罪，以及利用职权实施的其他犯罪。"

《云南省预防职务犯罪工作条例》（2013年5月30日云南省第十二届人民代表大会常务委员会第三次会议通过，自2013年9月1日起施行）第3条第1款规定："本条例所称职务犯罪，是指贪污贿赂犯罪，国家工作人员的渎职犯罪，国家机关工作人员利用职权实施的侵犯公民人身权利、民主权利的犯罪及其他重大犯罪。"

《贵州省预防职务犯罪工作条例》（贵州省第十届人民代表大会常务委员会第十七次会议于2005年9月23日通过，自2006年1月1日起施行）第2条第2款规定："本条例所称的职务犯罪，是指国家工作人员的贪污贿赂犯罪、渎职犯罪，国家机关工作人员利用职权实施的侵犯公民人身权利和民主权利的犯罪以及利用职权实施的其他犯罪。"

《西藏自治区预防职务犯罪工作条例》（西藏自治区第八届人民代表大会常务委员会第十四次会议于2004年9月29日通过，自2005年1月1日起施行）第3条规定："本条例所称的预防职务犯罪工作，是指为防止国家工作人员贪污贿赂犯罪、渎职犯罪、利用职权侵犯公民人身权利和民主权利的犯罪，以及其他职务犯罪所开展的工作。"

2. 司法工作人员职务犯罪的范畴认定

由上可知，贵州省和西藏自治区将职务犯罪主体限定在国家工作人员、国家机关工作人员范畴内，云南省未对贪污贿赂犯罪的主体范围进行限制，而四川省针对职务犯罪主体则做了相对最为宽泛的界定，将"国家机关和有关单位及其工作人员"都纳入进来。而就罪名而言，各个省市的限定比较一致，都认同职务犯罪的罪名主要集中于贪污贿赂犯罪、渎职犯罪以及利用职权实施的侵犯公民人身和民主权利的犯罪，即主要是我国《刑法》第四章、第八章以及第九章所涉罪名。司法工作人员职务犯罪是职务犯罪中的一种，该类犯罪除了具备职务犯罪的一般共性外，在犯罪主体、犯罪类型及具体罪名、危害后果等方面还有其自身的特性。就本书来说，研究司法工作人员职务犯罪的目的不仅限于对犯罪现象的观察、对犯罪特点的归纳，还包括了对犯罪原因的思考，对该类人员职务犯罪惩防体系建设的探讨等。鉴于以上，本书将研究的司法工作人员职务犯罪限定为：公安机关、人民法院、人民检察院及司法行政部门内从事侦查、检察、审判、监管以及执行职务的工作人员，利用职务便利实施的贪污贿赂犯罪、渎职犯罪、侵犯公民人身权利和民主权利的犯罪以及其他危害国家对司法职务活动管理职能的或侵犯国家、社会、人民利益的，具有一定社会危害性的行为。

第一章

西南地区司法工作人员职务犯罪现状分析

本章以 2013—2016 年西南各地区已公开于裁判文书网上判决书为样本，分析西南地区司法工作人员职务犯罪现状。

第一节　西南地区司法工作人员职务犯罪的总体概况

一　总体案件数量

2013—2016 年，西南地区各级法院共审结司法工作人员职务犯罪案件 190 件 215 人。① 其中，贵州省审结案件数量和判处相关罪犯人数最多，共计 67 件 78 人，占西南地区相关犯罪人数的 36.28%（见表 1-1）。

表 1-1　　2013—2016 年西南地区司法工作人员职务犯罪总体情况

地区 年份	重庆市（人）	四川省（人）	云南省（人）	贵州省（人）	西藏自治区（人）
2013	11	10	2	2	0
2014	14	26	12	32	2

---

① 数据统计及分析以中国裁判文书网上公开数据为样本，不包括部分涉密、未公开于裁判文书网上的案件。

续表

年份 \ 地区	重庆市（人）	四川省（人）	云南省（人）	贵州省（人）	西藏自治区（人）
2015	5	22	11	37	0
2016	5	10	4	7	3
合计	35	68	29	78	5

二　涉案的罪名分布情况

涉及罪名多达21个（见图1-1），就我国西南地区统计数据来看，司法工作人员职务犯罪涉及罪名较多但也较为集中，其主要触犯的是我国《刑法》分则第八章所规定的贪污、贿赂类犯罪以及分则第九章所规定的渎职类犯罪的具体罪名。此外，还包括了分则第四章中涉及侵犯公民人身权利、民主权利的刑讯逼供罪、故意伤害罪、虐待被监管人员罪等，以及分则第五章中涉及侵犯财产的盗窃罪、诈骗罪、敲诈勒索罪等，此外，还有案件涉及分则第六章中妨害社会管理秩序的开设赌场罪。触犯受贿罪的人员数量最多，共计107人，占统计数据的49.77%，占比接近50%。钱权交易、权力资本化、权力期权化现象明显。其次，触犯徇私枉法罪人员比例为14.42%，触犯贪污罪人员比例为9.3%，帮助犯罪分子逃避处罚罪犯罪人员比例为8.37%，玩忽职守罪犯罪人员比例为6.01%，触犯滥

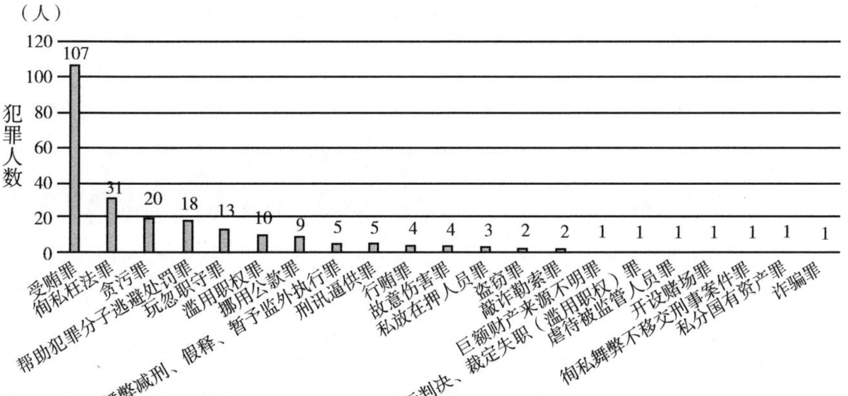

图1-1　涉案罪名

用职权罪人员比例为 4. 65%，挪用公款罪犯罪人员比例为 4. 19%。触犯
刑讯逼供罪、故意伤害罪以及虐待被监管人员罪三个罪名的犯罪人员合计
有 10 人，所占比例为 4. 65%。尽管渎职、侵权类犯罪总体涉案人员人数
远低于贪污贿赂型犯罪，但近年来该类犯罪所占比例有所上升，渎职、侵
权的后果及危害日益严重，在损害国家及人民利益的同时摧残了法治的尊
严，带来严重的物质性损失和非物质性损失。此外，涉及分则第八章的罪
名还包括行贿罪、巨额财产来源不明罪、私分国有资产罪。涉及分则第九
章的罪名还包括了徇私舞弊减刑、假释、暂予监外执行罪，私放在押人员
罪，徇私舞弊不移交刑事案件罪，执行判决、裁定滥用职权罪。

三　涉案的单位分布情况

涉案单位中，公安系统人员①涉案人数最多，共计 160 人，所占比例
最大，总体平均涉案率达到了 74. 42%。其次，监狱、看守所、拘留所等
监所部门涉案人数为 21 人，涉案比例为 9. 77%，法院系统人员涉案共计
17 人，涉案比例为 7. 91%，检察院与司法行政系统人员涉案人数相对较
少，都是 6 人，所占比例均为 2. 79%。与其他职能部门相比，我国当前公
安机关队伍庞大，人数众多，纵向上划分为公安部、省（自治区、直辖
市）公安厅、市（地级市）公安局、区（县）公安局以及派出所五个层
级，横向部门数量浩繁，由于工作职责和任务的不同，分为若干警种，不
同警种的警察拥有不同权力，都可能利用职务之便实施犯罪。作为肩负维
持政治稳定和社会治安管理多重职能的机构，与广大民众接触最为频繁、
广泛、直接，在职权运作的过程中，权力异化现象也最为突出。博登海默
曾说，"一个被授予权力的人，总是面临着滥用权力的诱惑，面临着超越
正义和道德界限的诱惑"②，因此，拥有广泛权力的公安机关人员，其职
务犯罪涉及范围越来越广，涉及人数越来越多，权利侵害情况越发普遍。
并且，在犯罪数量增加的同时，公安机关工作人员涉及的重大职务犯罪也
不断出现，形势较为严峻。从犯罪人员职务来看，公安系统中，省一级司

---

①　此处的公安系统人员不包括看守所、拘留所的本具有公安身份的人员，我们觉得将看守
所、拘留所的人员统计为监所部门涉案人员更合适。

②　［美］E. 博登海默：《法理学——法律哲学及其方法》，邓正来等译，华夏出版社 1987 年
版，第 374 页。

法工作人员所占比例较小，仅为 2.55%，其中担任领导职务者占 75%；市（州）一级司法工作人员所占比例为 19.11%，其中，担任领导职务者占 56.67%；区县一级司法工作人员比例为 54.14%，其中，担任领导职务者比例为 44.71%；派出所司法工作人员比例为 24.20%，其中，担任所长、副所长职务者占 52.63%。公安机关犯罪人员中，非编制辅警、协勤等合同制临聘人员比例为 12.74%。目前，我国公安机关协勤、辅警人员人数众多，但职责权限模糊，人员素质参差不齐，因此，其滥用职权、违法犯罪情况同样突出。人民法院系统中，市一级法院人员比例为 47.06%，其中，担任领导职务者占 87.50%；区县一级法院工作人员比例为 52.94%，其中，担任领导职务者占 77.78%。人民检察院系统中，市一级检察院人员比例为 33.33%，区县一级检察人员比例为 66.67%，检察院系统中担任领导职务者比例为 83.33%。监所部门中，监狱工作人员比例为 55.56%，看守所人员比例为 44.44%，其中，担任领导职务者比例为 38.89%，协勤等非编制人员比例为 22.22%。司法行政部门中，担任领导职务者占 66.67%。

四　涉案的犯罪人的性别和年龄分布情况

绝大多数犯罪的司法工作人员为男性，女性犯罪人员仅有 6 名，占 3.39%，从职位来看，女性司法工作人员任职还呈现副职多、正职少；"虚职"多、"实职"少；低级别多、高层次少；"边缘"部门多、"主流"部门少的特点。[1]

从年龄[2]来看，年龄在 46—55 岁的犯罪人员数量很多，共 51 人，所占比例为 32.69%；其次是 26—35 岁年龄段人员，共 45 人，占 28.85%；

---

[1]　就统计数据而言，6 名女性司法工作人员的职务分别为：张某某，云南省嵩明县交通警察大队协警，参见（2015）嵩刑初字第 88 号；包某某，富宁县公安局交通警察大队道路交通管理协管员，参见（2016）云 2628 刑初字第 87 号；任某某，四川省汉源县公安局会计，参见（2015）名山刑初字第 61 号；肖某甲，纳雍县人民检察院侦查监督科科长，参见（2014）黔威刑初字第 341 号；陈某甲，赫章县公安局经侦大队协勤，参见（2015）黔赫刑初字第 87 号；许某某，万山区大坪乡司法所工作人员，参见（2013）万刑初字第 35 号。

[2]　年龄划分标准按照"人生段落"划分，即 0—7 岁童年；8—13 岁少年；14—25 岁青年；26—35 岁壮年；36—45 岁盛年；46—55 岁达年；56—65 岁中年；66—75 岁老年；76—85 岁寿年；86—100 岁暮年。

36—45 岁人员有 43 人，比例为 27.56%；年龄在 25 岁以下的有 9 人，其中年龄最小的仅 22 岁；年龄在 55—65 岁的有 8 人，年龄最大的为 61 岁。其中，壮年期年龄为 35 岁的犯罪人员数量很多，共计 7 人，"35 岁职务犯罪现象"① 再次得到印证；盛年期年龄在 37 岁、45 岁的人员人数同为 7 人；达年期年龄为 51 岁的犯罪人员人数最多，共有 16 人，所占比例达到了 10.26%，52 岁犯罪人员人数有 9 人，老资历人员的 "50 岁职务犯罪现象"② 突出。

五 涉案的犯罪人的学历情况

犯罪人员学历在大学文化程度（包括大学专科与大学本科）的共有 119 人，所占比例为 82.64%；初高中及以下学历者仅有 21 人，占 14.58%。硕士研究生及以上学历者 4 人。犯罪人员普遍受过高等文化教育，拥有较为丰富的文化知识背景和法律常识，智能性高，反侦察能力强，社会关系网多。

六 涉案的金额情况

涉案金额上，就贪污罪、受贿罪两项罪名来看，涉案金额在 3 万元以上 10 万元以下的案件数量最多，占 27.87%，其次，涉案金额在 20 万元以上 50 万元以下的案件占 23.77%，涉案金额在 300 万元以上的案件有 7 件（见图 1-2）。挪用公款罪中，涉案金额在 5 万元以上 50 万元以下案件所占比例为 66.67%，200 万元以上 300 万元以下案件所占比例为 11.11%。两起行贿罪案件中，行贿数额均在 3 万元以上 50 万元以下金额区间。

---

① 35 岁职务犯罪现象，指的是许多中青年干部刚成领导就腐败，这些人中没有局级以上干部，只有少部分处级干部，大多刚成为科级干部或部门领导，检察院透露贪污腐败案件已出现了 "35 岁现象"，35 岁以下干部的职务犯罪以侵财型贪污贿赂犯罪为主，且呈涉案金额巨大、大案、特大案多等特点。

② "50 岁现象"，即是指 "上（升迁）不去、下（退出）不来"，逐渐失去了应有的上进心和积极性；被动消极、得过且过、无所事事；个别信念不坚、意志薄弱的 "50 干部"，一旦有机会就会想到最后捞一把的现象。

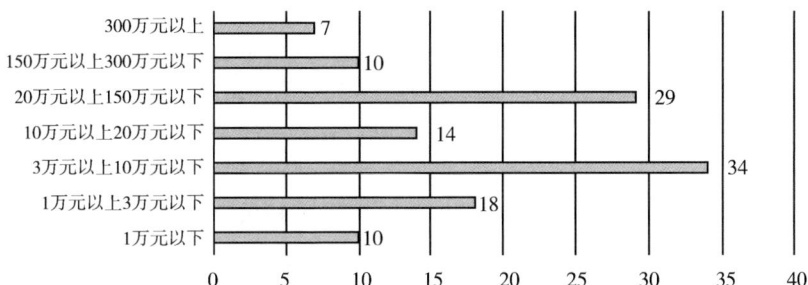

图1-2　贪污、受贿罪涉案金额分布（案件数）

七　涉案的犯罪人量刑情况

在刑罚上，共有50人被判免予刑事处罚，免予处罚比例为23.26%。被判处有期徒刑三年以下（包括三年）刑罚的有106人，同时适用缓刑的有53人，轻刑率达到了72.56%。被判处十年以上有期徒刑的26人，所占比例为12.09%，被判处无期徒刑的有1人，被判处死刑（缓期二年执行）的有1人。附加刑适用比例为28.37%，其中，适用频率最高的附加刑为并处罚金刑，共有36人被判处主刑的同时，并处了附加罚金刑，适用比例为16.74%；被判并处没收财产刑的有24人；4人被判处剥夺政治权利。

量刑情节上，90%的犯罪人具有法定从轻、减轻处罚情节或酌定从轻、减轻处罚情节，从而获得从轻、减轻或免除处罚。仅19人被认定有法定从重或酌定从重处罚情节。在具体情节认定上，共计83名犯罪人员被认定有自首情节；32.56%的犯罪人员具有积极退赃、悔罪情节，25.12%的犯罪人员具有坦白情节，而被予以从轻或减轻处罚；15人立功情节被予以认定，其中，1人被认定有重大立功情节。部分法院在判决中将认罪态度也作为法定量刑情节考量，在庭审中认罪态度较好的犯罪人获得了从轻或减轻处罚。此外，在统计数据的量刑中，被用作法定量刑情节的还包括从犯情节、取得被害人谅解情节、犯罪未遂情节等。而酌定情节中，考量适用较多的是犯罪人是否在案发后积极退缴涉案赃款，赃款是否全部或大部分退缴清还以及是否缴纳或全部缴纳罚金等。此外，部分案件将初犯、偶犯等情况作为酌情从轻或减轻量刑情节考量在内。

第二节　重庆市司法工作人员职务犯罪现状分析

一　2013—2016 年重庆市司法工作人员犯罪人数发展趋势

2013—2016 年重庆市各级法院审结贪污贿赂、滥用职权等职务犯罪类案件共计 2049 件[①]，其中公开于中国裁判文书网上的案件数量为 665 件[②]，涉及的司法工作人员职务犯罪案件为 35 件，占公开文书比例的 5.26%。

近年来，由于反腐败斗争的深入开展，职务犯罪预防实效的增强，反腐倡廉建设初具成效。从表 1-2 可以看出，2013—2016 年，重庆市司法领域该类职务犯罪的数量有所减少，司法领域贪污贿赂、渎职等职务犯罪情况得到了有效遏制。

表 1-2　　　　　2013—2016 年重庆市司法工作人员职务犯罪情况

年份 \ 机关	公安机关（件）	法院机关（件）	检察机关（件）	监所部门（件）	其他部门③（件）	合计（件）
2013	6	4	0	0	1	11
2014	9	0	1	1	3	14
2015	6	0	0	0	0	6
2016	3	0	1	0	0	4
合计	24	4	2	1	4	35

---

① 参见重庆市高级人民法院工作报告（2014—2017 年），其中 2013 年审结贪污贿赂、滥用职权等职务犯罪案件 572 件，判处罪犯 732 人；2014 年审结 548 件，判处罪犯 713 人；2015 年审结 333 件，判处罪犯 416 人；2016 年审结 596 件，判处罪犯 720 人。2013—2016 年共计审结 2049 件，判处罪犯 2581 人。

② 数据统计及分析以中国裁判文书网上公开数据为样本，不包括部分涉密、未公开于裁判文书网上的案件。

③ 其他部门为司法行政系统及其他行政机关司法工作人员所在部门，主要包括司法行政部门、国家安全机关等。

二　2013—2016 年重庆市司法工作人员犯罪的特点

(一) 罪名种类分析

从图 1-3 来看，犯罪种类，罪名相对集中，主要集中在贿赂类犯罪和渎职类犯罪。2013—2016 年重庆市查办的司法工作人员犯罪中贿赂类犯罪占司法工作人员犯罪案件总数的 61.11%，主要是司法人员利用侦查、检察、审判和监管等司法职权搞权钱交易、索贿受贿或依仗职权乱收费、乱罚款、私分款项等受利益驱动而发生的案件，调查中，受贿罪样本占总数的 57.89%，渎职类犯罪占司法工作人员犯罪总数的 44.44%，其中徇私枉法罪比例为 31.58%，帮助犯罪分子逃避处罚罪比例为 10.53%。

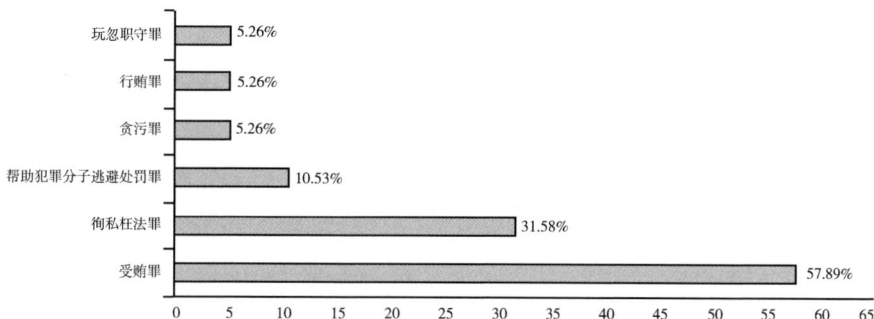

图 1-3　2013—2016 年重庆市司法工作人员犯罪罪名分类

从图 1-3 可以分析出，当前司法人员犯罪的犯罪形式主要表现为司法工作人员利用职权之便收受、索取贿赂，或利用手中掌握的裁定权、处分权作其进行权钱交易的工具，因此针对此种趋势和特点如何采取有针对性的预防和惩治对策已成为当务之急。

(二) 学历层次分析

司法工作人员犯罪呈现高学历、高智商趋势，高学历犯罪逐年上升。从 2013—2016 年重庆市司法工作人员犯罪数据资料看，犯罪人员基本上为大学专科以上文化程度。高中以下低文化程度犯罪人员仅占 5.26%，且低文化程度犯罪人员系共同犯罪中的从犯，其犯罪情节轻微，社会危害性不大。大学本科文化占 47.37%，2015 年查办的司法工作人员犯罪人员全部为大学本科以上学历。由于文化程度偏高，具有较强法律意识，司法人员犯罪一般都是明知故犯，其特权思想严重，心存侥幸，懂得如何利用法律、规避法律，从而放任自身行为，走上犯罪道路。

（三）年龄、性别结构分析

从年龄、性别结构看，中年犯罪占大部分且年龄年轻化趋向明显，男性司法工作人员犯罪为高发群体。2013—2016 年重庆市查办的司法工作人员犯罪平均年龄 41 岁。其中，最年轻的仅 28 岁，"80 后"青年逐渐成为该类犯罪重要组成群体之一，比例达到 10.53%，且呈现入职时间短、文化程度高、职责权限小、涉案金额大等特点，需要引起高度重视。而中年司法工作人员犯罪仍占有较高比例。其中，年龄在 30—50 岁的样本数占 63.16%。犯罪年龄中年化逐渐成为一种特点。尤其是近年来，一些知识化、专业化的中青年干部逐步走上领导岗位，此类人员犯罪也随之逐年增多。2013—2016 年重庆市查办的司法工作人员犯罪人员，都为男性，这反映出目前司法工作人员男性犯罪存在亟待解决的问题，并有必要对男女司法工作人员犯罪如此悬殊的问题进行深入的探讨和反思。

（四）职业构成分析

从职业构成来看，公安机关工作人员犯罪人员居多，检察院、监所居次，法院、司法系统相对较少。2013—2016 年重庆市查办的司法工作人员犯罪中，涉及公安机关工作人员犯罪比例高达 73.68%。司法工作人员作案手段带有明显的职业特点，与其承担的职责和执法活动密切相关。例如，公安系统大多发生在办案、审讯环节以及执法检查过程中，涉及罪名以徇私枉法、贪污、受贿、滥用职权为主，作案时间跨度较长，次数较多，涉案金额较大。检察系统大多发生在职务犯罪侦查讯问阶段、审查起诉等过程中。犯罪人员多为在编人员。公安机关中，犯罪主体多为区（县）公安局（分局）民警，但担任领导职务的公安犯罪人员所占比重同样不容小觑，达到了 37.5%。法院、检察院的犯罪人员中，担任单位领导职务的人员所占比例更大：担任法院庭长以上职务者占 75%，最高职务为某区法院副院长；检察院犯罪人员中职务最高者为某区检察院检察长（副厅级待遇）。此外，还包括了在司法行政部门，担任领导职务的某区司法局局长。而非编制的犯罪人员分布则主要集中于公安机关协勤、辅警等岗位。

（五）涉案金额分析

从涉案金额来看，大案要案比例较高。2013—2016 年重庆市判决的司法工作人员犯罪案件中，涉及贪利型司法工作人员犯罪比例为

62.5%，涉案金额 10 万元及以上比例达到 15.78%。从判决结果来看，绝大多数司法工作人员职务犯罪涉案金额较其他国家机关工作人员职务犯罪涉案金额相对较少，但部分大案要案涉案金额仍然巨大，公共财产损失严重。此外，"小官贪腐"现象突出，样本数据涉及公安派出所民警犯罪比例达 38.89%。

　　在涉案具体金额上，贪污罪最高涉案金额高达 1740 余万元，为某区后勤科民警兰某利用职务上的便利，以侵吞、骗取等手段非法占有的公款。① 受贿罪最高涉案金额为 510 万元，为市公安局刑警总队某支队副支队长陈某利用王某、吴某职务上的便利，伙同王某、吴某多次非法收受他人财物，为他人谋取利益所收受。② 最低贪污金额为 9280 元，最低受贿金额为 5000 元。

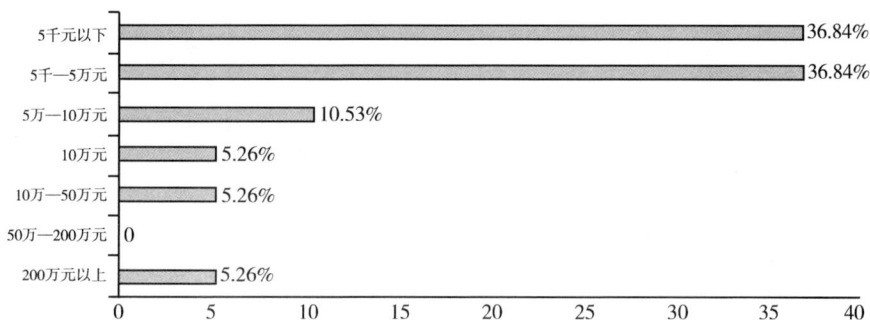

图 1-4　2013—2016 年重庆市司法工作人员犯罪涉案金额统计

（六）作案方式分析

　　从作案方式来看，非共同犯罪所占比例较大达 87.88%，领导干部单独作案尤为突出，其隐蔽性更强，查处难度大。而共同犯罪比例有所上升，近年来，单个司法工作人员欲实施渎职犯罪很难得逞，往往需要借助

---

　　① 参见（2013）渝五中法刑初字第 1 号，重庆市公安局某区分局后勤科民警贪污、挪用公款罪，贪污金额为 1740 余万元，挪用公款数额为 38 万余元。被判处死刑，缓期二年执行，剥夺政治权利终身，并处没收个人全部财产。

　　② 参见（2014）渝五中法刑再初字第 00002 号，重庆市公安局刑警总队七支队副支队长，受贿罪，受贿金额为 510 万元，被判处有期徒刑 13 年、剥夺政治权利三年、没收财产人民币 50 万元。

多个部门司法工作人员的协助，因此司法工作人员共同渎职犯罪并不鲜见，占样本数据的 16.67%。

（七）刑罚力度分析

从判处刑罚来看，轻刑适用比例大，附加刑适用比例小。2013—2016 年重庆市法院判决的司法工作人员犯罪案件中，判处缓刑和免于刑事处罚的占样本数据的比例达 44.44%，有期徒刑 10 年以上的仅占 11.11%，而不超过一年的有期徒刑适用比例达 38.89%，有适用财产刑等附加刑比例为 11.11%，占总数的 73.5%。对于贪利型的司法工作人员犯罪而言，理应对之更多地适用财产刑等附加刑，但是，在判处的贪污罪、受贿罪等贪利型司法工作人员犯罪案件中，适用没收财产的比率非常低，明显低于其他刑事案件财产刑的平均适用比例。由于大部分司法工作人员犯罪主体在案发后，都有积极退赃行为，也使大量赃款得到追缴，弥补了公共财产的损失，故在量刑裁量上获得从轻考量。此外，并处附加刑比例为 34.39%，附加财产刑中，金额最高的罚金刑为并处罚金人民币 100 万元，[①] 没收财产刑中，除兰某因贪污、挪用公款罪被判处死刑，缓期二年执行，剥夺政治权利终身，并处没收个人全部财产外，[②] 并处没收个人财产金额最高的为人民币 50 万元[③]。

（八）量刑情节分析

从量刑情节来看，轻刑化情节内容较多，包括有坦白、积极退赃、认罪态度较好、社会危害性较小等。样本数据中，积极退赃占总数的 68.42%，自首人数比例为 42.11%，坦白供述比例为 26.32%，从轻处罚人数比例占样本总数的 47.37%。

第三节　四川省司法工作人员职务犯罪现状分析

一　2013—2016 年四川省司法工作人员犯罪人数发展趋势

2013—2016 年四川省全省法院审结贪污贿赂、渎职侵权等职务犯罪

---

① 参见（2016）渝刑终字第 137 号，重庆市某区检察长受贿罪，受贿金额为 155.96585 万元，被判处有期徒刑 8 年，并处罚金人民币 100 万元。

② 参见（2013）渝五中法刑初字第 1 号。

③ 参见（2014）渝五中法刑再初字第 00002 号。

类案件共计 6438 件,① 涉案人数达 8775 人。其中公开于中国裁判文书网
上案件数量为 1925 件,② 涉及的司法工作人员职务犯罪案件为 69 件,占
公开文书比例为 3.58%。

　　近年来,在反腐败和职务犯罪预防上,坚持有腐必反,加大了查办力
度,推动反腐倡廉建设取得新进展。从表 1-3 可以看出,2014 年、2015 年
两年判处的司法工作人员职务犯罪案件相对较多。在涉案单位中,公安机关
涉案比例大多在 80% 以上,其中,2013 年涉案 8 件,涉案比例达 88.89%,
2014 年涉案 23 件,占当年同类公开文书的 85.19%。就公开判决文书统计
数据而言,4 年间,公安机关司法工作人员合计涉案 57 件,占同类公开案
件的比例为 82.61%,法院次之,涉案比例为 8.70%,监所部门涉案比例达
5.80%,检察机关和政法委员会中司法工作人员涉案比例相对较小。

表 1-3　　　　　　　　2013—2016 年四川省司法工作人员职务犯罪情况

年份＼机关	公安机关（件）	法院机关（件）	检察机关（件）	监所部门（件）	政法委员会（件）	合计（件）
2013	8	0	0	1	0	9
2014	23	2	1	1	0	27
2015	19	3	0	0	1	23
2016	7	1	0	2	0	10
合计	57	6	1	4	1	69

二　2013—2016 年四川省司法工作人员犯罪的特点

（一）罪名种类分析

　　在四川省司法工作人员职务犯罪案件中,主要涉案罪名有 13 个,③ 其

---

　　①　参见四川省高级人民法院工作报告（2013—2016 年）,其中 2013 年审结贪污贿赂、渎职
侵权等职务犯罪案件 1392 件,判处罪犯 2025 人;2014 年审结 1602 件,判处罪犯 2178 人;2015
年审结 1366 件,判处罪犯 1779 人;2016 年审结 2078 件,判处罪犯 2793 人。2013—2016 共计
审结 6438 件,判处罪犯 8775 人。

　　②　数据统计及分析以中国裁判文书网上公开数据为样本,不包括部分涉密、未公开于裁判
文书网上的案件。

　　③　涉案罪名包括：贪污罪（4 人）,挪用公款罪（4 人）,受贿罪（34 人）,行贿罪（1 人）,
玩忽职守罪（7 人）,徇私枉法罪（6 人）,帮助犯罪分子逃避处罚罪（4 人）,刑讯逼供罪（5 人）,
滥用职权罪（3 人）,巨额财产来源不明罪（1 人）,执行判决、裁定滥用职权罪（1 人）,私分国有
资产罪（1 人）,敲诈勒索罪（3 人）。

中，犯受贿罪的司法工作人员人数最多，达 34 人，占 50%，此外，犯玩忽职守罪有 7 人、徇私枉法罪 6 人、刑讯逼供罪 5 人，而贪污罪、挪用公款罪、帮助犯罪分子逃避处罚罪的犯罪人员人数同为 4 人。除上述贪污、贿赂、渎职类案件外，也有司法工作人员在行使职务过程中触犯敲诈勒索罪等侵犯财产类犯罪，如祝某等人在某区进行治安巡查期间，伙同另一被告人王某某，以查处酒驾为由，挡获涉嫌酒后驾驶的唐某某、杜某某等人，并向其索要人民币共计 7000 元，而构成敲诈勒索罪。[①]

罪数上，同时犯有两罪以上的犯罪人员比例为 7.46%，其中，最常见的是受贿罪与挪用公款罪或徇私枉法罪或行贿罪的组合，比例达到 20%。在作案方式上，两人以上共同作案比例为 32.35%，涉及的罪名包括受贿罪、贪污罪、刑讯逼供罪、玩忽职守罪等。

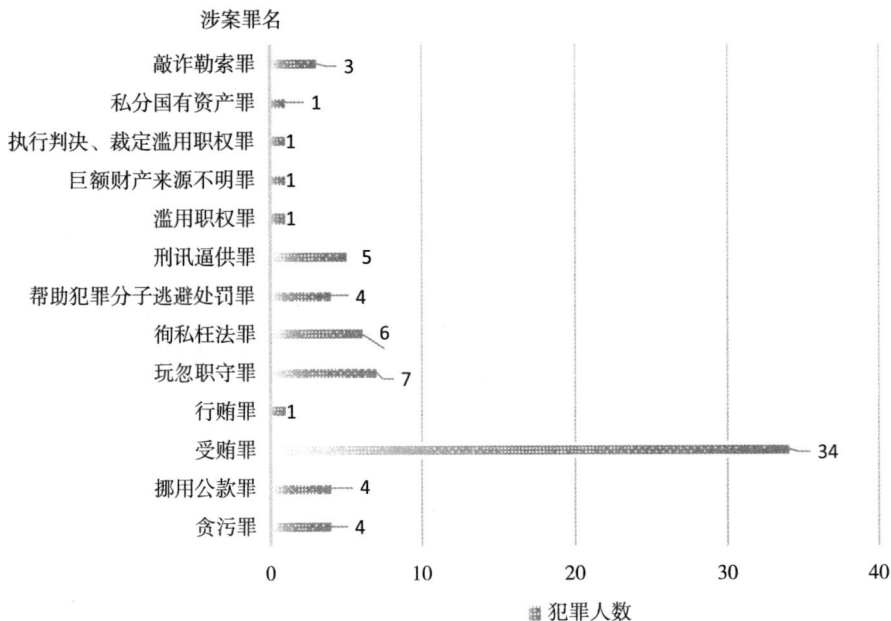

图 1-5　2013—2016 年四川省司法工作人员涉案罪名（人数）

（二）年龄、性别结构分析

犯罪人员性别大多为男性，在统计案件中，仅一名犯罪人员为女性，因其利用公安局工作职务便利，伙同他人违反相关财务管理规定，挪用公款

---

① 参见（2015）武侯刑初字第 729 号，祝某某等人敲诈勒索案刑事判决书。

200 万元，进行营利活动，而触犯挪用公款罪。① 犯罪人员学历普遍偏高，大学学历（包括大学本科、大学专科）犯罪人员比例达到 94.87%，而学历只在初中、高中文化水平者仅 1 人，且低学历者为公安机关辅警人员，因在协助公安机关查禁刑事犯罪行为时触犯帮助犯罪分子逃避处罚罪而被判处刑罚。② 犯罪人员年龄在 46—55 岁年龄段的人数较多，比例达到 40.91%，其中，年龄最大的有 53 岁。而年龄处于 51 岁的犯罪人员有 7 名，占比达到 15.91%。23—35 岁以及 36—45 岁年龄段犯罪人员比例分别为 29.55% 和 25%。犯罪人员中年龄最小的为 24 岁，其职务为某区分局辅警，因其在案件侦办过程中，为逼取犯罪嫌疑人口供而使用了暴力行为，并造成了该犯罪嫌疑人轻伤的后果，触犯了刑讯逼供罪。③

（三）职业构成分析

犯罪人员中，曾担任单位或部门领导职务者比例占 51.56%，其中，系副职职位者共 13 人。省级领导职位者有 4 人。区、县一级领导职位者有 17 人。担任领导职务的犯罪人员，其作案时间跨度普遍较长，个案涉案人员众多，而且涉案罪名也主要集中于受贿罪，涉案金额普遍偏高。非编制人员主要集中于公安机关辅警、协勤。

（四）涉案金额分析

涉案金额在 20 万元以上 150 万元以下的贪污、贿赂案件最多，其比例达到 29.73%，涉案金额在 1 万元以上 3 万元以下以及 150 万元以上 300 万元以下的案件均占 18.92%，涉案金额最高的一起受贿案件为某县公安局副局长王某某受贿、徇私枉法案，其受贿时间跨度长达 17 年，共收受 14 名请托人贿赂，共计人民币 410 万余元。④ 涉案金额最高的一起贪污罪涉案金额 177 万余元。⑤ 挪用公款罪中，涉案金额在 5 万元以上 50 万

---

① 参见（2015）名山刑初字第 61 号，任某犯挪用公款罪一案一审刑事判决书。

② 参见（2015）长刑初字第 194 号，周某犯帮助犯罪分子逃避处罚罪一案一审刑事判决书；（2015）昭化刑初字第 84 号，熊某某帮助犯罪分子逃避处罚罪一审刑事判决书。

③ 参见（2015）广利州刑初字第 380 号，郭某某、赵某某、何某某犯刑讯逼供罪一审刑事判决书。

④ 参见（2013）青神刑初字第 75 号，被告人王某某受贿、徇私枉法案，涉案受贿金额认定为 410.5408 万元，判处有期徒刑 15 年，并处没收财产 100 万元。

⑤ 参见（2016）川 0792 刑初字第 50 号，被告人张某贪污罪，涉案金额 177.339663 万元，判处有期徒刑 8 年，并处罚金人民币 30 万元。

元以下的所占比例最大，达 50%，其中，数额最多的挪用金额为 200 万元。① 根据统计情况，涉案金额最低的为 1000 元。②

（五）刑罚力度分析

在刑罚上，被免予刑事处罚的犯罪人员共计 19 人，占 27.54%，包括 6 名犯玩忽职守罪、5 名犯刑讯逼供罪、3 名犯滥用职权罪、2 名犯徇私枉法罪、2 名犯贪污罪、1 名犯受贿罪及 1 名犯帮助犯罪分子逃避处罚罪的犯罪人员。刑罚在有期徒刑 3 年以下（包括 3 年）的占 42.03%，轻刑率达 69.57%。而被判处有期徒刑 10 年以上的比例为 11.59%，其中，最高被判处有期徒刑 15 年的犯罪人员，因其同时触犯受贿罪和徇私枉法罪而被判处该刑罚。③ 此外，附加刑适用比例为 66.18%，其中，有 14 名犯罪人员被判处刑罚同时并处了罚金刑，有 9 名并处了没收财产刑，并处罚金最高金额为 40 万元，最低为 2000 元，没收财产金额最高达 100 万元，最低为 2 万元。

（六）量刑情节分析

量刑情节的适用上，具有法定从轻处罚情节的共有 40 人，占 71.43%，具有法定减轻处罚情节的占 33.93%，具有法定从重处罚情节的仅占 8.93%，从重处罚皆适用索贿情形。具体法定量刑情节中，被考量、认定最多的是自首情节，有 58.93% 的犯罪人员被认定有自首情节。32.14% 的犯罪人员因其犯罪后的坦白表现，23.21% 的犯罪人员因其犯罪后有悔改表现，积极退赃而予以从轻、减轻或是免除处罚。因检举、揭发他人的犯罪行为而获得立功情节的认定比例也达到了 16.07%。在酌定情节中，因犯罪人员退清全部或部分赃款而予以酌定从轻处罚的所占比例最大，达 65.52%。此外，除一般酌定从轻处罚情节外，原成都市公安局某区分局副局长刘某因其在羁押期间有协助管教干警开导同监室在押人员消除自杀念头的行为，被认定为其他有利于国家和社会的行为，而获得对其受贿罪的酌情从轻处罚。④

---

① 参见（2015）名山刑初字第 61 号，被告人任某挪用公款罪，涉案金额 200 万元，判处有期徒刑两年十个月，缓刑三年。

② 参见（2016）川 1011 刑初字第 185 号，吴某犯徇私枉法罪，涉案金额 1000 元，判处有期徒刑三年六个月。

③ 参见（2013）青神刑初字第 75 号。

④ 参见（2014）青白刑初字第 132 号，刘某某受贿罪，判处有期徒刑 12 年。

第四节　贵州省司法工作人员职务犯罪现状分析

一　2013—2016年贵州省司法工作人员犯罪人数发展趋势

近年来，贵州省一直保持反腐败高压态势，认真履行反腐败斗争的政治责任和法律职责，着力遏制腐败滋生蔓延势头。从表1-4可以看出，2013—2016年，全省法院依法惩处贪污贿赂渎职等职务犯罪，审结此类案件3531件，① 公布于裁判文书网上该类案例总数为1752件，② 其中，涉及司法工作人员职务犯罪案件数量为78件，占公开案件数的4.45%。

表1-4　　　　2013—2016年贵州省司法工作人员职务犯罪情况统计

机关 年份	公安机关 （件）	法院机关 （件）	检察机关 （件）	监所部门 （件）	司法行政系统 （件）	合计 （件）
2013	0	1	0	0	1	2
2014	24	1	1	6	0	32
2015	29	2	1	4	1	37
2016③	7	0	0	0	0	7
合计	60	4	2	10	2	78

从表1-4可知，在涉案单位中，公安机关人员涉案比例最大，四年间合计涉案60起，达到了总案件数的76.92%。法院涉案数量整体上呈上升趋势，涉案比例为5.13%，涉案罪名集中于受贿罪。检察机关和司法行政系统涉案比例均为2.56%，相对较小。监所部门涉案比例相对较大，达到

---

① 参见贵州省高级人民法院工作报告（2014—2017年），其中2013年审结贪污贿赂等职务犯罪789件，判处罪犯779人，其中原为县处级以上干部的12人；2014年审结804件；2015年审结604件，判处罪犯576人，其中原为县处级以上干部的13人；2016年审结2078件，判处罪犯2793人；2017年共计审结1334件，判处罪犯1741人。

② 数据统计及分析以中国裁判文书网上公开数据为样本，不包括部分涉密、未公开于裁判文书网上的案件。

③ 由于最后统计时间为2017年2月，故2016年部分判决文书还未完全上网，数据分析仅以裁判文书网上已有判决为参考依据。

12.82%，其中，2014 年监所部门涉案件数占到当年案件总数的 18.75%。2016 年已上网的判决书中，涉及司法工作人员职务犯罪的案件有 7 件，涉案人员均为公安机关人员。

二　2013—2016 年贵州省司法工作人员犯罪的特点

（一）罪名种类分析

贵州省司法工作人员职务犯罪主要涉及的罪名共有 12 个，① 涉案罪名分布上，触犯受贿罪的人数最多，比例为 38.46%。其次是徇私枉法罪，在统计数据中，共有 17 人触犯徇私枉法罪，人员比例达到了 21.79%。此外，涉及帮助犯罪分子逃避处罚罪的罪犯比例为 10.26%，该罪犯罪人员主要为公安机关人员和监所部门人员。涉及贪污罪的罪犯有 6 人，滥用职权罪的 5 人，玩忽职守罪的 4 人，私放在押人员罪的 3 人，挪用公款和行贿罪的均有 2 人，徇私舞弊减刑、假释罪的 1 人。除上述贪污贿赂渎职类案件外，还有 5 人犯侵犯公民人身权利罪，其中 4 名公安机关人员犯故意伤害罪。此外，犯罪人员同时触犯 2 种以上罪名的比例为 9.33%，其中，同时触犯受贿罪与帮助犯罪分子逃避处罚罪以及受贿罪与滥用职权罪的人员比例最多，均达 28.57%，触犯受贿罪与挪用公款罪、受贿罪与贪污罪以及滥用职权罪与徇私枉法罪的人员比例同为 14.29%。

（二）年龄、性别、学历层次分析

涉案人员性别大多为男性，女性犯罪人员仅有 3 人，比例为 4.92%，三名女性犯罪人员所在单位所触犯罪名均不一致，某县公安局经侦大队协勤陈某犯帮助犯罪分子逃避处罚罪、某县检察院侦查监督科科长肖某某触犯的罪名是徇私枉法罪、某区司法局公证处副主任许某某同时触犯了贪污罪与挪用公款罪。其余 95.08% 的犯罪人员均为男性。而犯罪人员年龄处于 25—35 岁年龄段以及 46—55 岁年龄段的人数最多，比例分别达到 38% 和 30%，此外 56—65 岁年龄段的占比也达到 12%，24 岁以下的犯罪人员有两名。其中，最小的犯罪人员年龄为 22 岁，其职务为某县看守所协勤，

---

① 涉案罪名包括：受贿罪（30 人），徇私枉法罪（17 人），帮助犯罪分子逃避处罚罪（8 人），贪污罪（6 人），滥用职权罪（5 人），玩忽职守罪（4 人），故意伤害罪（4 人），私放在押人员罪（3 人），挪用公款罪（2 人），行贿罪（2 人），徇私舞弊减刑、假释、暂予监外执行罪（1 人），虐待被监管人员罪（1 人）。

涉案罪名

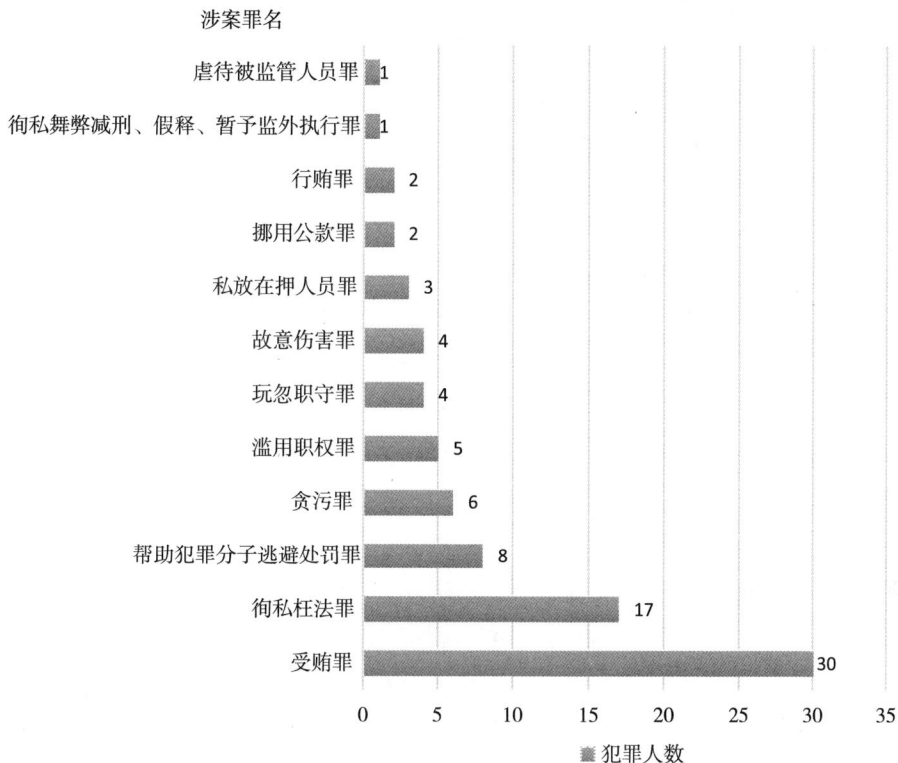

图 1-6　2013—2016 年贵州省司法工作人员涉案罪名（人数）

因触犯受贿罪和帮助犯罪分子逃避处罚罪而被判处有期徒刑 3 年。[①] 年龄最大犯罪人员是某县森林公安局民警，61 岁的时某，其利用职务便利，侵吞 19 万余元木材分成款、税款及育林基金的行为构成贪污罪。[②] 此外，年龄 28 岁、47 岁、52 岁的犯罪人员人数最多，均有 4 人。

就犯罪人员学历而言，研究生学历一人，大学学历（包括大学本科、大学专科）者占 77.78%，高中文化程度的犯罪人员占 8.89%，而初中学历者占到了 11.11%。初中文化程度犯罪人员职务大多为公安局协警、协勤、临时聘用巡防人员，但也包括一名原担任某县公安局林业派出所副所长，触犯徇私枉法罪的刘某某。[③]

---

① 参见（2014）黔毕中刑终字第 500 号。
② 参见（2015）黄刑初字第 114 号。
③ 参见（2015）桐法刑初字第 265 号。

（三）职业构成分析

从犯罪人员职务级别来看，公安机关中，担任单位或部门领导职务的占 52.54%，非领导职务中，非编制的协警、协勤、辅警、聘用巡防人员等职务人员占 32.14%。法院系统中，犯罪人员担任领导职位者占 75%，包括了原某区人民法院审判监督庭庭长①、原某县人民法院执行工作局局长②等。检察院两名犯罪人员也均担任领导职务，包括原某县人民检察院犯滥用职权罪和受贿罪的反渎职侵权局副局长③以及犯徇私枉法罪的侦查监督科科长④。监所部门中，协警、协勤犯罪人员比例为 30%。

（四）涉案金额分析

涉案金额上，相较于四川、重庆两省市而言，贵州省司法工作人员职务犯罪案件中涉案金额相对较小。就贪污罪、受贿罪犯罪来看，3 万元以上 10 万元以下金额的案件所占比例最大，达 34.29%，20 万元以上 150 万元以下金额的贪污、受贿罪案占 28.57%。金额最高贪污数额的为 245 万余元，为某派出所临聘巡防员谭某伙同他人骗取、侵吞国家征收的补偿款。⑤ 挪用公款罪中，金额最高的一起案件涉案金额 16 万余元，为某县公安局治安大队工作人员杨某利用其职务便利，挪用归其个人所使用的公款。⑥ 统计数据中，涉案金额最小的一笔为某市公安局交警大队事故中队民警在履行职务过程中，违法收受他人 1800 元现金。⑦

（五）刑罚力度分析

在判处刑罚上，被判处免于刑事处罚的有 16 人，占 20.51%，其中，涉及 7 件徇私枉法罪、4 件玩忽职守罪、两件行贿罪，以及帮助犯罪分子逃避处罚罪、虐待被监管人员罪、受贿罪各 1 件。被判处拘役的有 2 人，被判处有期徒刑 3 年以下（包括 3 年）的有 45 人，占 57.69%，判处缓刑的比例为 35.9%，轻刑率达到了 78.21%。有期徒刑刑期最长的为 11 年，

---

① 参见（2014）湄刑初字第 121 号。

② 参见（2015）遵县法刑初字第 246 号。

③ 参见（2015）德刑初字第 242 号。

④ 参见（2014）黔威刑初字第 341 号。

⑤ 参见（2016）黔 01 刑终字第 903 号。

⑥ 参见（2015）剑刑初字第 0071 号。

⑦ 参见（2014）安刑初字第 4 号。

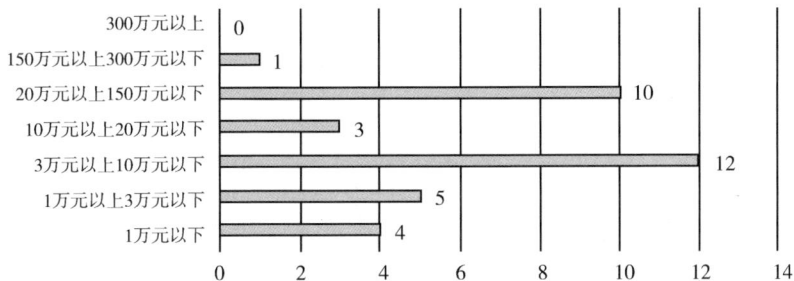

图1-7　2013—2016年贵州省司法工作人员贪污、受贿罪涉案金额

犯罪人员原系某市公安局治安大队民警，因其滥用职权违规开出炸药行为以及伙同他人收受贿赂行为而被判处有期徒刑11年，并处没收个人财产10万元①。附加刑的适用率为15.38%，其中，适用罚金刑的有6人，其中最高为并处罚金人民币20万元，适用没收财产刑的有5人，其中，最高金额为没收个人财产人民币50万元。统计数据中，仅1人被判处剥夺政治权利1年。

（六）量刑情节分析

量刑情节适用来说，法定量刑情节中的从轻处罚情节认定最多，比例达到48.10%，享有减轻处罚情节的犯罪人员占26.58%，予以从重处罚者有4人，占5.06%，其从重处罚是因其收受贿赂后，放弃履行司法职责，包庇纵容他人长期开设赌场，造成辖区内赌博犯罪滋生蔓延，并影响到社会安定。②具体法定情节考量与认定上，被认定有自首情节的占22.11%，被认定犯罪后有悔改表现，积极退赃的占22.11%，4人被认定有立功情节，并且原某市中级人民法院工作人员邓某受贿罪自首后，向公安机关揭发他人犯罪行为并带领公安机关抓获在逃犯，被视为有重大立功表现。③酌定量刑情节中，酌定从轻处罚适用率达到78.26%，其中，考量最多的是犯罪人员是否退清全部赃款，是否有悔罪表现。

---

① 参见（2014）锦刑初字第86号。

② 参见（2014）凯刑初字第305号。

③ 参见（2013）西刑初字第493号。

第五节　云南省司法工作人员职务犯罪现状分析

一　2013—2016 年云南省司法工作人员犯罪人数发展趋势

近年来，云南省加大惩防职务犯罪的力度，深入重点领域开展职务犯罪惩防工作，促进反腐倡廉建设。2016 年云南省各级检察机关依法监督纠正执法司法不公问题，全年立案侦查司法工作人员职务犯罪 73 人。① 从表 1-5 可以看出，2013—2016 年，云南省公布于裁判文书网上的贪污贿赂及渎职类案件数量达到了 1354 件，根据统计，其中涉及司法工作人员职务犯罪案件数量为 29 件，占总案件数量的 2.14%。在云南省司法工作人员职务犯罪数据中，公安机关人员涉案比例相对较大，达到 58.62%。监所部门涉案 5 件，比例达到 17.24%，相较于其他省市而言，该数值相对较高。法院人员涉案比例为 10.34%，检察院和司法行政系统涉案比例相对较小，分别为 3.45% 和 6.90%。

表 1-5　　　　　　2013—2016 年云南省司法工作人员职务犯罪情况

机关 年份	公安机关 （件）	法院机关 （件）	检察机关 （件）	监所部门 （件）	其他部门② （件）	合计 （件）
2013	1	0	0	0	1	2
2014	6	2	0	4	0	12
2015	7	1	1	1	1	11
2016③	3	0	0	0	1	4
合计	17	3	1	5	3	29

---

① 参见云南省人民检察院工作报告（2017 年 2 月 7 日）：http://www.spp.gov.cn/ztk/2017/dflh2017/2017dflh_ 45683/201702/t20170207_ 183236. shtml。

② 其他部门为司法行政系统及其他行政机关司法工作人员所在部门，主要包括司法行政部门、国家安全机关等。

③ 由于最后统计时间为 2017 年 2 月，故 2016 年部分判决文书还未完全上网，数据分析仅以裁判文书网上已有判决为参考依据。

二　2013—2016 年云南省司法工作人员犯罪的特点

(一) 罪名种类分析

涉及罪名来看，主要涉及罪名有 11 个，其中，犯受贿罪人员数量最多，所占比例达到 55.17%，犯贪污罪人员比例为 17.24%，此外，触犯徇私舞弊减刑、假释、暂予监外执行罪的犯罪人员比例达到 13.79%，其中，部分犯罪人员为监所部门工作人员。而帮助犯罪分子逃避处罚罪的人员占 10.34%，挪用公款罪、滥用职权罪以及徇私枉法罪所占比例均为 6.90%，除上述贪污、贿赂、渎职类案件外，还涉及侵犯财产类的诈骗罪和盗窃罪各 1 起。如某县 XX 派出所民警李某某在协助其他民警办案过程中，以非法占有为目的，秘密窃取他人财物 16400 元，构成盗窃罪。[①] 此外，就作案方式来说，2 人以上共同作案比例达到了 20.69%。而犯罪数量方面，一人犯数罪比例达到 24.14%，其中，同时触犯受贿罪与徇私舞弊减刑、假释、暂予监外执行罪的人员最多，所占比例达到 42.86%，同时触犯帮助犯罪分子逃避处罚罪和徇私枉法罪的人员比例也达到 14.29%。

(二) 年龄、性别、学历层次分析

男性犯罪人员占 92.5%，女性仅有两位，且其职务均为某县公安局交通警察大队协警人员，分别因触犯贪污罪和受贿罪被判处刑罚。犯罪人员年龄为 36—45 岁的数量最多，所占比例为 37.50%，46—55 岁的占 29.17%，56—65 岁的有 2 位，其中，最年长的犯罪人员年龄为 57 岁，系原某自治州中级人民法院执行局局长，因受贿罪而被判处刑罚。[②] 年龄最小的为 24 岁，系某县交通警察大队协警人员，因受贿罪被判处刑罚。[③] 其中，年龄为 51 岁的犯罪人员数量最多，比例达到了 12.5%，且其均担任着单位或部门"一把手"领导职务，包括某市公安局副局长、某监狱副监狱长等，所触犯罪名同为受贿罪，其中有两人的涉案金额达到 300 万元以上。

就犯罪人员学历来看，云南省数据统计显示，其司法工作人员整体学历略低于其他省市，其中，文化程度为大学学历者占 77.27%，初、高中

---

① 参见（2015）弥刑初字第 27 号。

② 参见（2014）玉中刑初字第 80 号。

③ 参见（2015）嵩刑初字第 88 号。

涉案罪名

罪名	犯罪人数
徇私舞弊不移交刑事案件罪	1
盗窃罪	1
诈骗罪	1
徇私枉法罪	2
滥用职权罪	2
挪用公款罪	2
帮助犯罪分子逃避处罚罪	3
徇私舞弊减刑、假释、暂予监外执行罪	4
贪污罪	5
受贿罪	16

■ 犯罪人数

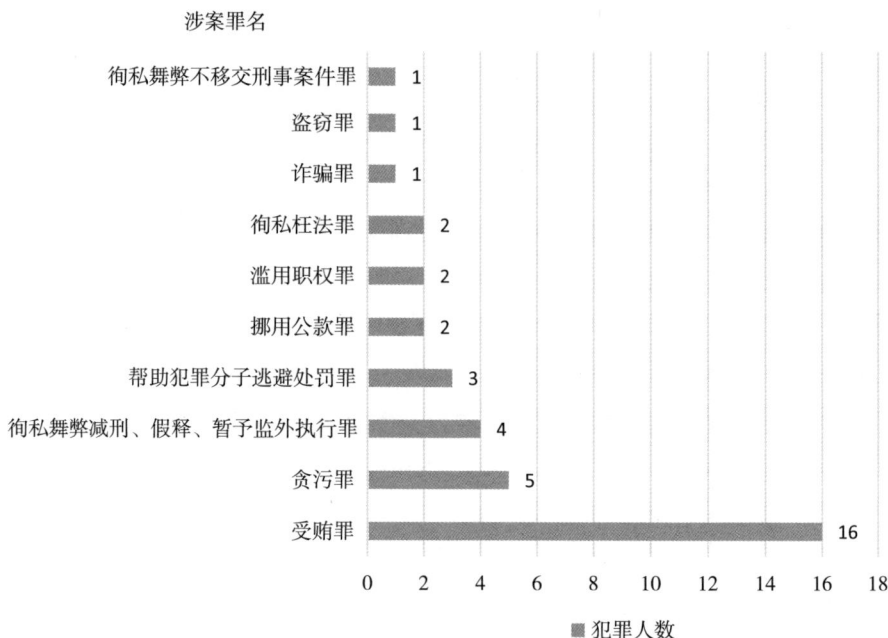

图 1-8　2013—2016 年云南省司法工作人员涉案罪名（人数）

学历人员比例均占 9.09%，硕士研究生学历者有 1 人，其职务为某监狱副监狱长。

（三）职业构成分析

从犯罪人员职务来看，有 75% 的犯罪人员原担任着单位或部门领导职务，仅有 7 名公安机关民警或协警人员为非领导职务。就公安机关犯罪人员来说，其中，职位最高的包括了两名市公安局副局长，其中，一人触犯帮助犯罪分子逃避处罚罪，一人触犯受贿罪。此外，还包括某市公安局特警大队大队长、某县公安局刑侦队队长、派出所所长等。在司法行政单位中，两名犯罪人员原职务均为某县（镇）司法所所长，其中，一人触犯玩忽职守罪，另一名因同时触犯贪污罪和诈骗罪被判处刑罚。监所部门中，职位最高的犯罪人员原系某监狱副监狱长，因受贿罪被判处刑罚。[①] 此外，法院、检察院犯罪人员中，还包括了某自治州中级人民法院执行局局长、某市人民检察院控告申诉科科长等，其触犯罪名中，均包括有受贿罪。

---

① 参见（2015）昆刑一终字第 47 号。

（四）涉案金额分析

涉案金额上，就贪污、贿赂犯罪而言，金额在 3 万元以上 10 万元以下的案件数量最多，所占比例达到 30%，其次，涉案金额在 10 万元以上 20 万元以下以及 300 万元以上的案件比例均为 15%，其中，涉案金额最高的一起受贿案件，数额达到了 614 万余元。[①] 在挪用公款罪中，两起挪用公款案件涉案数额均在 5 万元以上 50 万元以下，其中最高的金额为 28 万元，系原某自治州中级人民法院人民陪审员管理工作办公室主任吴某以他人名义从某市法院的执行费用中挪用归于个人使用的公款[②]。涉案金额最低的案件为一起徇私枉法案，金额为 6000 元，系某县公安局民警王某徇私枉法并私自收取的犯罪人员取保候审保证金。[③]

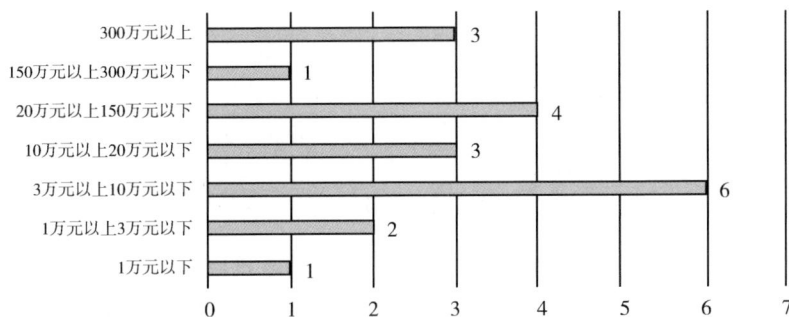

图 1-9　2013—2016 年云南省司法工作人员贪污、受贿罪涉案金额

（五）刑罚力度分析

在刑罚上，被判处免予刑事处罚的犯罪人员比例为 27.59%，被判处有期徒刑 3 年以下（包括 3 年）的有 10 人，缓刑适用率为 17.24%，轻刑率为 62.10%。被判处有期徒刑 10 年以上的有 4 人，其中，有期徒刑最高刑期为 15 年，被判处无期徒刑的有 1 人。附加刑适用率达到 41.38%，统计数据中，有 7 人在被判处主刑的同时，并处了罚金刑，有 5 人并处了没收财产刑，1 人被判处剥夺政治权利终身。罚金刑中，并处罚金金额最高的为 25 万元。没收财产刑中，除没收个人全部财产外，金额最高的为没收个人财产 150 万元。

---

① 参见（2014）玉中刑初字第 80 号。

② 参见（2015）云高刑终字第 843 号、（2015）红中刑一初字第 13 号刑事判决。

③ 参见（2015）金刑初字第 00003 号。

（六）量刑情节分析

量刑情节适用上，适用最多的为法定从轻处罚情节，适用比例为65.22%，享有法定减轻处罚的犯罪人员比例为43.48%。而被予以从重处罚的仅有1人，其从重处罚原因是贾某多次受贿，受贿金额大且拒不认罪，故而依法予以严惩。① 具体法定量刑情节中，被予以考量、认定最多的包括自首情节和犯罪后有悔改表现，积极退赃情节，其所占比例均达到57.69%，坦白情节认定比例达到26.92%。在酌定量刑情节中，被予以酌定从轻处罚的占75%，其中，考量最多的原因是犯罪后的认罪态度问题、赃款退缴问题以及犯罪情节问题等。而被予以酌情从重处罚的有2人，1名市公安局民警姜某是由于其将利用职务便利贪污涉案款项用于赌博，且到案后未退还涉案款项，故而酌情从重处罚，② 另一人原系某单位合同制民警，因其在履行查禁犯罪职责期间，多次向犯罪分子通风报信，故而酌情从重处罚③。

第六节　西藏自治区司法工作人员职务犯罪现状分析

近年来，西藏自治区司法行为逐渐健全、规范，司法管理得到有效改进，司法公开逐步推进，司法队伍建设日益加强，为全面从严治理，依法严惩腐败营造出了日益良好的司法环境。2013—2016年，西藏自治区各法院公布于裁判文书网上的贪污、贿赂等职务犯罪类案件共计39起，其中，涉及司法工作人员职务犯罪的有5起，占公开案件的12.82%。其中，2014年有2起共同受贿罪案件；2016年3起案件，1起贪污罪案件，1起共同受贿罪案件以及1起盗窃罪案件。5起案件中，有3名犯罪人员属于公安机关工作人员，其中，有2名县公安局便民服务站辅警人员，1名拉萨市公安局民警。另外2名犯罪人员，1名原系拉萨市监狱某监区干警，1名原系某市司法局工作人员，公安机关人员涉案比例为60%。5起案件

---

① 参见（2014）玉中刑初字第79号。

② 参见（2016）云2503刑初字第295号。

③ 参见（2015）大刑初字第316号。

中，犯罪人员性别均为男性，年龄均在 24—35 岁，最小的年龄为 24 岁，最大的年龄也仅 33 岁。其文化程度参差不齐，小学文化程度者有 1 名，高中文化程度者 2 名，大学文化程度者 2 名，其中，1 名是大学本科文化，1 名是大学专科文化。

就涉案金额来看，有 2 起公安机关辅警人员布某、罗某的受贿案件的涉案金额同为 1 万元，[①] 另一起拉萨市监狱某监区干警边某受贿案中，涉案金额为 5 万元[②]。而拉萨市公安局民警旦某贪污案涉案金额为 109000 元[③]，某市司法局工作人员张某盗窃金额为 5000 余元[④]。

量刑情节上，酌定从轻、减轻情节适用最多，其理由包括犯罪嫌疑人认罪悔罪、坦白供述、协助公安机关追缴赃款赃物、积极退赃、与被害人和解主动退赔损失等情节。在刑罚上，被判处免予刑事处罚的有一人，为贪污罪犯罪民警旦某，因其免除处罚原因是在共同贪污犯罪中，系从犯，作用较为轻微，归案后确有悔罪表现，且全额退赃，未给社会造成严重损失和恶劣影响，故而适用免除处罚。其余 4 人刑罚均在 3 年以下，其中，监区干警边某被判处有期徒刑 1 年，缓刑 2 年执行。轻刑率达到 100%。附加刑适用上，张某盗窃案被判并处罚金 5000 元，边某受贿案被判并处罚金 10 万元。

第七节　西南地区司法工作人员职务犯罪总的特点分析

通过上述西南地区职务犯罪的现状分析，我们发现，西南地区职务犯罪具有以下特点。

一　男性司法工作人员职务犯罪概率要高于女性

司法工作人员职务犯罪中，犯罪人员性别主要为男性，女性犯罪人员所

---

① 参见（2014）当刑初字第 8 号。

② 参见（2016）藏 0102 刑初字第 108 号。

③ 参见（2016）藏 0327 刑初字第 5 号。

④ 参见（2016）藏 2221 刑初字第 50 号。

占比例仅为 3.39%。普遍来看，当前社会女性的繁衍竞争压力①相对较小，就心理特质而言，女性相比男性，权力欲、占有欲都比较小，功利心也较弱；而男性则不然，对于身份、地位、财富的追求欲望相对强烈，大部分会选择通过努力工作来获得应有的资源回报，但少部分人员在通过正当途径无法实现自身需求（包括正当需求和不切实际的需求）时，便会借助于犯罪手段来使自己获利。此外，从职位来看，女性司法工作人员任职还呈现副职多、正职少；"虚职"多、"实职"少；低级别多、高层次少；"边缘"部门多、"主流"部门少的特点，从统计数据来看，涉及职务犯罪的 6 名女性中，有 3 名为县公安机关协勤人员，1 名县公安局会计人员，1 名乡司法所工作人员，职位相对较高的 1 名女性担任的是某县人民察院侦查监督科科长职务，没有掌握实权，也就自然不会成为行贿等诱发职务犯罪行为的围猎重点。从涉案罪名来看，4 名女性司法工作人员犯罪罪名集中于贪污罪、受贿罪、挪用公款罪三类腐败犯罪上，除一起伙同他人共同实施的挪用公款罪涉案金额为 200 万元外，其余案件涉案金额均在 10 万元以下，另外 2 名女性分别触犯的是徇私枉法罪和帮助犯罪分子逃避处罚罪，犯罪情节相对轻微，犯罪后果、社会危害性也相对较小，故而根据其犯罪情节和悔罪表现，6 名女性职务犯罪司法工作人员均被施以缓刑。

二　犯罪主体智商高、反侦查能力强

犯罪人员属于"白领"阶层，文化、受教育程度普遍偏高，西南五省份中，该类犯罪有 85% 以上的犯罪人员学历为大学文化程度以上（包括大学文化程度），他们往往利用自己所拥有的专业、学识、职业等优势条件，在自身所熟谙的领域内实施犯罪，利用执行公务、履行司法职能等合法形式，或是进行隐蔽的权钱交易，将国家、他人财产据为己有，或是徇私、徇情、弄权失职，有的是单独作案，有的则是与他人共同作案，这种相互结合、穿插交错突出呈现了高智商、高学历犯罪特点，也给案件的定性增加了难度。另外，个别人员善于以"廉洁、自律"形象伪装自身，以职业、职务为掩护，通过一些表面工作来掩饰其犯罪行为，甚至在短时间内获得一定的"官声、政声、名声"。该类"两面型"人员，从廉洁伪装开始，换来良

---

① 导致男女间繁衍竞争压力差距较大的因素包括男女之间的性格差异、体质不同、社会地位的不同、社会参与度的不同、社交圈的差异、生活压力以及性生理激素等。

好公众形象的保护伞，这使得案件查处、侦破的难度大大增加。此外，现代科技的迅猛发展和全球化程度的加强，也为此类高智商犯罪提供了一定的技术支持，为非法资本转移提供了便利。而司法工作人员相较于普通民众而言，由于其长期工作经验的积累，又具备与各类犯罪人员相接触的条件，容易直接或间接地认识、了解一些犯罪手段和方法，同时觉察出相关法律的漏洞，具有较强的反侦查、反审讯能力。绝大部分犯罪人员了解自己犯罪的后果，因此，在犯罪前必然处心积虑、千方百计、周详计划，在犯罪后必然裨补阙漏，甚至订立攻守同盟，为案件查处设置障碍。

三　"35岁""50岁"领导干部犯罪现象突出

"35岁""50岁"左右干部群体成职务犯罪高发群体。处于这两个年龄段的多数犯罪人员担任着单位或部门的领导职务，对原单位或部门负有主要的监管或领导责任。根据样本数据，年龄在"35岁"左右①的犯罪人员共有25人，占比达到16.13%，其中，年龄为35岁的犯罪人员最多，共计7人，占4.52%。35岁左右的犯罪人员往往是刚走马上任不久的基层青年干部，其职务往往是基层某机关单位的部门或科室的副职领导或主要业务工作人员，行政职业级别以科级为主，也有个别的处级干部领导。该类人员文化素质普遍偏高、业务活动能力强，社会关系网众多，但经济基础不牢，社会阅历较浅、世界观及人生价值观尚未最终成型，"升官"之后，受"发财"思想侵蚀以及不良社会、政治生态影响，法纪观念削弱，而开始以权谋私，走向犯罪。在统计数据中，年龄"50岁"左右②的犯罪人员共有37人，占比达到23.87%，其中，年龄51岁、52岁犯罪人员人数最多，分别有16人和9人之多，占比分别达到10.32%和5.81%。司法工作人员犯罪"50岁"现象突出。"50岁"左右犯罪人员往往担任单位或部门"一把手"职务者较多，具有较大权力空间，社会关系网复杂，在某些事项决策中，享有相当的话语权。英国思想史学家阿克顿曾说过，"权力导致腐败，绝对权力导致绝对腐败"③，而"50岁"左右的

---

① "35岁"左右指年龄在33—37岁年龄段人员。

② "50岁"左右指年龄在48—52岁年龄段人员。

③ ［英］约翰·埃默里克·爱德华·达尔伯格-阿克顿：《自由与权力》，侯健、范亚峰译，译林出版社2011年版，第342页。

"一把手"领导又处于监督相对薄弱的职位上，权力的集中和监督的缺位，是导致其权力异化的前提原因。而该年龄段司法工作人员职务犯罪的主要特点表现为大案①（涉案金额在 5 万元以上的占 70.27%）、要案②数量较多，钱权交易突出，受贿案件所占比例较大，涉案金额特别巨大，犯罪周期长、次数多，社会危害性大。此外，此年龄段的部分人员面临进退留转问题，个别"晋升无望""转岗待退"人员出现消极、抵触情绪，开始滥用或私用手中权力谋取私人利益。

四　犯罪形式隐蔽、潜伏期长

在涉及权钱交易的职务犯罪中，犯罪者是掌握实际司法职权的官员，他们能够支配、运用手中的权力，权力是无形的，因而其犯罪形式往往具有隐蔽性，犯罪行为也难于被觉察。且由于司法工作人员的特殊主体身份，该类人员具有一定的司法工作经验和反侦查能力，在通常情况下，其实施犯罪时难以被常规侦查防范措施所监测。同时，权力掌握者往往不直接收受非法利益，而是经由其家庭成员、朋友等特定关系人代为收受、转交，③自己不直接参与，而是利用掮客的关系网进行钱权交易；或是采取合作投资、交易、委托理财等形式使非法利益具备合法外衣，而非单纯"吃拿卡要"。而由于犯罪手段、形式的隐蔽性，犯罪行为也往往具有较长潜伏期，犯罪周期越长，窝案、串案表现越明显。此外，从事司法工作的犯罪人员往往具有较为复杂的社会关系网，当其犯罪行为败露后，游说讨情、施加压力接踵而至，为案件查办加添麻烦。并且，部分地区存在着地方保护主义和人员保护主义情节，个别单位、部门担心查判司法工作人员职务犯罪案件会破坏司法权威，损害司

---

① 大案：指贪污、贿赂案数额在 5 万元以上，挪用公款案数额在 10 万元以上，集体私分、巨额财产来源不明、隐瞒境外存款案数额在 50 万元以上以及按照《人民检察院直接受理的渎职侵权重特大案件标准（试行）》认定的案件。该指标主要反映人民检察院立案查办的职务犯罪案件中经济损失大、社会危害严重的案件。该解释来源于中国 2000 年检察机关直接立案侦查案件统计表备注。

② 要案：指县、处级以上干部的犯罪案件。该指标主要反映国家工作人员中县、处级以上干部因职务犯罪被人民检察院依法立案侦查的情况。该解释来源于中国 2000 年检察机关直接立案侦查案件统计表备注。

③ 参见判决书（2014）金堂刑初字第 67 号。

法形象，或是对本单位、部门其他领导及工作人员带来不利影响，于是对于该类案件的侦查审判活动采取消极配合态度，甚而有故意阻挠办案的情况出现。

五　获利期权化、间接化

目前，个别犯罪人员为了规避法律，往往利用期权化、间接化的方式来进行钱权交易，获取利益，而非直接收取金钱或物质形式礼品。即司法工作人员利用其职务、权力为他人谋取利益后，权且停止兑现曾被许诺（包括明示许诺与暗示许诺）给予的个人利益，而是留待事过境迁、海不扬波之时，即如离职、退休后，再兑现被许诺利益。此外，新型利益获取行为层出不穷，包括假借交易获取利益，即以明显高于市场的价格向他人出售物品或是以明显低于市场的价格向他人购买物品以及以明显不对等的价格与他人进行物物交换；收受干股利益，即通过他人无偿赠送或是低价转让或是借贷[1]的方式，在没有进行任何投资情况下，取得、持有股权，如重庆市巴南区人民检察院原检察长郭某某受贿案中，郭某某以"民间借贷"为由在未出资情况下，享有某公司干股 500 万元，并分得 187.5 万元[2]；合作投资名义获取利益，即由他人投资或垫付资金，与司法工作人员进行合作开办公司或是仅参与投资不参与管理抑或是以其他方式投资或参与管理，司法工作人员承诺盈利后用盈利的资金来偿还投资人资金，但事后并未偿还的；委托理财型获取利益，包括不出资的理财获利、出资的理财获利、委托的理财获利以及代理的理财获利，即与他人建立失实的委托关系，用他人名义投资证券、期货、房产或其他经济项目，没有实际出资，或虽然出资但从中取得的利益明显超过其投资应得收益；赌博型获取利益[3]，包括索取赌资、收受赌资、赌博赢赌资、代付赌资等用赌博形式来隐没其直接利益收取行为；挂名取酬型获取利益，即让他人为其他特定

---

① 借贷方式取得干股是指，持有干股人向请托人出具借贷手续，用借贷金额入股而持有股份，实际上持股人仍然是在没有任何投资情况下享有股权。刘方：《贪污贿赂犯罪的司法认定》，法律出版社 2015 年版，第 212 页。

② （2016）渝刑终字第 137 号。

③ 孙应征在其《新型贿赂犯罪疑难问题研究与司法适用》（中国检察出版社 2013 年版，第112 页）一书中，将赌博受贿类型分为收受赌资型、只赢不输型、代付赌资型、收受赢资型、输钱返还型、免除赌债型等多种类型。

或非特定关系人挂名安排工作，由该人或由司法工作人员领取大大超过应得报酬的薪酬而取得利益行为；通过特定关系人获取利益，包括特定关系人单独实施的利益收取行为、将特定关系人作为犯罪工具收取利益行为以及与特定关系人共同收取利益行为；财产权属未变型利益获取，即收受他人房屋、汽车等不动产或少数特殊动产，而未对产权、所有权进行变更登记或是以借用他人财物名义办理登记，但对财物实际占有、使用、收益并享有部分处分权的获取利益方式。

六　判决轻刑化现象突出

从样本数据中司法工作人员职务犯罪的判决结果来看，轻刑化①趋势明显，有期徒刑 3 年以下（包括 3 年）刑罚的有 106 人，轻刑率达到 72.56%。90%的犯罪人具有法定从轻、减轻处罚情节或酌情从轻、减轻处罚情节，从而获得从轻、减轻或免除处罚。如某公安局禁毒缉毒支队某大队民警谢某某巨额财产来源不明案②中，针对谢某某明显超过合法收入的 180 万元差额认定为非法所得，在考量量刑情节时，仅认可了谢某某"当庭表示认罪"一项，依法予以酌情从轻处罚，且 180 万元非法所得在判决前尚未追缴，谢某某被判处有期徒刑一年六个月。部分判决中，量刑情节适用说理不够充分，缓刑、免予刑事处罚适用频率畸高，在 215 份样本数据中，免予刑事处罚比例为 23.26%，适用缓刑者 53 人。对于具体量刑情节来说，自首、坦白的考量与认定比例较高，共计 83 名犯罪人员被认定有自首情节，比例达到 38.60%；32.56%的犯罪人员具有积极退赃、悔罪情节，25.12%的犯罪人员具有坦白情节。但因为量刑认定存在较大自由裁量空间，跨越量刑幅度予以从轻、减轻刑罚情况突出。其次，"有悔罪表现，积极退赃"情节被申说过甚，尤其是在缓刑适用的理由中，只要有退赃情况便作为悔罪认定依据，可见认罪态度对量刑的影响较为显著，但部分判决相对忽视了犯罪动机、侵害对象等情节。如在某司法局原副局长刘某某受贿案③中，刘某某受贿金额为 20 万元，根据《刑法》第

①　司法工作人员职务犯罪轻刑化指法院在审判该类案件时，普遍倾向对被告人判处较轻的刑罚。

②　参见（2015）攀东刑初字第 136 号。

③　参见（2015）德刑初字第 242 号。

383 条第 2 款、第 386 条①之规定，以及《最高人民法院、最高人民检察院关于办理贪污贿赂刑事案件适用法律若干问题的解释》第 2 条第 1 款②之规定，应当对刘某某判处三年以上十年以下有期徒刑，并处罚金或者没收财产。但判决书中由于对其自首、立功、退赃、认罪态度较好等情节的考量，跨越了一个量刑幅度，仅判决有期徒刑 2 年，且适用了缓刑（二年六个月）。③ 无期徒刑、死刑判决比例的不断减少（在样本数据中，仅有 2 人分别被判处无期徒刑和死刑缓期二年执行），与涉案金额的不断增长的现实情况不相适应，随着大案、要案数量的增长，相反的是实刑比例在降低，尤其是渎职类犯罪中，不适用实刑比例达到 78.57%，在样本数据中，只要渎职类犯罪人员符合缓刑或者是免予刑事处罚的量刑条件，法院普遍选择予以适用。

七　社会腐蚀性强

就贪污、贿赂等不涉及特定自然人对象的职务犯罪来说，一般不会侵害到某个特定自然人的人身安全，即没有具体、特定的直接受害人，亦不会对某个自然人人身产生顷刻即见的威胁。因此，这几类案件发生后，除了经由媒体报道外，一般不容易引起公众的注意。如贪污案件、受贿案件或挪用公款案件，其侵害的对象是复杂的客体，具有非显性、不确定性和广泛性等特征，不仅侵犯了国家工作人员职务的廉洁性，还侵犯了国家和社会公共的正常管理秩序、公私财产权等。而渎职犯罪以及司法工作人员在履行职务过程中所实施的刑讯逼供、故意伤害等犯罪在侵犯国家机关正

---

① 《刑法》第 383 条：对犯贪污罪的，根据情节轻重，分别依照下列规定处罚：（二）贪污数额巨大或者有其他严重情节的，处三年以上十年以下有期徒刑，并处罚金或者没收财产；第 386 条：对犯受贿罪的，根据受贿所得数额及情节，依照本法第 383 条的规定处罚。索贿的从重处罚。

② 《最高人民法院、最高人民检察院关于办理贪污贿赂刑事案件适用法律若干问题的解释》第 2 条第 1 款：贪污或者受贿数额在 20 万元以上不满 300 万元的，应当认定为刑法第 383 条第 1 款规定的 "数额巨大"，依法判处三年以上十年以下有期徒刑，并处罚金或者没收财产。

③ 参见（2015）德刑初字第 242 号。"鉴于被告人刘某某有自首和立功情节，加之案发前已退还受贿款，并且认罪态度较好，根据被告人刘某某的犯罪事实、性质、情节、危害后果及悔罪表现，本院决定对其减轻处罚，对其宣告缓刑不会对所在社区产生重大不良影响。""被告人刘某某犯受贿罪，判处有期徒刑 2 年，缓刑二年六个月，并处罚金人民币 110000 元。"

常活动以及公民对国家机关工作人员职务活动客观公正性信赖的同时，也侵犯了公民的基本权利等直接客体，使得作为社会公平正义的最后一道防线的司法也被破坏，对社会具有极大的腐蚀性，同时也使得人民群众对当前法治出现信任危机，并随之带来一系列的思想误区：造成对金钱和权力的盲目崇拜，并把二者作为个人生涯的奋斗目标，使拜金主义、功利主义、利己主义等观念膨胀；造成对司法机关、国家机关、政府和党的形象的破坏，易导致人民群众产生严重对立情绪，增加社会矛盾，导致后续执法、司法环境的进一步恶化；造成法治信仰的崩塌，执法、司法的职务行为无异于向人民树立了知法、守法的典范，但司法工作人员的职务犯罪行为却易使人们间接地认为，法律、法治实质乃约束普通民众的镣铐，其本身都不被执法、司法者所信奉和遵从，自然也无内在可信赖、可崇尚的价值可言，由此对国家司法秩序造成冲击。

第二章

西南地区司法工作人员职务犯罪成因分析

职务犯罪的产生必然有其特殊的地域和时代因素，我们对此进行分析。

第一节　社会因素

司法工作人员职务犯罪问题并不是一个国家、一个地区或是一个时间段、时间点的孤立现象，而是一个长期性的、困扰着全世界的普遍性问题。无论是发展中国家还是发达国家，资本主义或社会主义，都不同程度地存在和发生着司法工作人员职务犯罪现象。如埃米尔·涂尔干所说，"普遍存在于该社会各处并具有其固定存在的，不管在其个人身上的表现如何，都叫作社会事实"①，现阶段各国所存在的司法工作人员职务犯罪现象也应当是一种社会事实。那么，此种社会事实的问题必然要从植根于本土的社会因素中去探寻。中国传统社会的人情文化一直不曾中断，延续至今，但"亲情治近，理法治远，亲情重于理法"②的人情观念也产生了不少消极影响。"礼尚往来"的风俗也衍生出强烈的人身依附和人情依

---

① ［法］埃米尔·迪尔凯姆：《社会学方法的准则》，耿玉明译，商务印书馆 1995 年版，第 34 页。

② 韩少功：《人情超级大国（一）》，《读书》2001 年第 12 期。

赖,[1] 造成特权、造成不公平,"以情谋私、人情引路"的不良社会风气成为司法工作人员职务犯罪的诱因之一。

与社会核心文化背离的亚文化的盛行也是司法工作人员职务犯罪的社会因素之一。我国社会的荣誉体系和文化价值体系使得官本位思想仍然流毒无穷,人们对官本位文化的过分崇拜也折射出对特权、声誉、财富的渴求欲望。

衍生于腐败现象的贪渎文化,也是诱发司法工作人员职务犯罪的社会因素之一。根据透明国际清廉指数[2]显示,在改革开放前的一段发展过程中,我国整体社会风气较为良好,国家机关工作人员相对廉明清正,但之后的经济体制变革和社会结构转型的特定历史期间内,传统价值观念、原有意识形态和思维、行为模式都发生了强烈碰撞,出现多样化的思想样态和价值观念体系,社会文化意识形态良莠不齐,负文化、亚文化随之滥觞,社会被物质、金钱观念充斥,现代文化失范,同时也带来了腐败状况恶化的负效应。而此之后,随着党风廉政建设的开展,权力反腐向制度反腐的过渡,社会腐败势头蔓延得到有效遏制,我国社会腐败状况有所好转。2000年后,清廉指数始终在3.5分左右起伏。而近年来,随着我国反腐倡廉建设工作和对职务犯罪打击工作的深入开展,清廉指数有所上升,腐败程度也在慢慢下降,但整体来看,贪渎文化影响流毒至深。

此外,道德天平的失衡、漠视公平的市侩化、缺乏诚实守信的欺诈、对拉帮结派、圈子分层的热衷等社会环境因素也直接或间接地导致了职务犯罪的发生。

第二节　经济因素

从20世纪70年代至今,我国逐渐完成了从计划经济体制向市场经济体制的转型,由于新旧体制转换,我国社会主义市场经济体制依然居于不

---

① 罗云锋:《人情社会与人情贪腐》,《社会观察》2014年第8期。

② 数据来自透明国际组织:http://www.transparency.org/。清廉指数反映的是一个国家政府官员的廉洁程度和受贿状况,清廉指数的分数为0—10分,0—2.5分属于极端腐败,2.5—5分属于比较严重的腐败,5—8分属于轻微腐败,8—10分属于廉洁,分数越低,腐败程度越高。

完善阶段，经济、管理格局无法完全适应市场经济的所有要求，并且，在计划经济时期积久而成的对经济活动的管理手段尚未彻底转化过来，司法、行政机构职能转换的滞后性，使得部分公权力过多而频繁地介入经济活动，同时，由于还存在个别经济主体间的不规范竞争行为，少数人员为了追求个人或小团体的实际利益，开始寻求与拥有稀缺资源分配权、纠纷解决权（或裁判权）、监督权、执行权等公权力主体进行有偿交易，造成政治、司法领域内的"钱权交易""权力寻租""渎职侵权"等情况，这也是导致职务犯罪现象发生的原因之一。

美国著名经济学家库兹涅茨曾提出，在经济发展的过程中，当一国的人均国内生产总值（Gross Domestic Product，GDP）在5000美元朝10000美元跨越的阶段，通常是社会、利益矛盾不断激化，收入分配差距加速的时期，在该段时期内，经济结构朝可持续发展趋向转变，机遇与高风险并存，社会秩序、法律秩序也面临严峻挑战。[1] 从我国经济发展状况来看，2013年我国人均GDP为6995美元，2014年和2015年则分别为7595美元和8016美元，按世界银行国别收入分组标准，[2] 我国目前属于"中等偏上收入国家"范围之内，但也处于法治拐点期间，市场经济负效应持续发酵，主要表现为：贫富两极分化日趋严重，国民收入差距进一步扩大；权力商品化、市场化导致权力寻租、权钱交易现象愈演愈烈；社会分配不公、机会无法均等、阶层逐渐固化等。作用于司法工作人员上，具体体现为司法工作人员工资薪酬偏低，收入与支出基本持平，部分人员其工资水平不高，经济压力突出。但相较于与其他国家公务人员来说，司法工作人员的工作量又相对较大，并且职级受限，个人晋升空间相对较窄，总体呈现"两高两低"的特点，即学历高，但职级低；社会地位高，但收入合意度低。所以，在基本工资薪酬达不到合理预期，劳动所得无法与实际工作量相匹配时，心理落差逐渐加大，潜在市场机制便开始发生作用，致使部分司法工作人员受利益驱动出现"为钱办案""办案为钱""执法司法为创收"的违法犯罪行为，当无法通过基本工资来达到预期生活状态与水平时，便开始利用手中的权力来谋求不正当利益。

---

[1]　欧阳曙：《法治库兹涅茨曲线及其拐点：一个初步的测算》，《学术探索》2016年第1期。

[2]　世界银行按人均国民总收入（人均GNI）对世界各国经济发展水平进行分组。通常把世界各国分成四组，即低收入国家、中等偏下收入国家、中等偏上收入国家和高收入国家。

此外，根据加里·S. 贝克尔（Gary S. Becker）的"广义经济学"理论①，犯罪行为的产生基础是犯罪人员在犯罪实施前对犯罪行为的"收益—成本"经过了理性的计算，②即实施犯罪行为是犯罪人的理性选择。此理论可以适用于具有相对法律常识基础和普遍理性的司法工作人员的职务犯罪问题上。即司法工作人员的职务犯罪行为在某种程度上而言也是一种"经济行为"，司法工作人员通过其自身对"收益—成本"的分析（包括"职务犯罪可行性分析"及"效益评估"，即实施职务犯罪行为后，案发的概率大小；案发后能否通过其他途径避免处罚；如果不能免予处罚，那么是否可以"以罚代刑"；若须受到刑事处罚，则刑事处罚的程度怎样），而产生"犯罪成本低""犯罪收益大于犯罪成本"等预期后，便有可能采取犯罪行为。所以，从经济学角度来看，该类人员职务犯罪行为的存在，与其犯罪的高收益率息息相关。所以，司法工作人员可以通过实施的职务犯罪行为而获取利益甚至是高额的不法利益，也是其实施职务犯罪行为的缘由之一。

第三节　制度因素

制度因素乃是引起司法工作人员职务犯罪现象蔓延的关键原因之一，在社会（国家）实践层面同样被视为治理该问题的枢纽。一套行之有效的制度可以促进社会秩序的产生与发展，相反，缺乏科学性、公平性、完善性以及透明性的制度则为职务犯罪的发生创造了更多的机会。

应然层面的司法应当具有绝对的独立性和中立性，而我国社会主义法治理念还赋予了司法服务于外在政治目标的理念，③除遵从法律，还需要

---

① 广义经济学认为，人类的一切行为其实都蕴含着效用最大化的经济性动机，都可以运用经济学的"成本—收益分析"方法来加以研究和说明——"经济"一词的本义，无非是用尽量小的成本换取尽量大的收益。当然，这种成本和收益既可以是货币的或物质的，也可以是心理的或精神的，而后者也是可以通过微观经济学的"消费者均衡分析"方法来进行货币度量的。

② ［美］加里·S. 贝克尔：《人类行为的经济分析》，王业宇、陈琪译，格致出版社、上海人民出版社 2008 年版，第 6—7 页。

③ 郭晶：《"科层制"司法与法律人之异化——从刑事司法角度切入探讨》，《云南大学学报》（法学版）2013 年第 4 期。

考虑大局，酌量社会影响、政治效果、政策实施等因素，而司法工作人员除了需要具备基本的司法职业能力外，被同时要求具有类似于行政管理者的技能和本领。在深入推进司法体制改革以前，在具有浓烈"科层制"① 特性的司法组织构造中，公安机关、检察院、监所部门的内部组织构造仍然保持着以行政级别为根底的科层制结构体系。中国本土科层制的司法权力运行过程中，司法工作人员相对缺乏独立性，案件请示、绩效考核等一系列司法的行政化管理活动造成了行政倒压司法、体制捆绑司法的情况，致使司法领域乱象丛生。

以检察机关为例，检察机关作为法律监督机关，立案侦查的职务犯罪案件没有外来机关对其进行监督制约，这其中虽有内部监督制约，但是有限的。我国实行人大监督"一府两院"的模式，而实际运行中，人大监督相对软弱，相对缺乏经常性。在基层，少数单位存在着"两院"对人大的监督部门仅仅是汇报性的应付，且报"喜"不报"忧"，报"绩"不报"失"，这样人大对"两院"的监督实际上起不到通过监督制约、遏制司法腐败的作用。

得不到监督的权力往往是产生腐败的温床。汉密尔顿等在《联邦党人文集》中先知般地写道："在这方面，如同其他各方面一样，防御规定必须与攻击的危险相称。野心必须用野心来对抗。……如果人都是天使，就不需要任何政府了。如果是天使统治人，就不需要对政府有任何外来的或内在的控制了。"总之，为了最大限度地避免司法不公，就要对司法权进行有效的监督和约束。近年来，虽然国家出台了法律法规，但可操作的、具体的实施细则尚未出台，加之现实条件的限制，所以对司法人员的制约相应也较空泛。可以说这些法律原则性的多，具体性的少，弹性的多，刚性的少，宽容性的多，威慑性的少。所以其作用的发挥受到了极大限制。个别处于领导岗位的司法人员，将领导班子民主集中制视为乌有，"一言堂"现象时有发生；有的部门办事程序不够公开，工作透明度不高，造成"暗箱"操作，为权钱交易提供便利；还有的基层司法机关，特权思想严重。其犯罪更具有隐蔽性、难于发现，而一旦发现，往往已造成严重

---

① 根据韦伯的定义，科层制的主要特征包括内部分工、职位分等、特定权力的施用和服从等特征。参见［德］马克斯·韦伯《经济与社会》（下），林荣远译，商务印书馆 1997 年版，第 278—280 页。

后果。

2014 年《关于司法体制改革试点若干问题的框架意见》的出台，标志着我国新一轮①司法体制改革的正式开始。当前进行的司法体制改革中实施的司法工作人员分类管理、司法责任制、省以下地方法院人财物统一管理等制度性措施一定程度上解决了科层制下司法行政化的弊端，让司法回归司法，行政回归行政，司法工作人员回归法律人的本质角色。在理论上，"法无授权即禁止"是制度约束公权力的纲领，但制度规则的建设却存在着一定的滞后性，就司法改革而言，其制度基础还未夯实，故而司法改革重大部署的执行与实施也受到一定的阻碍。法治建设与改革诚然势在必行，但应当与本国制度相结合，不能以改革之名而违背现行法律制度，毁损法律权威。因此，除了司法体制以及政治、经济体制制度改革外，具体法律制度的改革同样刻不容缓。当前由于司法改革的大转轨造成部分制度出现漏洞，间接致使司法工作人员职务犯罪机会增加，而现行滞后制度的执行力被削弱后，制度约束出现失效的空档期，制度缺陷与制度漏洞，导致司法工作人员职务犯罪现象进一步滋生蔓延。

第四节　个人因素

一　个人的心理因素是主因

职务犯罪的主导心理因素是权力私有化心理。所谓的权力私有化，是指"掌握国家权力者把国家权力当作一种可以利用的私有资源，参与社会利益分配"②。国家权力属于人民，这是现代民主国家运行的基本理念。但是职务主体在长期行使权力的过程中很容易产生权力属于自己所有这一错觉，这便是权力私有化心理。一旦形成权力私有化的观念，职

---

① 第一轮司法改革始于 20 世纪 80 年代的审判方式改革和司法职业化改革；第二轮司法改革从 2004 年开始，从民众反映强烈的突出问题和影响司法公正的关键环节入手启动了统一规划部署和组织实施的大规模司法改革；第三轮司法改革从 2008 年开始，进入重点深化、系统推进的新阶段。

② 谭金生：《职务犯罪原因初探》，《中国职务犯罪预防调查报告》，中国民主法制出版社 2004 年版，第 59 页。

务主体便会自觉或不自觉地将权力的行使视为行使权利的过程，尽可能地为自己的利益着想。在面对来自外界的诱惑时无法站稳立场，从而在各种消极因素的影响下利用手中的权力从事腐败活动，走上犯罪的道路。从内容上看，权力私有化心理主要有贪利心理和特权思想两种表现形式。

（一）贪利心理

不管是"欲壑难填""私欲恶性膨胀"还是"贪得无厌的敛财思想""生活上贪图享受，腐化堕落"，都可以总结为贪利心理。贪利心理是职务犯罪心理因素中占主要地位的心理因素。从众多职务犯罪的现象来分析，隐藏在现象背后的大部分都是行为人对金钱或其他利益的贪婪之心。比如贪污罪，贪婪之心昭然若揭，罪恶的黑手直指国家财产；而其他各种渎职类犯罪、滥用职权类犯罪则表现为为获取某种利益而利用手中的权力为他人谋取好处。而职务主体之所以会产生贪利心理，主要就是没有正确的人生观和价值观。"一般来讲，一个有正确的人生观的人，就有较强的上进心、自尊心、自制力和坚忍不拔的忍耐力，能够排除来自外界的一切不良因素的干扰，遵守社会公德和法律规范，信心百倍地为国家和人民的利益而奋斗。然而对于一个没有正确人生观的人来讲，就容易受到外界不良因素的干扰，因而精神空虚，思想消沉，斗志衰退，追求吃喝玩乐，腐化堕落，容易走上犯罪的道路。"[①] 改革开放以来，我国和西方国家在政治经济上建立了广泛的联系，同时大量的新文化、新思想也涌进国门。在这些思想中，除了部分先进的科技知识、人文知识以外，也有一些消极的、对社会主义社会带有腐蚀性的因素。"职务犯罪的干部大多没有良好的思想基础，又放松自身学习，不注意改造自己的世界观和严格自律。在贪婪心理的驱动下，世界观、人生观错位，价值观扭曲，拜金主义、享乐主义至上，追求高居人上，荣华富贵的生活，为满足自己的贪欲，实现不劳而获的寄生生活，便利用职务贪污、挪用公款或滥用职权、营私舞弊，堕落为社会的蛀虫。"[②] 他们选择了堕落，放弃了共产主义信念，丧失了朴素的革命热情，开始向享乐主义和拜金主义低头，变成腐朽思想的奴隶。对金钱的过分向往、对安逸生活的恶性追逐驱

---

① 董鑫：《国家公务员犯罪及其防治》，成都科技大学出版社1995年版，第207页。

② 胡渝：《职务犯罪的预防研究》，《重庆工商大学学报》2008年第11期。

使他们利用手中的权力去换取那些所谓的"高档次的生活",却把人民的信任、国家的利益抛诸脑后。

贪利心理可能在不同的阶段滋生。其中最常发的阶段是行为人在成为职务主体,手中握有一定权力以后。并不是每个职务主体在取得权力之初就利令智昏。很多人在刚享有权力之时往往还能全心全意为人民服务,但是随着时间的推移,有少数人无法持之以恒,不再积极追求思想上的进步,渐渐脱离群众。如果再加上错误思想的熏染,一旦将权力和利益联系在一起,就可能滋生贪利心理,拿权换钱。也有少数人的贪利心理产生于成为职务主体之前。这种人从最初就缺乏公仆意识,权力在他们眼中只是换取利益的工具。如果他们能够取得权力,便会穷凶极恶地攫取私利,疯狂地实现自己的企图。他们从一开始就站在国家和人民的对立面,无疑是社会的蛀虫。在上述两种贪利心理之间作比较,很显然后者的主观恶性远远大于前者。因此应当根据两者的不同特点对症下药,制定有针对性的预防措施。

(二) 特权思想

我国有两千多年的封建社会时期,一些封建主义传统和封建主义思想植根于人们的生活和意识之中。其中,"'官本位'思想严重,特权思想根深蒂固,'权大于法'的人治观念深刻影响着人们的思想,成为职务犯罪之重因"[①]。在漫长的封建社会当中,政府官员在社会生活中扮演着极为重要的角色,居高临下地统治着人民群众,几乎可以主宰平民的生死。因此,人们普遍对政府官员怀有一种畏惧之情。而正是压抑的情感,更使得人们不自觉地产生对权力的向往,并希望自己也能得到权力,然后通过权力改变自己的地位,成为"人上人"。在古代,读书人十年寒窗苦读,为的就是一朝金榜题名能跨入仕途。现代国家在各种权力特别是行政权力的背后设置了强大的国家机器和巨大的强制力量,职务主体在代表国家处理公众事务时受到国家的支持和法律的保护。"这本来是国家公职人员依法履行职务,做好本职工作的有利条件。但也容易使少数国家公职人员在心理上产生一种优越感和自豪感,这种优越感和自豪感一旦发生病变,就

---

① 胡渝:《职务犯罪的预防研究》,《重庆工商大学学报》2008年第11期。

会发展成为特权思想。"① 特权思想使职务主体再也无法正确认识自己的地位和职责。他们将自己视为人民的"救世主"，把自己的本职工作看作对人民的"恩赐"，反过来把人民当作"奴仆"，认为人民是愚蠢的，只是任其摆布的被治理对象。他们对人民的态度从老一辈无产阶级革命家的爱护、服务、尊重，变成了呵斥、控制甚至是践踏。"例如原山西省劳模、定襄县人大常委会委员、一村党支部书记李某，无视党纪国法，滥用职权，横行霸道，为所欲为。李某以他丢了自行车铃盖为由，在村民会议室办起了所谓'法制教育会'。他亲自参加非法审讯，关押群众，限制人身自由，将他人剃光头，进行人格侮辱。更为严重的是，对所谓的'嫌疑对象'进行刑讯逼供，捆绑拷打。仅这一期'法制教育会'就非法拘禁村民 72 人，时间最长的达 8 天 6 夜。有 17 人被捆打，9 人被剃光头，28 人被罚款（总额 1200 多元）。"② 当然，随着法治建设的不断推进，现在已经很少有这种丧心病狂的人，但是少部分领导高高在上、唯我独尊的态度仍没有得到改善。他们便在担任职务期间，积极地为自己的亲属、子女谋取权力，把单位搞成"家族产业"，把特权最大化，最终陷入罪恶的深渊。

（三）司法工作人员职务犯罪的主因是个人贪利和特权思想作祟

司法工作人员职务犯罪的主因同样是个人心理因素中的贪利和特权思想占据最核心位置。人是社会性的生物，通过与他人的交往和互动而获得个体的学习与发展。司法工作人员是与各类犯罪人员接触最为广泛的一个群体，根据埃德温·萨瑟兰（Edwin Sutherland）的"差异交往理论"③，司法工作人员长期与各类犯罪人员频繁接触，一旦交往过度，其思维认识及行为模式在潜移默化中受到影响，无法抵抗住诱惑、人情等，便容易引发腐败、渎职等行为的滋生，与其他犯罪人员达成利益瓜分同盟，组建畸形的政商关系圈和绑缚职务犯罪的"利益板块"。④

---

① 樊凤林、宋涛：《职务犯罪的法律对策及治理》，中国人民公安大学出版社 1994 年版，第 325 页。

② 董鑫：《国家公务员犯罪及其防治》，成都科技大学出版社 1995 年版，第 214 页。

③ 亦称不同接触论，是美国犯罪学家萨瑟兰提出来的。这种观点认为，人的犯罪行为是在交往的互动中习得的。犯罪行为的习得主要发生在与犯罪者关系密切的群体中。在这种群体中，群体成员频繁接触，其中良好行为和不良行为都会在互动中被学到，这种接触是不同接触。

④ 张亚明、苏妍嫄：《"小官巨腐"的定律与防治路径》，《行政管理改革》2016 年第 3 期。

此外，根据阿尔弗莱德·阿德勒（Alfred Adler）的人格理论，身体瑕疵、低劣的社会经济条件以及偏差的教育，能够触发强烈的自卑感或是自卑情愫，是引起犯罪的个人心理因素之一。① 司法工作人员在有着较高的学历和地位的同时，往往对自身也有更高的定位和要求，但少数人员其自身或周遭环境多多少少存在着一些令其不称心满意之处，而导致其自我评价降低，同时，试图通过各种努力，通过补偿行为来超越他人。但当一般性的补偿行为受到其个体或周遭环境的影响，无法取得理想的效用时，就会带来更大的心理刺激，而如此巨大的心理刺激无法通过正当、合法的途径满足时，就可能促使其进一步选择过度补偿的行为方式，即往往是逾越常规、不契合社会规范、违反社会禁忌的犯罪行为，比如以权谋私、贪赃枉法等，来获取心理平衡和自我满足感。而当其过度补偿的犯罪行为顺利实施后，获得满足与成功的体验会赋予犯罪人员更多的成就感和补偿感，使其过度补偿心理不断被强化，并且伴随产生更加畸形的生理需求、更加无度的物质需求、极度的官职需求和极强的特权需求②等，进而使犯罪人继续实施犯罪行为的主动性和积极性被调动起来，犯罪意识不断强化，而其犯罪行为的预谋性、计划性和隐蔽性也会随之提升，由此导致其犯罪活动在深度和广度上的不断扩展。

我们通过上述对西南地区的职务犯罪人的分析，发现查处的司法工作人员犯罪中，有的出身寒微，有的根正苗红，从小受到正统教育。最初，他们均对工作尽职尽责，表现出色，做出了一定的贡献，因而得到了组织的肯定和信任，并被委以重任。但在掌握权力之后，受到内外因素的影响，信念开始发生变化。正如有学者这样描述职务犯罪人的心态是："贪得无厌的敛财思想；高人一等的特权追求；权钱交易的心安理得；生活上贪图享受，腐化堕落；侥幸心理。"③

二　司法工作人员的从众心理引发职务犯罪

从众心理是目前职务犯罪心理因素的一种新形态。由于司法工作人员

---

① 徐淑慧：《法律意识植根于自我的教育研究》，硕士学位论文，鲁东大学，2016 年，第42—43 页。

② 管晓静：《警察职务犯罪心理因素分析》，《山西警官高等专科学校学报》2008 年第 3 期。

③ 周其华：《职务犯罪热点、难点问题解析》，中国方正出版社 2007 年版，第 32—34 页。

作为打击腐败现象的排头兵，我国少部分国家工作人员职务犯罪的现象，使得司法工作人员接触到更多的普通民众无法了解和知晓的腐败犯罪人获得的利益和随之带来的享受等，也看到了这些腐败的犯罪人的犯罪手段，从而使得少部分司法工作人员的心理产生异化。在这样异化的心态下，司法工作人员产生参与腐败犯罪的从众心理也不鲜见。少部分犯罪的司法人员在回答"为什么要这样做"的时候，普遍将从众心理作为一个重要原因。有个别法官甚至丧失了对违法行为的正确认识，"我觉得法官和律师的关系就像医生和医药代表的关系，律师把他获得的律师费拿出一部分给法官，就像医生收取医药代表回扣一样，是一种普遍现象，是行业潜规则，只要自己不枉法裁判，那么收取律师的好处费就没什么大的问题"。正是这种""官本位'思想严重，特权思想根深蒂固，'权大于法'的人治观念深刻影响着人们的思想，成为职务犯罪之重因。"①

三 以程序正当、法律缺失、权力行使为掩护的侥幸心理占据上风

侥幸心理存在于每一次职务犯罪活动之中。心存侥幸是犯罪分子敢于进行犯罪活动的一个重要原因，它的心理基础有以下三个方面。

第一，对业务程序的熟悉，是职务犯罪主体滋生侥幸心理的温床。

职务犯罪主体。一般来说，都有较高的智力、熟悉法律和行政法规，具有一定的专业知识、善于利用政策、管理上的漏洞来进行犯罪。他们对本职工作业务上的熟悉帮助他们在犯罪前能够制订周密而详尽的计划；在犯罪时尽量少地留下破绽；在犯罪后，能够利用自己职务上的优势，获取侦察情报，逃避司法机关的追诉。

第二，个别"官官相护"的现实，是职务犯罪主体增强侥幸心理的强心针。

前面说过，职务犯罪不是一两个人单独就可以顺利完成的。为了尽可能地掩饰自己的罪行，职务主体往往相互勾结，横向地是有关联的单位相互隐瞒，纵向的是上下级相互包庇，形成强大的关系网。当腐败锁链上面的一环处于危险状态时，其他关系人便纷纷行动，运用手中的权力为受到追究之人开脱，或制造伪证为其掩饰罪行，或泄露国家秘密帮助其逃匿，

---

① 胡渝：《职务犯罪的预防研究》，《重庆工商大学学报》2008 年第 11 期。

更有甚者直接给公安司法机关施加压力，阻碍其调查取证，或者是对法院的独立审判进行干预。这种少数"官官相护"情况的客观存在，无疑为已经进行了职务犯罪的人或者是企图进行职务犯罪的人打了一剂强心针。他们认为就算做了也不会被发现，就算被发现了也不会被惩罚，精神上得到了极大的鼓舞，进一步增强了犯罪主体的侥幸心理。

第三，打击不力，是职务犯罪主体侥幸心理恶性膨胀的催化剂。

虽然我国针对职务犯罪制定了不少的法律、行政法规、政策和措施。但是个别地方打击不力。首先，职务犯罪的证据不好搜集，导致犯罪黑数相对较多。事实上，个别职务犯罪没有被揭发出来，致使犯罪主体侥幸心理增强。其次，公安司法机关内部也可能有少数人员与犯罪主体相勾结，为其泄露秘密、帮助行为人逃避法律的追究。最后，个别犯罪人犯罪手段"高明"，反侦查意识比较强，导致对其打击比较困难。

在司法工作人员职务犯罪过程中，虽然犯罪心理并非发生犯罪行为的决定因素，有犯罪心理并非一定会发生犯罪，但任何犯罪行为都可谓是在特定的犯罪心理的直接作用和驱使下发生的。如法官职务犯罪和其他犯罪一样，都是在特定的犯罪心理的作用下发生的。他们普遍都具有相当深厚的法律知识，某些罪犯更是直接参与多起贪污腐败大、要案件的审理，亲自参与定性、量刑，对受贿的认定、处罚的了解不可谓不深，但仍知法犯法，侥幸心态是一个重要原因。他们普遍认为，只要不是枉法裁判，案件本身处理没有问题，请托送钱的人又因此获得了利益不会告发，很难被发现，即使对方当事人有所反映，也可以找到各种理由去搪塞推卸。

他们以程序正当为掩护，自己对请托的案件很少直接拍板定案，而是通过参加合议庭或是审委会研究时发表意见影响案件处理。以法律缺失为理由，特别是民商案件，由于法律规范缺失、法律关系复杂，有时很难做出准确的判断，受请托的法官尽量找出能够自圆其说的理由，如果被审委会采纳就完成了请托，即使将来被改判也是对案件认识的不同，很难说对与错，更难以认定枉法。在刑事案件中，由于法律规定的裁量空间过大，如果再加上正当程序的掩护，很难说是错案或者是哪一个人的责任。以上种种，不仅为法官运用手中权力办理请托事项提供了方便和机会，而且成为收受贿赂的心理安慰，在伸手拿钱的时候想的是"贪赃不枉法"。贝卡利亚就曾经说过："对于犯罪最强有力的约束力量不是刑罚的严酷性，而是刑罚的必定性。"① 也正是因为有这样的侥幸心理作祟，在收受他人贿赂时更加无所顾忌、更加胆大妄为。

四　利用手中权力在司法活动各个环节中明修栈道暗度陈仓

2013—2016 年西南地区查办的司法工作人员犯罪中，涉及检察机关工作人员犯罪的相对不多，从查办的少数检察机关工作人员犯罪中，我们发现司法工作人员特别是检察人员作案手段带有明显的职业特点，与其承担的职责和执法活动密切相关。

检察侦查人员利用拥有的职务犯罪的侦查权②，在已有犯罪金额的基础上，将涉案当事人的违纪金额和认定犯罪有争议的金额凑成犯罪金额，"过大"决定立案侦查，为结案时给涉案犯罪嫌疑人予以关照埋下"伏笔"，以致结案时大案变小案，犯罪嫌疑人及其亲属进而感"恩"图报，想方设法向办案人行贿。

在批捕环节中，一是"合理"利用不批捕权可以说是有些侦查人员从涉案犯罪嫌疑人处谋取好处的一条"依法"之道，特别是那些掌握不批捕权的检察人员。在实践中立案侦查的职务犯罪案件几乎都对犯罪嫌疑人采取了刑拘措施，但过后不久，很多都以不批捕结案，在这一转换过程中，基本上是侦查部门的人员说了算，以致一些贪婪的侦查人员借机从中转换角色，由"打"变"亲"，经受牢狱之苦并取保的涉案犯罪嫌疑人回报侦查中这种"关照"人。二是利用手中掌握的案件申诉复核权做文章。检察机关作为法律监督机关，在对诉讼监督上理应履行法律监督的职责，而有的检察人员却利用此权力作为权钱交易的筹码。三是在起诉环节中公诉检察官虽然对案件没有实体裁判权，但对案件的处理有量刑建议权和不起诉的诉讼终结权。一些检察官为使案件办得犯罪嫌疑人及其亲属满意，从中贪利，一则使认定的案件事实尽量向"轻微"靠拢；二则根据案件稍存的疑点，钻法律上"存疑"具体标准的缺乏之空，将案件办成存疑案件，以致所谓的"轻微""存疑"案件在检察机关以不诉方式得到了结；三则法官对公诉案件在庭前仅作程序审查，对案件实体问题在开庭时审理，且坚持的是"不告不理"原则。这样在审查认定案件犯罪事实方

---

① ［意］贝卡利亚：《论犯罪与刑罚》，黄风译，中国法制出版社 2005 年版，第 72 页。

② 这指的是监察委员会没有成立之前，检察机关被赋予的职务犯罪侦查权。

面，主诉检察官在侦查机关和其部门制约不到、法官不能制约的情况下有很大的活动空间，对一些稍作补查的犯罪事实或主诉检察官带有偏见而认为不能认定的犯罪事实，有的就因主诉检察官为从本案犯罪嫌疑人及其亲属处谋取私利而被否定掉，不予指控。正如有学者说，司法工作人员肆无忌惮的职务犯罪行为，是由监督机制的不健全和司法权力缺乏有效约束所致。①

五　权力异化导致利益需求膨胀

司法工作人员所享有的公共权力具有双重属性。当公共权力按照预设的正向作用时，能够服务公共利益、推动社会进步、促进和谐稳定。但公共权力本身具有劣根性（包括权力的易扩张性、膨胀性、独占性、排他性、自利趋腐等）的负效应，同时，在权力行使过程中，无可避免地会受到政治、经济、社会等因素直接或间接的影响。并且，就权力享有的主体行使权力而言，一旦其将公共权力与私欲相结合，便预设了其职务犯罪发生的可能性。

此外，权力规则的瑕疵、权力构造的失衡以及权力监督与制约的缺位间接地赋予了权力滥用的可能性。法治国家下，责任贯穿于现代公权力运行逻辑的始终，"有权必有责，有责要担当，用权受监督，失责必追究"是公权力的监督制度，而如果权力责任制度缺失、问责机制体制失灵，在信息不对称以及权力本身劣根性的前提下，只要再失去约束，就会使权力异化成为常态。而就权力规则而言，若权力规则只是概括性、原则性的规定而无具体的实施细则，则权力规则最终会沦为口号，形成权力规则千千万、制度文件年年发、权力主体仍然我行我素的状态，甚至使权力规则成为权力持有者用以掩护其利用权力进行犯罪的工具。

权力的分立、合理的制约、有效的监督是权力运行过程中的不懈追求，但因为认识、发展水平的局限性，在特定历史时期、社会背景、政治体制下的权力制度无可避免地会存在一定的瑕疵，而这些瑕疵伴随权力的运行，也会使权力出现一定程度的失控和异化，其中，滥用权力、以权谋私等职务犯罪行为便是权力异化严重的表现之一。而权力运行过程的封闭性和隐秘性也为权力的私下交易提供了机会，使一般的权力寻租、以权谋

---

① 张宝来：《司法工作人员职务犯罪探析》，《江西社会科学》2001 年第 5 期。

私行为进一步演化成权钱交易、权权交易、权色交易、权情交易、权势交易等行为。反映在样本数据中，担任机关、部门领导职务者涉案比例大于非领导职务者比例便是突出的表现之一。如法学专家徐显明教授就说，"法治，在制度上起始于法律对最高国家权力的限制"①，所以，法治的本质不仅体现于对公民权利的保护，同样要求公权力受到制约，要求有权力制衡原则以及控权制度的存在。

---

① 徐显明：《论"法治"构成要件——兼及法治的某些原则及观念》，《法学研究》1996 年第 3 期。

第三章

我国预防司法工作人员职务犯罪的对策

第一节　我国现行职务犯罪预防体系分析

司法乃当今社会中最为持重稳定的力量，近年来，我国针对司法工作人员权力运行的监督总体态势良好，法治建设成就不容置疑，但其中存在的一些问题也应引起关注。尤其是在改革发展、反腐倡廉建设的关键阶段，规范司法工作人员权力运行及监督制约，事关司法改革攻坚成败，在司法体制改革背景下，权力监督意识的相对淡薄、权力运行透明度相对不足、权力结构及配置的相对集中化、监督方式相对滞后、社会监督相对乏力等问题还未得到及时和妥善地解决，司法工作人员职务滋生蔓延的土壤仍然存在。孟德斯鸠曾在其《论法的精神》一书中强调，"一切权力的享有者都容易滥用权力，这是一条万古不易的经验。有权力的人们使用权力一直到遇到界限的地方才休止"①，所以，有权力就应当有监督，要预防司法工作人员职务犯罪问题，就需要针对司法工作人员所持有的权力加以制约，并采取相应监督措施，建立完善的权力监督机制，让权力在正确的轨道上运行。

目前，国家监察体制改革工作已然全面推开，监察委员会的高位阶、监察体制的全覆盖等优势将改善之前监督力量分散、权力监督效用无法充

---

① ［法］孟德斯鸠：《论法的精神》，张雁深译，商务印书馆 1961 年版，第 56 页。

分发挥的缺陷与不足。监察委员会的创设，对原有的国家权力结构横向和纵向配置格局产生广泛的影响。此外，还需要从法律上、制度上理顺监察委员会与公安机关、检察院、法院的工作职责及工作内容，明确其各自职能范围，合理分工协作、相互配合制约，解决之前监督分散疏离、职能相互穿插等问题，使相关职能机构协调一致，发挥内外结合的监督合力，推动权力监督体系的不断完善。因此，构建整体职务犯罪预防体系显得非常必要。

职务犯罪预防体系是指由若干相互配合、均衡协调的职务犯罪预防措施、手段和方法组成，以整体发挥合力预防公务人员职务犯罪效能的有机整体。①

一　国家监察委员会的设立

（一）监察委员会制度确立背景

当前社会，腐败是世界各国持续存在的普遍现象和社会难题。我国的监察体制自 1949 年以来逐步发展，在 1993 年监察部门作为国务院的一个部门，与中纪委合署办公，为肃清国内和党内的不良风气以及落实相关法律法规提供了有力的组织和制度上的保障。

在新时期我国现代化的进程中，反腐败问题逐渐成为我国社会中的一个重大问题。为了推进反腐败能力和反腐体系的现代化，党的十八届六中全会决定推进监察体制改革。2016 年 11 月 6 日，中共中央办公厅印发了《关于在北京市、山西省、浙江省开展国家监察体制改革试点方案》，表明要通过重大政治体制改革试点的方式，加快推进腐败治理的转型与升级。2016 年 11 月 25 日第十二届全国人大常委会第二十五次会议通过在京、晋、浙三地进行试点改革之决定，在试点地区提出了一个改变原来国家机构的重大方案，标志着国家监察体制改革和国家权力配置结构调整的正式开始。②

（二）监察委员会成立原因及其目的

1. 深化国家监察体制改革

中华人民共和国成立以来，我国国家组织中的监察机关一直都没有独立而明确的地位，尽管经过了数十年的发展，1993 年国务院中拥有监察

---

① 郝银钟：《遏制腐败犯罪新思维》，中国法制出版社 2013 年版，第 42 页。
② 秦强：《构建以监察委员会为主导的反腐败监督体系》，《人民法治》2018 年第 4 期。

权的部门与中纪委合署办公，对当时的反腐工作做出了巨大的贡献，但是由于拥有监察权的部门独立性不够，监察功能分散在各个领域各个层次的机构中。面对新时期社会状况的新发展，我国经济政治发展的新现状对我国的监察体制提出了改革的要求，我国需要通过改革来更加高效地治理腐败问题。党的十八大以来，在反腐高压下，反腐问题得到了一定的解决，但是反腐败，不仅仅应当是事后惩治，更为重要的是对职务犯罪的预防，需要把惩治腐败和预防腐败结合起来，深化我国监察体制的改革。

2. 加强对所有行使公权力的公职人员的监督

《监察法》第 15 条规定："监察机关对下列公职人员和有关人员进行监察：（一）中国共产党机关、人民代表大会及其常务委员会机关、人民政府、监察委员会、人民法院、人民检察院、中国人民政治协商会议各级委员会机关、民主党派机关和工商业联合会机关的公务员，以及参照《中华人民共和国公务员法》管理的人员；（二）法律、法规授权或者受国家机关依法委托管理公共事务的组织中从事公务的人员；（三）国有企业管理人员；（四）公办的教育、科研、文化、医疗卫生、体育等单位中从事管理的人员；（五）基层群众性自治组织中从事管理的人员；（六）其他依法履行公职的人员。"从《监察法》的条文中，可以看出，监察委员会的监察对象范围囊括了所有行使公权力的公职人员，加强了对公权力的行使者的监督，与监察机关之前的侦查权的范围——对国家公职人员的贪污受贿犯罪、渎职侵权犯罪——相比，将范围从国家公职人员扩大到所有公职人员，也是监察体制深化改革的一大体现。监察委员会有权对六类公职人员和有关人员进行监察，人民检察院的公务员属于被监察对象之一，检察院有法律监督权，监察委员会对职务犯罪的调查活动应受法律监督，二者在运行过程呈现相互交叉的态势，同时也增强了我国各个公权力之间的制约。

3. 实现国家监察全面覆盖，深入开展反腐败工作

进一步推动国家检察机制改革，攥紧反腐的拳头，坚持党的领导，建立并完善坚持党领导的全国全覆盖式反腐大格局。改革过程中，其核心举措就是集中反腐资源，集中打击腐败案件，使职务犯罪侦查权和检察机关分离开来，将这一部分权力统归监察委员会，将监察监督范围有所扩大，以达成对国家公职人员的全面监察监督。

4. 推进国家治理体系和治理能力现代化

在监察委员会设立前，我国的反腐败力量主要有：政府内部的监察机

关、审计机关、防腐部门、人民检察院的反腐败、反渎职部门以及预防腐败局，多个反腐部门较为分散，反腐力量不够集中，并且还有重复交叠之处。通过此次监察体制的改革，职务犯罪侦查权整合，形成反腐合力，进一步推进了反腐专门化。同时也顺应了世界其他各国对职务犯罪侦查模式变革的大趋势，逐步实现部门专业化、人员专业化为基础，成立专门的反贪反腐反渎机构，建立起"集中统一、权威高效的监察体系"，将反腐资源力量充分整合。

（三）监察委员会的性质

按照改革决策者的主流观点，监察委员会实质上就是"反腐败工作机构"，与纪委合署办公，代表党和国家行使"监督权"，"是政治机关，不是行政机关、司法机关"。各级党委加强对纪委、监察委员会工作的领导，由原来的"结果领导"转变为"过程领导"。监察委员会行使监督、调查和处置三项职能，不执行《刑事诉讼法》，而遵守《监察法》及相关法律的规范，监察委员会的调查权不是侦查权，也无须遵循《刑事诉讼法》为规范侦查活动所确立的各项诉讼程序。①《监察法》确立了12项调查权，都没有突破原来纪委和行政监察机关所行使的职权，而以留置取代"双规"，还解决了长期存在的法治难题，提升了以法治思维和法治方式惩治腐败的能力。与此同时，对监察委员会的性质，学术界也有很多不同的意见，这一问题引发了学者们的讨论，主要有如下几个观点。

1. 监察委员会是否是政治机关

监察制度一直是我国政治体系的重要组成部分，基于维护国家纲纪而产生，在国家机关组织运转、协调过程中处于调节矛盾和制约权力的重要地位。基于权力的诱惑性、腐蚀性，拥有权力的人极易将权力个人化，最终导致腐败的产生，要预防腐败必须对权力进行有效的监督与制约。监察委员会作为专司国家监察职能的机关，能够发挥遏制腐败、制约权力的作用，在权力结构体系中具有平衡和调节国家权力关系的功能，② 其以权力制约权力的调节方式，对巩固政体发挥不可替代的政治功能，加强对国家公权力的限制与约束，维护我国政治体制的长期性与

---

① 陈瑞华：《论国家监察权的性质》，《比较法研究》2019 年第 1 期。

② 张妮：《监察体制改革相关问题探析》，《法治博览》2018 年第 9 期。

稳定性，发挥依法治国的重要作用。同时，监察委员会是在中国共产党的领导下进行监察工作的，在2017年北京、浙江和山西的监察体制改革试点过程中，监察委员会的"政治机关"属性主要体现在党委对反腐败工作的直接领导。据统计，2017年1—8月，北京市、山西省、浙江省分别召开36次、25次和29次党委常委会会议研究管党治党、反腐败等方面的工作，省市党委书记批准谈话函询、立案审查、采取留置措施等事项分别达到90人次、44人次和22人次。① 但是，在国家层面上，监察机关的"政治机关"属性却是无法成立的。我国宪法所确立的国家机关除了有立法机关、行政机关、监察机关、司法机关之外，并不包括所谓的"政治机关"。可以说，将监察机关定性为"政治机关"，并不具有任何宪法上的根据。

2. 监察委员会应当是监督机关

根据《监察法》的规定，国家监察委由本级人大产生，对本级人大负责，是公民间接行使监督权的形式。监察委员会在接受同级人民代表大会领导和监督的前提下开展国家监察工作，属于一种专门监督机关，既要服从人民代表大会的宪法监督，也属于人民代表大会监督体系的一个重要组成部分。同时，监察委在组织上与纪检委合署办公，纪检委本身是党内监督部门，两个部门的合署办公体现的是人民监督与党内监督的有机融合，由此可以尽最大努力使所有的公职人员被全覆盖监督。根据我国《监察法》的相关规定，监察机关的监督对象主要有：中共机关、人民代表大会及其常委会机关、政府、监察委员会、法院、检察机关、政协各级委员会机关、民主党派和工商联机关的公务员，依法受委托管理公共事务的社会组织中的公务人员，国有企业管理人员，公办教科文卫体等单位的管理人员，基层群众自治组织中的管理人员，等等。

3. 监察委员会是否具有司法机关的属性

司法机关是行使司法权的国家机关，是国家机构的基本组成部分，是依法成立的行使相关国家职权的司法组织，一般包括法院、检察院及有关功能部门，公安机关等侦查机关在履行刑事侦查职能时可以认为是司法机关的一部分。现代意义的司法一词是指审判或裁判，这是基于三权分立的

---

① 《国家监察体制改革试点取得实效——国家监察体制改革试点工作综述》，《人民日报》2017年11月6日。

宪法理念而对权力所做的划分。这一划分是以权力行使与规范间的关系而做出的，是一种形式上的划分，具有普遍意义。依据这一理念，创造规则的权力是立法权，执行规则的权力是行政权，而依据规则做出裁决的权力则为司法权。

监察委员会在进行职务犯罪侦查和执法的时候，可以行使 12 项监察措施，包括谈话、讯问、询问、查询、冻结、调取、查封、扣押、搜查、勘验检查、鉴定、留置，这表明监察委虽然不能行使司法机关的职能，无法行使公诉等司法权，但根据《监察法》却可以行使类似于刑事性质的侦查权。在监察实践中，监察委员会通过统一的政务调查和刑事调查活动，收集了相关的证据材料，如果在认定被调查人的犯罪事实方面达到法定的移送起诉标准，就可以交由检察机关予以审查起诉，并向法院提起公诉，从而启动刑事诉讼程序，使被调查的公职人员被追究刑事责任，所以从监察委员会权力的行使方式来看，监察委员会的监察权除了党务监察权之外，还包括政务监察权和刑事监察权。例如，监察委员会对于涉嫌贪污贿赂、滥用职权、玩忽职守、权力寻租、利益输送、徇私舞弊以及浪费国家资财等职务违法和职务犯罪进行调查。这种调查可以说是党务监察权、政务监察权和刑事监察权的有机组合。

我们认为，在行使国家监察权方面，监察机关在一些特定行使监察权的时刻具有司法机关的属性，例如对涉嫌贪污贿赂、失职渎职等职务犯罪的被调查人，监察机关可以进行讯问，要求其如实供述涉嫌犯罪的情况。但在更多的情况下，监察委员会并不是司法机关，国家监察机关属于在各级人民代表大会及其常委会下面设置的相对独立的国家机关，统一行使对公职人员贪污贿赂、玩忽职守、滥用职权、徇私舞弊等职务违法和职务犯罪行为的监督、调查和处置等监察权。在行使国家监察权方面，监察机关不能定性为司法机关，而应当具有其独立的宪法地位和性质。

（四）　监察委员会监察对象及能采取的相关措施

从《监察法》第 15 条中可以看出，法律用列举的方式把监察委员会的监察对象明确为包括党政机关、一府两院在内的众多公权力行使人员。过去行政监察机关的监察对象仅仅包括行政机关公职工作人员，其范围将非共产党员干部排除在外，而且行政机关及其工作人员之外的人大、司法机关、民主党派机关、基层群众自治以及国有企业和公办事业单位中依法行使公共职务的人员等都不在监察对象范围之内。更不用说由政府委托的行使公共事务职权的公务人员了。监察委员会监察对象的扩大确实有利于对公权力进行更好地监督，使国家监察工作严格遵照宪法和法律，以事实为根据，以法律为准绳，在适用法律上一律平等，保障当事人的合法权益，权责对等，严格监督，惩戒与教育相结合，宽严相济，使我国的反腐制度得到完善，建立起不敢腐、不能腐、不想腐的长效机制。①

国家各级监察委员会由各级人民代表大会选举产生，对本级人民代表大会负责，同时，国家监察委员会领导地方各级监察委员会的工作，上级监察委领导下级监察委的工作，在内部，监察委员会实行监察官制度。依照《监察法》的规定，监察委主要履行监督、调查、处置的职责，拥有谈话、讯问、询问、查询、冻结、调取、查封、扣押、搜查、勘验检查、鉴定、留置等措施。

首先，在预防腐败方面，监察委员会应当对公职人员开展廉政教育，从根源上使公职人员建立起反腐意识；其次，监察委员会可以直接对涉嫌贪污贿赂、滥用职权、玩忽职守、权力寻租、利益输送、徇私舞弊以及浪费国家资财等职务违法和职务犯罪进行调查，有权依法向有关单位和个人了解情况，收集、调取证据。有关单位和个人应当如实提供，但同时监察机关及其工作人员对监督、调查过程中知悉的国家秘密、商业秘密、个人隐私，应当保密；对可能发生职务违法的监察对象，监察机关按照管理权限，可以直接或者委托有关机关、人员进行谈话或者要求说明情况，对涉嫌职务违法的被调查人，监察机关可以要求其就涉嫌违法行为作出陈述，必要时向被调查人出具书面通知，对涉嫌贪污贿赂、失职渎职等职务犯罪的被调查人，监察机关可以进行讯问，要求其如实供述涉嫌犯罪的情况；在案情重大、复杂、被调查人可能逃跑或自杀等最严重的情况下，被调查人涉嫌贪污贿赂、失职渎职等严重职务违法或者职务犯罪，监察机关已经掌握其部分违法犯罪事实及证据，仍有重要问题需要进一步调查，经监察机关依法审批，可以将被调查人留置在特定场所；在调查贪污贿赂、失职渎职等严重职务违法或者职务犯罪时，可以查询、冻结涉案财产；以及在调查过程中可以进行勘验检查、请鉴定人进行鉴定、采取一定的技术调查措施、提请公安机关发布通缉令或者采取限制出境措施；最后，在调查之

---

① 天津市西青区人民检察院课题组：《检察机关与监察委员会办案衔接问题研究》，《法治与社会》2018 年第 9 期。

后，可以对违法的公职人员依法作出政务处分决定，对履行职责不力、失职失责的领导人员进行问责，对涉嫌职务犯罪的，将调查结果移送人民检察院依法审查、提起公诉；向监察对象所在单位提出监察建议。

在以上措施中，值得关注的是监察委员会的留置措施。监察委员会的职权集行政监察权、预防贪污腐败以及职务违法、职务犯罪调查处置权为一体，作为履职保障措施之一的"留置"措施受到了很多学者的关注。在实践中，职务犯罪案件由于具有"无被害人、无物理意义上的现场、无目击证人、视听资料和物证、书证等不变证据、嫌疑人具有较强的反侦查能力以及对口供证据的高度依赖"等特征，监察机关的侦查手段面对这类案件相对乏力，而"留置"措施的前身——"双规"在之前的调查过程中发挥了作用，此次改革以"留置"来代替"双规"等措施，使调查措施归入了法治范畴，以更好地坚持依法治国的原则。① 根据《监察法》的相关规定，监察机关采取留置措施，应当由监察机关领导人员集体研究决定。设区的市级以下监察机关采取留置措施，应当报上一级监察机关批准；省级监察机关采取留置措施，应当报国家监察委员会备案；对被调查人采取留置措施后，应当在 24 小时以内，通知被留置人员所在单位和家属；被留置人员涉嫌犯罪移送司法机关后，被依法判处管制、拘役和有期徒刑的，留置一日折抵管制二日，折抵拘役、有期徒刑一日。由此可以看出，留置措施的行使应当由监察机关的领导人员集体审慎研究后作出决定是否采取留置措施，并且留置措施需要上报批准或者备案，还应当在 24 小时内及时通知被调查人单位和家属。

除了以上教育、调查、问责权之外，监察委员会可以向本级中国共产党机关、国家机关、法律法规授权或者委托管理公共事务的组织和单位以及所管辖的行政区域、国有企业等派驻或者派出监察机构、监察专员，以深入各个基层公权力所在的机构来进行权力的监督，这些派驻的人员按照管理权限依法对公职人员进行监督，提出监察建议，依法对公职人员进行调查、处置。

（五）监察委员会监督调查权与检察机关职务犯罪侦查权的比较

在监察委员会制度建立之前，职务犯罪侦查权指的是检察机关职务犯罪侦查部门为获得国家机关、国有公司、企业事业单位、人民团体工作人

---

① 冯毛毛：《宪法视域下监察权与检察权的衔接》，《忻州师范学院学报》2018 年第 8 期。

员等国家工作人员是否利用已有职权，进行贪污、贿赂、徇私舞弊、滥用职权、玩忽职守，侵犯公民人身权利、民主权利等职务犯罪行为的相关证据，而依法采取专门的调查措施和强制措施的权力。在监察委员会制度确立后，监察委员会代表党和国家履行监督权，对全体公职人员履职监督全覆盖，[①] 监察委员会的性质是国家专职反腐败机构，监察权是国家权力体系中的一种新型权力，是与行政权和司法权平行、新设立的一种权力。因此，监察委员会的权力中，对公职人员腐败犯罪行为的调查处置权就与以往检察机关的职务犯罪侦查权有所不同，因为二者基于的权力基础不同，虽然有部分相似之处，但监察委员会监督调查权的范围要广于职务犯罪侦查权。

在两种权力的对比之中，可以发现如下几点区别：首先，监察委员会的监督调查权针对的对象范围广于职务犯罪侦查权；其次，从程序的衔接上看，监察委员会的调查是监察措施和监察程序，相关技术手段的运用会交由专门机关协助执行，如果调查中被调查人涉嫌犯罪的，经查证属实后移交检察机关并依据刑诉法采取强制措施和审查起诉，在原先的职务犯罪侦查过程完结后，是直接从检察机关依法审查起诉的，不需要移交程序；最后，两者权力的来源和基础不同。监察委的监督调查权来源于《监察法》等法律授权行使，而检察机关之前拥有的职务犯罪侦查权则来源于《刑事诉讼法》授权行使，两个权力的来源完全不同。

两者的类似之处在于，都是针对公权力的行使者是否利用已有职权，进行贪污、贿赂、徇私舞弊、滥用职权、玩忽职守，侵犯公民人身权利、民主权利等职务犯罪行为，而依法采取专门的调查措施和强制措施。

（六）监察委员会制度设立的意义

随着 2018 年 2 月 11 日青海省监察委员会领导班子产生，目前全国 31 个省、自治区、直辖市和新疆生产建设兵团监察委员会领导成员已全部按照法定程序产生，全国各地全面完成了监察体制的改革和检察机关部分职务犯罪侦查权的转隶工作。2018 年 3 月 11 日第十三届全国人大一次会议第三次全体会议表决通过了包括涉及国家监察委员会等内容的宪法修正案草案，监察委员会作为国家机关正式登上建设法治国家的舞台，表明新时

---

① 左卫民、唐清宇：《制约模式：监察机关与检察机关的关系模式思考》，《现代法学》2018 年第 4 期。

代依法反腐成果得到最高法律的确认，我国步入"依宪反腐"新阶段，国家监察体制的改革受到我国最高法律的认可。2018年3月18日选举产生国家监察委员会主任，2018年3月20日表决通过了《监察法》。2018年10月26日，十三届全国人大常务委员会第六次会议通过对《刑事诉讼法》关于监察机关的条文修改决定。由此，通过整合现有的反腐力量，即合并行政监察与检察院职务犯罪侦查部门成立监察委员会的改革，以《监察法》为基础，以监察委员会制度为核心的反腐监察体制在我国初步建立。

　　监察制度在我国的逐渐建立，带来的不仅仅是制度的更新改革，还有许多方面的积极作用。首先，监察权作为专司国家监察职能的权力，能够发挥遏制腐败、制约权力的作用，在权力结构体系中具有平衡和调节现有国家权力关系的功能，在中国共产党的党内治理和国家治理中发挥不可替代的作用；其次，监察委员会是由各级人大选举产生的，各级人大对其组成人员有选举权、罢免权等人事任免权，监察委员会的权力是由人民代表大会赋予的，是人民间接行使监督权的方式，体现了人民主权原则，将监察权集中于一个专门的机关，能够更好地进行反腐行动，建立逐渐完善的反腐机制；最后，监察委员会将职务犯罪侦查权从检察机关中剥离，可以让检察机关更好地发挥法律监督的作用，两者交叉活动，更好地进行权力的互相监督，同时又令监察机关有对涉嫌违法的被调查人直接处置的权力，负有执法与职务犯罪调查的职能，使我国各个机关的分工和职责更加明确和清晰。

　　当然，在改革过程中，不可避免地会存在一些可以改进的地方。最易引发学者关注的就是与"双规"措施有类似之处的"留置"措施，在监察委员会行使职权过程中可以对被监察对象使用"留置"措施，此项措施已经具备一定时期内剥夺公民人身自由的强制性特征。被监察的行使公权力的公职人员也是我国公民，如何对他们的人身权利予以保障，需要通过对监察行为的合宪性审查、监察机关的内部监督或者外部检察机关、党的监督机关等的监督甚至纠正；同时也要强调程序上的正义，对采取监察处置措施时的程序尤其需要依法进行；在留置措施解除后，根据情况恢复被调查人的职务，并在单位以及全社会范围内进行公示，对其恢复名誉、消除影响，回应社会舆论；符合国家赔偿条件的，被留置人员有权申请国家赔偿，做好后续工作的处理，保障被留置人的人身权、家属知情权、申诉权、获得救济权等权利，才能更好地保证监察行为的合宪性。

二 最高人民检察院检察五厅对司法工作人员职务犯罪案件予以侦查

2018 年 3 月，《监察法》正式施行，我国以前由检察机关承担职务犯罪侦查的职能宣告终结，由新成立的国家监察委员会来承担职务犯罪侦查的职责，检察机关就不承担职务犯罪侦查的职能。但是，为了更好地履行人民检察院法律监督的职责，2018 年 10 月 26 日，第十三届全国人民代表大会常务委员会第六次会议审议通过了《关于修改〈中华人民共和国刑事诉讼法〉的决定》。修改后的《刑事诉讼法》第 19 条第 2 款规定："人民检察院在对诉讼活动实行法律监督中发现的司法工作人员利用职权实施的非法拘禁、刑讯逼供、非法搜查等侵犯公民权利、损害司法公正的犯罪，可以由人民检察院立案侦查。"因此，检察机关对司法工作人员利用职权实施的侵害公民权利、损害司法公正的犯罪，可以立案侦查，具体包括非法拘禁罪（《刑法》第 238 条）（非司法工作人员除外），非法搜查罪（《刑法》第 245 条）（非司法工作人员除外），刑讯逼供罪（《刑法》第 248 条），暴力取证罪（《刑法》第 247 条），虐待被监管人罪（《刑法》第 248 条），滥用职权罪（《刑法》第 397 条）（非司法工作人员滥用职权侵犯公民权利、损害司法公正的情形除外），玩忽职守罪（《刑法》第 397 条）（非司法工作人员玩忽职守侵犯公民权利、损害司法公正的情形除外），徇私枉法罪（《刑法》第 399 条第 1 款），民事、行政枉法裁判罪（《刑法》第 399 条第 2 款），执行判决、裁定失职罪（《刑法》第 399 条第 3 款），执行判决、裁定滥用职权罪（《刑法》第 399 条第 3 款），私放在押人员罪（《刑法》第 400 条第 1 款），失职致使在押人员脱逃罪（《刑法》第 400 第 2 款），徇私舞弊减刑、假释、暂予监外执行罪（《刑法》第 401 条）这 14 个罪名。2019 年 1 月，最高人民检察院正式宣布，最高人民检察院内设机构做出重大调整，将司法工作人员利用职权实施的非法拘禁、刑讯逼供、非法搜查等 14 个罪名案件的侦查职责划入第五检察厅，即刑事执行检察厅，由刑事执行检察厅负责全国的司法工作人员利用职权实施的职务犯罪案件的侦查。

三 各地检察机关针对司法工作人员职务犯罪的侦查

对应最高人民检察院的第五检察厅，各地检察机关纷纷成立刑事执行检察部等机构，这些机构具体承担当地针对司法工作人员利用职权实施的职务犯罪的 14 个罪名的立案、侦查工作。同时规定这类司法工作人员利用职权实施的职务犯罪案件，由设区的市级人民检察院立案侦查。基层人民检察院发现犯罪线索的，应当报设区的市级人民检察院决定立案侦查。设区的市级人民检察院也可以将案件交由基层人民检察院立案侦查，或者由基层人民检察院协助侦查。最高人民检察院、省级人民检察院发现犯罪线索的，可以自行决定立案侦查，也可以将案件线索交由指定的省级人民检察院、设区的市级人民检察院立案侦查。

当人民检察院立案侦查司法工作人员利用职权实施的职务犯罪案件时，发现犯罪嫌疑人同时涉嫌监察委员会管辖的职务犯罪线索的，应当及时与同级监察委员会沟通，一般应当由监察委员会为主调查，人民检察院予以协助。经沟通，认为全案由监察委员会管辖更为适宜的，人民检察院应当撤销案件，将案件和相应职务犯罪线索一并移送监察委员会；认为由监察委员会和人民检察院分别管辖更为适宜的，人民检察院应当将监察委员会管辖的相应职务犯罪线索移送监察委员会，对依法由人民检察院管辖的犯罪案件继续侦查。人民检察院应当及时将沟通情况报告上一级人民检察院。沟通期间，人民检察院不得停止对案件的侦查。监察委员会和人民检察院分别管辖的案件，调查（侦查）终结前，人民检察院应当就移送审查起诉有关事宜与监察委员会加强沟通，协调一致，由人民检察院依法对全案审查起诉。

四　针对司法工作人员的主要政策法律的完善

（1）2018 年 10 月 26 日，第十三届全国人民代表大会常务委员会第六次会议审议通过了《关于修改〈中华人民共和国刑事诉讼法〉的决定》，将人民检察院在对诉讼活动实行法律监督中发现的司法工作人员利用职权实施的非法拘禁、刑讯逼供、非法搜查等侵犯公民权利、损害司法公正的犯罪，交由人民检察院立案侦查。

（2）2018 年 3 月 18 日选举产生国家监察委员会主任，3 月 20 日表决通过了《监察法》。2018 年 10 月 26 日，第十三届全国人大常务委员会第六次会议通过对《刑事诉讼法》关于监察机关的条文修改决定，由监察委员会正式取代原来的人民检察院对反贪反渎案件的立案侦查职能。

（3）在 2017 年全国人大常委会工作报告中，提出修改《人民法院组织法》《人民检察院组织法》，做好与改革试点授权决定相关的工作。同年3月9日，第十二届全国人大五次会议记者会上，明确指出当年人大立法的重点工作，还包括加强反腐败立法，将行政监察法修改为国家监察法。

（4）2016年9月全国人大常务委员会发布《关于授权最高人民法院、最高人民检察院在部分地区开展刑事案件认罪认罚从宽制度试点工作的决定》，进一步落实宽严相济的刑事政策，完善刑事诉讼程序，合理配置司法资源，提高办理刑事案件的质量与效率，确保无罪的人不受刑事追究，有罪的人受到公正惩罚，维护当事人的合法权益，促进司法公正。

（5）2015年8月《刑法修正案（九）》通过，针对贪污受贿被判处死缓的犯罪分子增加了终身监禁的措施；取消了贪污、受贿原先的具体定罪数额限制，代以"数额较大或情节较重""数额巨大或情节严重"和"数额特别巨大或情节特别严重"三个档次；把定罪量刑标准改为概括性模式且纳入了情节或后果的考量；对行贿罪施以重拳，对行贿罪从宽处罚的条件进行了严格限制，并增设了罚金和没收财产等财产刑；扩大了行贿罪的适用范围，即增加了向国家机关工作人员的近亲属等特定关系人行贿的犯罪。

（6）2015年4月全国人大常委会通过《关于授权在部分地区开展人民陪审员制度改革试点工作的决定》，进一步完善人民陪审员制度，推进司法民主，促进司法公正。

（7）2014年10月，党的十八届四中全会通过《中共中央关于全面推进依法治国若干重大问题的决定》，首次以中央名义提出"加快推进反腐败国家立法，坚决遏制和预防腐败现象"。

（8）2013年2月，《最高人民检察院关于行贿犯罪档案查询工作的规定》印发实施，为了有效遏制行贿犯罪，进一步完善行贿犯罪档案查询制度。

五　西南地区探索司法工作人员职务犯罪预防的有效做法

由于我国地域广袤，各地区间自然、社会、文化、经济等条件差异明显，在现代化进程中，地区发展不平衡状况尤为突出，各地区司法工作人员职务犯罪现象也呈现出与此不平衡态势相对应的不同特点，[①] 在犯罪预

---

① 目前，司法工作人员职务犯罪案件案发数量的地域分布情况有较大差别，此外，各地区案件在涉案金额、涉案人员学历、年龄、作案手段、危害后果上均有所差异。

防层面，各地区结合各自具体情况，因地制宜地探索出具有各自特色、行之有效的模式与途径，现择要予以介绍。

1. 重庆：立足调查开展预防

近年来，重庆市以检察机关为主力，坚持开展职务犯罪的专项预防工作，不断创新预防工作机制，立足调查开展预防已成为其职务犯罪预防工作常态，2015 年 5 月，重庆市检察院出台《重庆市检察机关预防调查工作规程（试行）》，从原则任务、重点情形、程序期限、调查方式、跟踪制度、工作纪律等方面，对预防调查行为加以全面规范和严格约束。紧紧抓住"规范司法行为专项整治工作"的契机，进一步强化预防工作业务流程管理。从规范检察室衔接、规范检察建议、规范预防宣讲、规范统一业务应用系统的使用四个重点方面入手，推动预防工作措施逐项落实到位。2013—2016 年，严惩司法腐败，依法查办涉嫌贪赃枉法、滥用职权、刑讯逼供等犯罪的司法人员共计 96 人。[①]

2. 四川：建立职务犯罪预防联席会议制度

就四川省而言，2013—2015 年，查办司法人员职务犯罪共计 277 人。[②] 2014 年省检察院与省发改委、国资委等 43 个部门建立职务犯罪预防联席会议制度。深化职务犯罪预防"五进"专题活动，30 个廉政警示教育基地很好地发挥了教育警示作用。在查办职务犯罪立案、侦查、起诉重点环节均引入人民监督员监督。依托统一业务应用系统对案件实行全程动态监督管理。2015 年制定职务犯罪侦查和预防一体化工作机制实施办法。结合个案开展预防调查，深化行贿犯罪档案查询，推动行业、系统预防联席会议及预防网络建设，推进预防宣传、警示教育常态化。配合省人大常委会开展《四川省预防职务犯罪工作条例》执法检查和各项专题调研。2016 年职务犯罪侦防一体化机制进一步完善，在个案查办中同步开展案件剖析、预防教

---

① 参见重庆市人民检察工作报告（2014—2017 年），其中，2013 年查办涉嫌贪赃枉法、滥用职权、刑讯逼供等犯罪的司法人员 26 人；2014 年查处贪赃枉法、滥用职权的公安、检察、审判和司法行政机关工作人员 20 人；2015 年查处贪赃枉法、滥用职权的司法人员 28 人；2016 年查处以案谋钱、贪赃枉法的司法人员 22 人。

② 参见四川省人民检察院工作报告。其中，2013 年查办司法人员职务犯罪 67 人；2014 年查处政法、司法人员贪赃枉法、徇私舞弊职务犯罪 108 人，上升 61.2%；2015 年对 102 名相关人员严肃追责，对 30 起问题突出案件向全省通报，对律师反映的 25 件司法不规范案件跟踪督办；2016 年无查办司法工作人员数据。

育，加强职务犯罪警示教育，建成 34 个预防教育基地。

3. 贵州：大数据服务预防职务犯罪

贵州省人民检察院和各市州检察院成立"职务犯罪预防局"，职务犯罪预防机构建设走在全国前列。贯彻"教导管防在前、察帮诚劝紧随、惩处罚治在后"和"惩治腐败是成绩、有效预防腐败更是成绩"的要求，积极开展教育预防职务犯罪工作。全面实施惩治和预防职务犯罪年度报告制度，创新"去贪求廉"的廉政文化，制作警示教育片、廉政公益海报等，进行预防宣传。建成预防职务犯罪警示教育基地 70 余个，探索大数据服务司法办案。创建司法办案辅助系统、案件智能研判系统、数据分析服务系统 3 个大数据系统，对案件流转全过程进行实时纠错。①

4. 云南：创新预防宣传教育形式

云南省不断创新预防宣传教育形式，制作微电影、公益海报、廉政宣传短片等开展宣传教育，弘扬廉政文化。认真落实跨省（区）预防职务犯罪协作机制，协助党委政府构建社会化大预防工作格局，选择典型职务犯罪案件开展案例剖析、预防调查等工作，与省纪委、司法厅等单位共同举办"以案说法·反腐倡廉"大型巡回展，深入整治司法不规范问题。在全省检察机关开展为期一年的规范司法行为专项整治工作，围绕执行办案规范不严格、司法作风不文明等方面的突出问题，认真开展对照检查、征求意见、案件回访等工作。

5. 西藏：构建社会化预防网络

西藏地区深化警示预防，助推社会预防，形成了各级党委统一领导、有关部门共同参与，开展预防进机关、进企业、进农村、进社区专项活动，促进职务犯罪预防社会化、专业化、规范化，增强预防效果。注重保护干部，在"挖烂树"的同时着力"治病树""护森林"，对倾向性、苗头性问题提前预警，防患于未然。通过办案开展个案预防，根据发案单位存在的问题，及时发出有针对性的检察建议，促使发案单位进一步完善制度、加强管理、堵塞漏洞。以点带面开展行业和系统预防，先后与发改、国资、卫计、交通等单位签订廉政共建协议，帮助正风肃纪、堵塞漏洞。

---

① 参见贵州省人民检察院工作报告（2014—2017 年）。

第二节　司法工作人员职务犯罪预防的具体对策

一　司法工作人员职务犯罪预防的现实困境

　　虽然我们加强了对司法工作人员职务犯罪的防控，但是，与其他职务犯罪相比，站在维护社会公平正义最后一道防线上的司法工作人员的职务犯罪行为具有更为严重的社会危害性，如果人们通过司法程序都无法实现与保障自身的合法权益，那么司法就将不再具有公信力，而法治国家的核心也将不复存在。所以，对司法工作人员职务犯罪问题需要采取多种措施实行综合治理和预防，从源头上遏制和减少司法工作人员职务犯罪现象的发生显得尤为重要。尽管目前还没有一部全国统一的"职务犯罪预防法"，但可以根据公安机关、人民检察院、人民法院及司法行政部门的职能设定以及其他有关法律法规、国际条约、司法解释、党内法规等[①]对司法工作人员职务行为、职务工作进行监督和开展职务犯罪预防工作，并非"于法无据"。不过，由于统一的、成体系的司法工作人员职务犯罪预防工作起步较晚，尚处于实践阶段，所以急需在预防司法工作人员职务犯罪工作的机制、形式、理论和法制上进行探索和完善。归纳起来，目前在司法工作人员职务犯罪预防问题上的现实困境主要有：司法工作人员职务犯罪形式多样，打击的锋芒指向却相对较窄；发现、侦查困难，发案率高而受制裁人少，"刑罚的即时性"[②]无法达到时，司法工作人员职务犯罪现象就会继续发展到难以遏制的地步；司法权与同司法相关的行政权力紧密结合，一旦形成规模，便无法发挥职务犯罪预防作用，反而会出现相互包庇、共同逃避惩罚现象；我国以往的司法实践中，行政干预司法现象存

---

　　① 有关法律法规主要包括：《宪法》《人民检察院组织法》《人民法院组织法》《刑事诉讼法》《刑法》《人民警察法》《法官法》《检察官法》《联合国反腐败公约》《中国共产党章程》《关于完善人民检察院司法责任制的若干意见》《关于建立法官、检察官惩戒制度的意见（试行）》《法官、检察官单独职务序列改革试点方案》《法官、检察官工资制度改革试点方案》以及各地区预防职务犯罪条例等。

　　② ［意］贝卡利亚：《论犯罪与刑罚》，黄风译，中国大百科全书出版社 1993 年版，第 43 页。

在，导致对部分司法工作人员职务犯罪案件久拖不决，不了了之或以罚代刑、免予刑事处罚等间接滋生助长了该类犯罪。

二　犯罪预防体系的构筑与完善

目前，构筑司法工作人员职务犯罪预防体系的若干要素（即多种职务犯罪预防策略和方法）交错并存，但各要素之间尚未形成和谐有序、均衡协调的动态关系，不能充分发挥其合力作用实现预防职务犯罪的效能。所以，在此前提下，我国的司法工作人员职务犯罪预防体系应当沿着"先解构、再建构；先探索、再确定"的基本路径进行确定，立足于我国现实国情，深入调查研究和理论分析，深层次分析司法工作人员职务犯罪原因，建立与完善以权力监督与制约为主线，以制度保障为支撑的，具有综合治理、标本兼治、惩防并举、以防为主的司法工作人员职务犯罪预防体系。

2016 年 4 月《最高人民法院、最高人民检察院关于办理贪污贿赂刑事案件适用法律若干问题的解释》施行。该司法解释针对贪污贿赂犯罪的新情况、新特点，对犯罪构成要件作出扩张性解释，强化法律适用的针对性，严厉追究贪污、受贿犯罪行为；严格刑罚适用，综合考量各种因素确定不同职务犯罪的定罪量刑标准，统筹罪与非罪、罪轻与罪重的标准。贪污贿赂犯罪量刑是社会关注的焦点，畸轻则可能引发社会舆情，畸重则违背法治精神，如何拿捏量刑标准需要进一步探索。

就司法工作人员犯罪预防体系而言，首先，应当强化预防监督力度，建立并完善具有中国特色的司法责任体系及监察体系，规范审判权、检察权、监察权等运行机制，促进完善符合司法工作人员职业特点的保障体系（人员分类管理制度、人财物省级统管的全面推开、司法工作人员惩戒制度、与司法工作人员职务序列相配套的工资制度以及履行职务受到侵害保障救济机制），增强公检法、审计、信访、监察委员会等单位的协同联动，强化关键环节的预防监督管理，如针对执行层面的职务犯罪问题，应进一步加强基本解决执行难的顶层设计，激活现有制度，构建统一完备的执行标准，提升信息化建设水平和使用效率，建立执行惩戒的常态机制。其次，要创新预防监督方式，充分发挥巡视（察）、监察委员会的作用，同时，积极探索"八小时外"的有效预防方式，开展常态化的家庭预防教育、监督模式，将家庭成员情况、家风情况等纳入预防体系与监督视野。最后，要充分发挥群众预防与监督作用，逐步加大公开范围和层级，使阳光司法工作机制更加健全，实现由单项宣告向双向互动的转变，拓宽群众监督预防渠道，配合开展如"司法工作作风民主评议、民意调查、反腐败评价"等，并注重对数据结果的分析与运用，加强群众预防的刚性。

三　加强司法职业道德建设，促进司法工作人员职业共同体的形成

（一）创造公正清廉的司法文化氛围

法律本身的价值是多元化的，包含了正义、平等、安全、秩序、效率等价值，而在司法中，则更应该注重公平和正义的原则。我们应看到司法职业道德的独特性，不能以普通人的道德标准代替司法职业道德的标准。学界普遍认为，司法工作人员职务犯罪的本质在于其对国家司法权力的滥用和怠用，主观方面的道德沦丧甚至败坏、特权思想作祟以及业务素质不佳是导致司法工作人员职务犯罪的重要原因。因而，创造良好的司法文化氛围对于提高司法职业道德建设是很关键的一步。

一直以来，我国司法机关在很多方面都套用了行政机关的管理方式和运行机制，甚至承担着部分行政职能。实际上，由于行政权和司法权在本质上是两种性质完全不同的国家权力，倘若让司法机关承担主动性、倾向性极强的行政职能，会导致司法机关陷入错综复杂的社会关系中，最终也将影响到司法机关的独立性、中立性。于是，在司法机关的领导干部成长过程中，许多人达到一定级别之后，考虑到自身晋升空间会越来越小，在负面心态的驱使下失去工作动力。这也正是常说的"天花板现象"。只有在制度上对司法体制的行政化进行有效的改革，才能使司法工作人员在工作中不断产生上升的动力和积极的追求。

司法工作部门想要办案工作取得新进展，除了制度建设之外，还必须加强自身队伍的建设，从而提高查办职务犯罪案件的能力。司法工作人员需要勤于学习专业知识，加强法学理论修养，不断提高办案能力。加强司法人员自身素质的培养是极其重要的，只有有效遏制司法工作人员的职务犯罪，才能维护司法机关的权威，才能树立司法队伍的光辉形象，才能保障国家利益和人民群众的合法利益。提高司法人员自身素质，还依赖于加强司法工作人员间的交流培训，适时组织与其他先进地区司法部门的交流学习。只有拓宽司法工作人员的思路，取人之长，补己之短，才能提高和完善职业共同体的形成。当司法工作人员的社会地位提高之后，内心便有

可能产生对司法职业的崇尚。只有加强对司法工作人员的世界观、人生观、价值观等方面的宣传教育活动，才能使其牢固树立为人民服务的信念。只有进一步增强司法工作人员的办案观念和职业道德意识，不断提高司法工作人员的业务素质，才能培养司法工作人员自身的职业荣誉感，从而为实现公正清廉的司法文化氛围创造条件。

（二）提升司法工作人员的司法职业尊荣感

司法是关于正义的事业，如果从事司法事业的司法人员都无法形成认同感、自豪感和尊荣感，显然输不出符合社会期待的正义产品。一段时期以来，超负荷的工作压力、过低的薪资待遇以及狭窄的晋升空间，使得司法工作人员的职业尊荣感急剧下降，司法工作人员流失、断层等现象比较严重。所以，司法尊荣感的提升，首先，应当塑造良好的司法工作人员形象，使其有准确的自我定位和社会认同以及法律范围内的充分职业尊重。其次，应给予司法工作人员体面生活的充分物质保障。职业尊荣感在一定程度上体现为相对较高的工资待遇以及与司法工作人员职业相匹配的福利，如休假、疗养、体检等。执法律之牛耳，谋民生之公义的司法工作人员若连其基本的生活物质水平都有后顾之忧，那么民众诉求也会受到影响，公民的各项合法权益也无法获得最根本的保障。最后，应当给予司法人员以良好的安全保障。当前，社会转型期矛盾多发，社会成员诚信不足，群众法律意识不强①等现实境况相互交织，司法工作环境呈现不断恶化的趋势，司法工作人员处于社会矛盾冲突的一线，其面临的职业风险和人身威胁高于一般公职人员，如果司法工作的开展无法避免暴力的威胁，那么个人安全将取代公平正义成为司法工作人员履职的首要考虑，社会公平正义的最后一道防线也面临被"暴力即公理"法则攻陷的危险，司法工作人员也将面临成为风险末梢承受者的状况。

2016 年 7 月，中共中央办公厅及国务院办公厅印发了《保护司法人员依法履行法定职责规定》，2017 年最高人民法院也出台了《人民法院落实〈保护司法人员依法履行法定职责的规定〉的实施办法》以及司法人员履职保障十大典型案例，在国家制度法规层面给予司法工作人员以保

---

① 普遍表现为重实体、轻程序思想及信人不信法的传统思想，对司法工作人员充满警惕。

护，但上述文件主要侧重于对工作时间、工作区域范围内的安全保护，而下班之后是司法工作人员安全风险最大的时段，诸多对应保护措施亟待尽快建立和落实（例如，可以通过建立司法工作人员人身安全的威胁评估机制，提前预判出可能实施袭击的加害者，并对相应司法工作人员实施重点保护；此外，统一集中的司法工作人员安保机构、补齐司法工作人员及其亲属的安全保障短板，把提升法官和亲属的自我防范能力，作为教育培训的重要内容；及时惩处一切因为司法工作人员依法履职而实施的报复行为等）。此外，针对司法工作人员渎职犯罪情况日益突出的现状，单纯强调"权责相当""错案追究等问责机制"也会束缚司法工作人员执业行为，衍生出不作为、怠于行使职权的另外一种职务犯罪行为。在强调司法责任制的同时，更需要完善的是司法责任豁免规则，实现司法责任与司法豁免的有机统一。司法人员依法履行法定职责，只有得到充分、有效的保护，才能敢于担当、不徇私情，做到始终忠实法律、公正司法，维护好社会公平正义的最后一道防线，解决司法工作人员的后顾之忧，才能更好地促进司法工作人员职务犯罪惩防工作的开展。

（三）建立司法职务保障制度

司法工作是一种从业门槛较高的行业，要求专业化和精英化。只有经过严格的法律课程培训以及相关的从业资格考试合格后才准予进入，相比其他行业显得条件要高一些。所以，只有对司法工作人员的收入和各种保障予以提高，才能彰显出正义和公平的价值，才能够使人们对司法职业充满崇敬之情，也使得司法工作人员自身的职务廉洁性增强。司法工作要求从业人员必须具有专业化知识和精英化的头脑，给予其较高的社会地位和制度保障后，才能使其安心工作、公正司法，没有后顾之忧。

实践证明，司法工作人员的职务犯罪一定程度上是由于工资收入原因而导致，提高司法工作人员的社会经济地位是势在必行的。当司法工作人员优越的政治地位与微薄的收入出现反差时，职务犯罪就可能引发。当律师阶层的收入与法官、检察官的收入差距过大的时候，司法人员心理上的不平衡也会诱发其职务犯罪。因而，我们主张，预防职务犯罪必须对司法工作人员实行高薪养廉措施，并进一步完善退休保障制度。所谓高薪养廉，是指通过给予司法工作人员较高的待遇来保证其廉洁奉公的一种措施。高薪制度正是通过加大了职务犯罪成本来有效阻碍犯罪心理的形成，进而起到防范职务犯罪的作用。

当前，就我国而言，低薪制是导致司法工作人员职务犯罪心理冲动的重要根源。同样是经过专业知识培训之后的法律工作者，律师与法官、检察官的收入相差很大。司法行业是公平和正义的化身，应当具有神圣和权威性，司法工作人员理所当然应受到尊敬和与其付出相称的待遇。越来越多的人认为，从长远来看"高薪养廉"的成本要低于"低薪助贪"的代价。司法工作人员因低薪形成的心理失衡感容易诱发职务犯罪，倘若能够给予司法工作人员较高的薪酬，不仅可以吸引更多社会精英进入司法领域，不断提高司法工作人员素质，还可以防止司法工作人员为了享受体面的收入和福利而去选择犯罪的心理冲动。同样，完善司法工作人员的退休保障制度也是加大职务犯罪成本的重要途径。只有保障退休金到位，才能避免司法工作人员利用权力去攫取个人私利，还可以有效地对职务犯罪起到预防作用。基于我国经济水平尚不发达的情况，单纯采取高薪养廉措施可能会引发社会公众心理不平衡，所以，通过采取必要、可行的措施，逐步加快建设我国司法工作人员退休保障制度也是一种理想的选择。

（四）加强廉政教育宣传，强化司法工作人员职业道德建设

司法活动中所应遵循的基本职业道德规范，是一切司法工作人员的行为准则。司法职业道德的本质是阶级道德在司法工作中的特殊表现。我国的社会主义司法职业道德，是以共产主义道德规范为依据，兼吸收了历史上司法道德中的积极因素。所以，社会主义司法道德的基本要求是热爱人民、忠于人民，保护人民的权益，同反对社会主义祖国、破坏社会主义法制、危害人民群众利益的违法犯罪行为作坚决斗争。遏制司法人员职业道德的败坏，在司法工作领域就要让司法工作人员必须忠实于法律，忠实于事实，以法律为准绳，依法办案，坚持在法律面前人人平等。

司法工作人员加强廉政教育、加强职业道德建设，还需要做到严格遵守司法纪律，依照法律程序认真收集有关证据，廉洁奉公。廉政教育要培养司法人员具有严谨的作风，吃苦耐劳的精神，不贪赃枉法，不徇私情。司法工作人员要深入调查并依靠群众办案、文明办案。实践中，只有经过不断提高理论水平和职业道德修养，才能成为一名合格的司法人员。司法工作人员的职务犯罪，不是因为法律知识欠缺，也不是因为审判经验不足，而是因为其世界观、人生观、价值观变质，以权谋私、以案谋私、滥

用权力所致的。在依法治国的今天，法律工作介入社会生活的各个方面，法律工作者所面临的金钱、物欲的诱惑日益增加，腐败与反腐败的斗争将会更加激烈，如何做到拒腐防变，始终保持清正廉洁，是对每一个法律工作者的严峻考验。

在教育模式上，要立足长远建设，单纯的整风正纪、集中教育模式无法从根本上减少司法工作人员职务犯罪行为的发生，所以，应当在紧密联系思想和工作实际的前提下，长期、不间断地将理论学习与思想教育相结合，以提升司法工作人员自身素质和能力。以案为鉴，在分析个案职务犯罪时，避免过多探讨"悔过性"① 内容，而应当深入分析个案中职务犯罪的原因。同时，警示和道德的触动无法在个人意识中自发地产生，需要依靠外部的培养和灌输，所以，应当在司法工作人员内部针对不同单位、不同职级、不同岗位、不同层次的司法工作人员施以相应重点的差别化教育，普遍教育与重点整治相结合，以公安机关为例，教育需要从部门、警种特点和工作实际出发，对业务范围宽泛的治安警察重点加强反腐败教育，刑事警察重点加强人权保障理念教育等，使每个个体能够良好地接受这些原则和规范，并将其转化为内心信念和内在品质。

此外，应加强司法工作人员职业技能培训，伴随着去中心化、去行政化、去地方化的司法体制改革，国家治理体系和治理能力现代化进程不断加快，除了制度之外，也是一场司法官人性解放运动。司法人员职业技能培训同样面临一场深刻的变革，要打破无往而不在的行政枷锁，用司法规律来引导司法官的人格。如今法官、检察官、警察等司法工作人员无论入职起始的学历学位有多高，都不足以应对日益复杂的司法案件和纷繁复杂的社会矛盾，都需要在司法实践中不断通过职业技能培训教育来总结、借鉴、学习、培训、思考，才能较好地适应日新月异的司法职业工作需要，才能提升预防职务犯罪工作的法治化和规范化水平。只有司法人员的整体素质和能力提高了，才可能更好地胜任司法职业，具体到每一个案件才能让人民群众真正感受到公平正义。

---

① 悔过性内容即"对不起国家、对不起党、对不起人民；对不起父母、对不起子女"等类似表述内容。

四 强化检察机关在侦查、起诉、审判、执行领域的法律监督作用

为什么要强调强化检察机关的法律监督呢？主要原因是：第一，检察机关是法律监督机关，承担着宪法和法律赋予的法律监督职责；第二，按照《刑事诉讼法》的规定，检察机关也对司法工作人员利用职权实施的侵害公民权利、损害司法公正的犯罪行为进行侦查，说明国家也是将检察机关认定为惩治司法工作人员职务犯罪的主要侦查机关；第三，检察机关在我国刑事诉讼中的特殊地位，它是一个承上启下的法律机关，法律赋予其对侦查机关的侦查监督，对审判机关的审判监督，对监狱等的执行监督。因此，强化检察机关的法律监督权，是预防司法工作人员职务犯罪的应有做法。同时，《中共中央关于全面推进依法治国若干重大问题的决定》也专门强调，要加强对司法活动的监督，完善检察机关行使监督权的法律制度，加强对刑事诉讼、民事诉讼、行政诉讼的法律监督，完善人民监督员制度，重点监督检察机关查办职务犯罪的立案、羁押、扣押冻结财物、起诉等环节的执法活动，说明党和国家是将法律监督的权力和职责交到检察院手中的。

（一）强化检察机关在立案环节的监督

由于公安机关立案权的行使意味着刑事案件的启动，假设公安机关工作人员滥用职权，很有可能使罪犯逍遥法外。因此，立案环节一度成为司法工作人员职务犯罪的高发区。只有强化检察机关在立案环节的监督，才能防止公安机关一家权力独大，才能预防公安机关工作人员为犯罪行为提供保护的可能。

1. 确立检察机关监管部门在司法工作人员职务犯罪案件立案之初介入侦查或调查

在侦查阶段，决定或者批准逮捕也是职务犯罪多发的环节。职务犯罪的侦查权是一种职务犯罪的调查权，它是实现法律监督职能的重要保证。近年来，司法工作人员职务犯罪手段隐蔽性更突出，案件情况也越发复杂化，这就对实践中改进侦查工作效率提出了新的要求。有学者曾经主张，只有建立健全监督工作外部沟通协调机制，适时介入侦查，才能力争从源头上遏制违法行为的发生。①

---

① 黄河：《公诉工作中强化诉讼监督的主要内容与对策》，《人民检察》2010年第3期。

但是现行的审查批捕程序还不具有"诉讼"的形态，而完全是一种超职权主义的、行政化的单方面追诉活动。检察机关批准或决定逮捕一般只是进行书面审查，对听取嫌疑人及其辩护律师的意见不是很积极，更不用必须听取被害人的意见。梅利曼教授指出，"诉讼权利的不平等以及书面程序的秘密性，往往容易形成专制暴虐制度的危险"。这种书面化、审批化、信息来源单一化的行政式的审批程序，其后果必然是程序神秘化、控辩失衡化、责任分散化。我们认为针对侦查立案之初存在的诸多侦查机关擅自撤案、不提请批准（决定）逮捕等情况，可以通过建立不捕听证制度来完善。虽然现在司法工作人员职务犯罪的案件多数由监察委员会行使调查权，检察院针对部分的司法工作人员利用职权实施的侵害公民权利、损害司法公正案件的职务犯罪行使侦查权，但是，对监察委员会的调查权和检察机关的侦查权的监督同样是刻不容缓的。

2. 完善不捕听证制度，增加批捕程序的透明性

基于检察机关对逮捕的审查应属于司法审查的本质特点，通过诉讼程序是实现司法审查的基本途径。诉讼的构成必须具备控方（原告）、被控方（被告）、听讼方（审理）三个基本条件，检察机关只有在听取诉讼双方的意见后，才能对逮捕的合法性作出判断和决定。司法程序具有被动性、公开透明性、多方参与性和亲历性等基本特征。而在我国现行审查批捕程序中，只有控方（侦查机关）和被控方（犯罪嫌疑人），审查批捕部门作为严格意义上的听讼方还没有形成。这种缺乏制约的权力必然导致滥用。因此，审查批捕程序的改革必须从权力制约入手，通过司法权的介入以形成对控诉权的限制。

规范审查批捕行为，当务之急就是要建立健全审查逮捕权的监督制约机制，推进审查批捕方式的诉讼化改造，形成控（侦查部门或调查部门[①]）、辩（犯罪嫌疑人及其律师）、审（检察机关的侦查监督部门）三方组合的诉讼格局，以确保行使审查逮捕权的检察官保持中立，依法独立、公正行使这项司法审查权。改革逮捕制度，必须建立抗辩式的审查批捕模式，要让逮捕的决定者获取更多的、更全面的信息，以便更好地判断

---

① 监察委员会是司法工作人员实施的部门职务犯罪的调查部门，检察院是司法工作人员利用职权实施的非法拘禁、刑讯逼供、非法搜查等侵犯公民权利、损害司法公正的犯罪的侦查部门。

是否具有逮捕的必要性，是否有必要羁押，是否可以采取取保候审、监视居住等非羁押性措施，做到兼听则明、居中裁决。

完善审查批捕公开听证程序。批捕听证程序能给予各方充分表达意志的机会，形成各方对逮捕过程的更为有效的参与和监督，实现对检察机关逮捕决定权的监督和公民权利的保护。听证制度中的公开、辩论原则有助于帮助检察人员听取多方面的意见，对证据材料进行详细的甄别，可以帮助检察机关做出合理的决定，防止少数司法人员因个人主观上的原因和自身对案件理解上的偏差而出现做出错误决定的情况。同时有利于对检察机关逮捕决定权进行有效监督，防止权力滥用。在听证的基础上做出决定，是听证制度的重要内涵。通过公开听证的形式，让决定机关公开自己的事实认定、决定理由和根据，让当事人进行"面对面"的质证和辩论，这是一种有效的监督制约形式。①

（二）实行不起诉听证制度，强化检察机关在起诉环节的监督

对犯罪人员来讲，一旦获得不起诉的法律结果之后，对今后的人身影响就降到了最低。实践中，不起诉权的运用也是司法人员职务犯罪的重要诱因。只有解决司法监督程序的缺失，才能保证犯罪分子能够得到应有的法律制裁，受到法律的追诉。因此我们建议完善不起诉听证制度，强化检察机关在起诉环节的监督。

不起诉案件的听证是指检察委员会对于审查起诉部门拟作不起诉决定的案件，以听证会的形式，公开听取被害人及其诉讼代理人、犯罪嫌疑人及其辩护律师的陈述和辩解，听取侦查机关及发案单位的意见的内部工作制度。我国在司法改革过程中，为限制不起诉权的滥用，有效监督权力的正当行使，检察机关办理不起诉案件制定和实行听证制度，很有必要。召开不起诉案件听证会，是实行不起诉案件听证制度的基本形式。

1. 听证程序的启动

目前，不少检察机关积极探索不起诉案件实行听证的制度，但由于缺乏统一的指导意见或规范性文件，在不起诉案件听证会启动的问题上做法不一。听证会的启动权力应当由谁来行使？各地检察机关的做法可谓五花八门，有的由审查起诉部门径直决定启动；有的是审查起诉部门向检察长或检察委员会报告后，由检察长或检察委员会决定启动；有的是在不起诉

---

① 张兆松：《审查批捕方式的反思与重构》，《河南政法管理干部学院学报》2010 年第 1 期。

决定做出后，侦查机关或被害人、犯罪嫌疑人提出异议或申诉后启动。我们认为，司法权是被动的权力，司法权的被动性表现在整个司法程序非因当事人的请求不得启动，司法程序必须围绕当事人的请求事项来进行。检察权是司法权，具有司法权的被动性的共性，司法权的被动性体现在具体司法活动中，就是"不告不理"。举行不起诉案件听证会作为一种司法活动，它的程序启动同样应当遵循"不告不理"的原则，应当主要在应侦查机关的要求或当事人申诉情况下举行。

2. 听证的举行

我们认为对不起诉案件进行听证的基本程序中，必须要重视几个重要环节：第一，起诉部门案件承办人应当发言。发言主要围绕案件的来源及主要案情，起诉部门对案件定性的法律、证据及事实依据，拟作不起诉处理的依据和理由等。第二，犯罪嫌疑人及其律师应当在场。他们应当就犯罪事实的认定、罪名认定、证据分析及拟作不起诉处理进行辩解或发表辩护性意见。第三，承办人继续针对犯罪嫌疑人、律师的辩解作进一步的阐述和说明；犯罪嫌疑人及其辩护人提出新的意见。第四，侦查机关代表和被害人及其诉讼代理人对起诉部门的事实认定和处理意见发表各自意见。经过双方的阐述和陈述，案件的事实及主要证据已经公开展现出来。听证各方的意见也都公开表示。只有在各方充分论证自己的观点之后，作出的不起诉才是公平正义的。只有在全面审查案件事实以及证据的基础上，作出的不起诉意见才是公开透明的。

（三）完善人民陪审制度，加强检察机关对审判环节的监督

审判环节法官滥用职权的案例也不少见，事实上，滥用职权背后隐藏着的是权钱交易。审判环节中，要严格控制法官的量刑权，监督法官对缓刑的正确适用。假自首和假立功情节在量刑过程中的使用，折射出司法工作人员的徇私枉法以及对职权的滥用。加强在审判环节的司法监督，健全人民陪审员制度是一个有效的途径。扩大陪审员范围，进一步明确陪审员的职责，充分发挥人民陪审员的监督作用

在现行人民陪审员制度中，一个最大的缺陷就是对于人民陪审员制度适用的范围没有明确的规定。现行《人民法院组织法》规定，人民法院审判第一审案件，由审判员组成合议庭或者由审判员和人民陪审员组成合议庭进行。即人民法院审判第一审案件，可以实行人民陪审员制度，也可以不实行，存在较大的随意性，影响了人民陪审员制度的正确实施。全国

人大常委会通过了《关于完善人民陪审员制度的决定》（以下简称《决定》）第 2 条，继续对人民陪审员参与审判案件的范围作出了规定。根据该规定，人民法院审判社会影响较大的第一审刑事、民事、行政案件，应当实行陪审制；对于刑事案件被告人、民事案件原告或者被告、行政案件原告申请由人民陪审员参加合议庭审判的案件，人民法院也应当实行陪审制。但是，对于上述案件中适用简易程序审理的案件和法律另有规定的案件不实行陪审。我们应当承认，《决定》比人民法院组织法有了进步，但是这里还存在问题。人民法院审判社会影响较大的第一审刑事、民事、行政案件，应当实行陪审制。但是哪些案件属于社会影响较大，《决定》对此未予明确，也难以明确，这就造成了规定容易实施难的局面。由于这样的弹性规定，对于案件是否属于社会影响较大的主动权就掌握在法院及法官的手里。

关于什么样的案件，哪些类型的案件适用人民陪审员制度应该由立法予以明确的规定，只有这样才能使人民陪审员制度最大限度地发挥其监督职能。

关于人民陪审员的管理，现有的做法是由人民法院对人民陪审员单独进行管理，人民陪审员也经常是由法院院长提请人大任命。由于人民陪审员的身份不同于法院的审判人员，他们是代表人民参加审判，实现管理国家的权力，故其本身并不属于法院人员，显然，这样的管理是不妥当的，况且这样的做法也有悖于权力监督与权力制约原理。因此，我们建议由人大常委会设立陪审员的专门管理机构，由该机构负责陪审员的产生、考核、津贴发放等管理事宜。具体也就是将辖区内所有具有陪审员资格的人员名单输入数据库，并对人民法院随机抽取产生的人民陪审员进行跟踪管理，具体管理人民陪审员在任职期间是否遵守工作纪律，有无故意或重大过失的失职行为等。对于陪审员为参加陪审工作而额外支出的费用或劳动，如加班工作、陪审期间的交通费和膳宿费等，应从国库经费中予以支出。此外，对公民无故拒不参加陪审工作应给予教育、警告、罚款、取消陪审资格等司法行政处罚。只有人民陪审员的各项制度得以完善，其职能得到保障，才有利于其充分行使人民陪审员的法律监督职能。

（四）加强检察院对刑罚执行中的监督

2013—2016 年查办的司法工作人员犯罪案件中，从判处的刑罚来看，轻刑适用比例大，附加刑适用比例小。通过研究发现，对司法人员判处的贪污、受贿等贪利型犯罪案件中，适用没收财产的比率非常低，明显低于其他刑事案件财产刑的平均适用比例，说明大部分司法工作人员犯罪主体都没有罚当其罪。这不仅严重削弱了财产刑应有作用的发挥，而且极大地降低了对于司法工作人员犯罪刑罚处置的严厉程度。

1. 加强对减刑假释等环节的监督

对刑罚执行活动中的职务犯罪进行监督，是法律赋予检察机关的职责。检察机关积极查办刑罚执行活动中的职务犯罪，既是惩治司法腐败、保障被监管人合法权益的客观需要，又是保证刑罚执行活动监督健康发展最直接、最有效的手段。有学者认为，由于实践中对于被处以管制、缓刑、假释、暂予监外执行的罪犯在执行刑罚时未给予足够的重视，对监外执行活动的监督也成为检察工作中的一个薄弱环节。① 基于减刑、假释、暂予监外执行等措施是刑罚执行活动中容易发生执法、司法不公情况的主要环节，今后司法实践中若要加强对刑罚执行中的监督，关键在于加强对减刑、假释、保外就医等的监督力度。其中，减刑是对犯罪人法定责任的变更，犯罪人应承担的刑罚是由人民法院依法判处的，故对其承担刑罚的变更也应经法院依法裁判。假释不过是对犯罪人被判处刑罚的具体执行方式的一种改变，假释的决定权应交由司法行政机关行使。而对于减刑与假释等执行活动的监督必须通过检察机关的监督来实现。

2. 加强对民事、行政案件的监督力度

从之前的各级检察院查办法院系统职务犯罪案件来看，可以说民事执行是腐败重灾区。如果认为民事执行权是司法权，那么作为法律监督机关的检察机关就有权对民事执行进行监督。

现有的检察机关的民事、行政抗诉权只能针对已发生法律效力的判决、裁定，这就不利于检察机关法律监督权的行使。民事、行政裁判的执行作为诉讼的结尾，应当体现出司法的公信力。然而，各种原因造成的执行难使民众对司法的权威也产生了质疑，甚至民事、行政中的执行成为司法工作人员职务犯罪最集中的阶段。

---

① 袁其国：《监所检察工作中强化诉讼监督的重点与措施》，《人民检察》2010 年第3 期。

基于此，对民事行政等案件的执行环节进行监督显得极其重要。我们认为，今后的诉讼法律、法规应当明确检察机关进行法律监督的具体程序，扩大法律监督的范围，保证法律监督权的充分发挥。其中，对延长执行周期要有更明确的规定和约束制度，对执行中给当事人造成的损失应有更科学的赔偿机制。

3. 细化监督的范围、程序

细化监督的范围、程序，使监督具有可操作性，有利于更好地发挥检察院的法律监督权。具体来说要做到：第一，要建立对在押人员释放后的回访制度、刑罚执行场所内开展职务犯罪预防工作以发现案件线索等制度。第二，逐步建立健全同侦查机关、审判机关、司法行政机关以及检察机关内部的公诉等部门间的交流与合作。第三，借助于检察机关与新闻、媒体之间的沟通联系，排查职务犯罪线索。第四，建立案件复查制度。为了提高刑罚执行中查办职务犯罪案件的质量，还需要通过复查的方式，定期对办案质量进行审查。对于司法人员违纪违法和犯罪行为及时查处，绝不能姑息和纵容，不因违纪行为轻微而放纵，不因难以查处而退缩。同时，对司法人员犯罪案件要及时公布，不讳莫如深，重新树立司法人员对法律的敬畏感。

五　充分发挥人民监督员的监督作用

人民监督员制度是针对检察机关直接侦查案件缺乏有效外部监督的情况，由经机关、团体、企事业单位和基层组织民主推荐产生的代表公众的人民监督员，按照一定的程序和规则，对检察机关查办司法工作人员职务犯罪案件进行民主监督的制度。

检察权是公权力的一部分，其行使如其他公权力的行使一样，以实现社会的正义公平为目标。作为国家行使法律监督权的检察机关，其在依职能对公安机关、审判机关行使法律监督权的同时，亦受到分工负责、互相配合、互相制约原则的限制，因而权力的行使总体上是公正的。但检察权中某些重要部分如对司法工作人员职务犯罪案件中侦查权、侦查监督权及检察自由裁量权的行使，却易出现权力的异化，如不应立案的予以立案，不应逮捕的作出了逮捕决定，不应撤案的作出了撤案决定，不应起诉的作出了起诉决定，超期羁押、非法搜查、扣押冻结、办案中徇私舞弊、贪赃枉法、刑讯逼供、暴力取证等；同时还存在应当立案的不予立案，应当撤案的不予撤案，应当提起公诉的作出不起诉决定，应当给予刑事赔偿的不依法予以确认或不执行刑事赔偿决定等。这些现象，让人们对检察权行使的公正性产生了忧虑和质疑。

人民监督员制度设置的目的，就是通过引入代表社会公众的人民监督员，对检察机关"三类案件"（拟作撤案、不起诉处理和犯罪嫌疑人不服逮捕决定的职务犯罪案件）以及检察机关或检察人员在办案中发生的"五种情形"（应当立案而不立案或者不应当立案而立案；超期羁押；违法搜查、扣押、冻结；应当给予刑事赔偿而不依法予以确认或者不执行刑事赔偿决定；检察人员在办案中徇私舞弊、贪赃枉法、刑讯逼供、暴力取证等）进行监督，提出监督意见。对职务犯罪案件查处工作行使监督制约职责，保障检察机关对司法工作人员职务犯罪侦查权、侦查监督权及检察自由裁量权的正确行使，防止权力的滥用和怠用。这是人民监督员制度设置的基本目的，期望通过制度安排实现保障司法活动公平公正的功能。以实体正义彰显检察权行使的公正性，以救济设置增强人权保护的有效性，以公开透明促进执法行为的廉洁性，以扩大参与增进群众对检察机关的理解与支持。人民监督员在检察机关与人民群众之间搭建了一座桥梁，当某一处理结果与群众对某一行为的社会评价和道德评价有差异时，人民监督员能帮助检察机关说服人民群众，检察机关办案重在法律评价。通过人民监督员的介入，犯罪嫌疑人与被害人双方更容易接受案件的处理结果。人民监督员通过监督，对检察机关在打击犯罪、惩治腐败方面所发挥的作用，所遇到的阻力和困扰，有了充分的理解，对检察机关而言，也是一种极大的支持。

六　促进电子化、信息化对司法工作人员职务犯罪的监督

随着对司法工作人员职务犯罪预防工作的不断推进，科学技术、信息化建设在犯罪惩防中的作用越发重要。加强"电子司法""智慧司法"建设，通过云计算、大数据、人工智能等新技术，促进司法工作与信息化的深度协调、深度应用。现今，全国 3520 个法院、9239 个人民法庭和 38 个海事派出法庭通过法院专网实现互联互通、业务支持、为民服务、数据汇聚、安全监管的全覆盖。① 西南地区中，贵州作为全国首个国家大数据

---

①　《最高人民法院智慧法院建设专题座谈会》，http：//www. court. gov. cn/zixun－xiangqing－36622. html。

综合试验点，目前已经建成集大数据分析服务系统、大数据司法办案辅助系统、案件智能研判系统、职务犯罪侦查信息系统、政法信息资源共享交换系统和检务公开、为民办事服务系统于一体的"贵州检察大数据应用中心"，① 以服务于司法工作。大数据的推广与应用势在必行，利用大数据创设司法工作的辅助系统，为司法工作提供智能化的服务有利于提升整体司法工作效能，并有针对性地提高司法工作人员职业能力，同时促进督促规范司法工作职务行为，提升司法工作水平。就司法工作人员职务犯罪的治理及预防而言，利用大数据等新兴技术可以实现对部分职务犯罪工作的精准打击，尤其是对个人、单位、部门等的财政资金状况及走向以及公共、集体资源的分配、使用情况等实施动态的实时监控和信息比对，在预防和惩治司法工作人员职务犯罪的过程中，配合传统侦查、监督手段，拓展监督、预防领域和范围，将现代科技与权力运行的各个环节相融合。司法公开是智慧法院的建设内容，利用科学技术深入地进行数据整理、分析与公开，开启职务犯罪预防"阳光化""公开化"模式，使内部监督与外部监督有机连接起来，为司法工作人员职务犯罪的源头治理提供更多滋养，倒逼司法公正的实现。

七　加强社会舆论监督

（一）严格贯彻和执行司法公开

严格执行司法公开就是指严格执行审判公开、检务公开，实行大案要案说明制度，扩大群众知情权，增强司法工作的透明度。

审判公开简单地讲就是除了法律有例外规定，所有的审判活动都公开进行，以此来保障诉讼的透明化。审判公开作为司法制度的一个原则被当代民主国家所确立。同时这一原则的确立与否也成为衡量现代民主和法制是否健全的重要标志。审判公开可以分为直接公开和间接分开。允许公民旁听案件的法庭审理和公开宣告判决被定义为直接公开。而与之相对的间接公开主要指的是允许新闻记者采访和报道。鉴于现代社会人们常常受到工作繁忙、时间紧张、居住分散的限制，去法院实际旁听案件的审理有很多局限性，另外，直接的审判公开也受到法院审判场所和设施的限制，群

---

① 《最高检召开新闻发布会 通报"智慧检务"建设应用情况》，http：//www.spp.gov.cn/zdgz/201702/t20170216_181228.shtml。

众旁听的需要不能被满足，从而在一定程度上也就不能充分实现公民了解司法、监督司法的权利。而间接公开意义上的新闻媒体的报道则在一定程度了弥补了直接公开的缺陷。新闻媒体的报道在事实上成为公民了解司法、监督司法的一个主要渠道。

检务公开是指检察机关依法向社会大众和诉讼参与人公开涉及检察机关职责的事项或信息，但涉及国家秘密、商业秘密、个人隐私和未成年案件的除外。检务公开的内容是检察信息公开理论的核心部分，检务公开内容的范畴直接决定着检务公开的法律效果和社会效益。在笔者看来，对于检务公开内容的确定，不应仅仅局限于最高检公布的检务公开的内容，还应包括《检察院组织法》《检察官法》《刑事诉讼法》《刑法》《民事诉讼法》和《行政诉讼法》中关于检务公开的内容。对于在诉讼过程中，涉及诉讼参与人应当知晓的情况，检察机关应当公开，尤其是涉及诉讼参与人的基本权利的内容一定要公开。

检察机关的业务公开，就是将检察机关在履行职能过程中涉及案件的有关情况和信息公布于社会，接受外部监督。实行大案要案说明制度，对于社会影响力较大的案件，可以在案件审结后召开定期公布会，对于案件中的一些问题进行说明，接受社会群众的质疑与监督。司法自身的特点决定了司法应具有一定的透明度。司法活动的公开在某种程度上保障了司法公正的实现。

（二）利用新闻媒体等进行法律监督

利用新闻媒体等进行法律监督就是利用新闻媒体等舆论工具，加强法制宣传，增强群众的法律意识，实现司法审判的透明化公开化。

由于我国法治建设不够完善，又处于社会的转型时期，因此司法不公的现象是客观存在的。完善相关的制度建设，加强对司法的监督是克服和消除司法不公的强有力措施。加强对司法的监督当然包括加强舆论监督司法的力度。因为所有的权力都容易被滥用，司法权也不例外。孟德斯鸠就指出："每个有权力的人都趋于滥用权力，而且还趋于把权力用至极限，这是一条万古不易的经验。"对权力进行有效地限制和约束是人类社会治理模式的一个文明经验成果。防止权力拥有者的权力绝对化，使权力达到一种分散和平衡的状态，这是对权力进行限制和约束所要达到的目标。而这种对权力的限制和约束通常是通过法律制度将权力分配给个人和群体来达到的。人性恶是权力存在滥用危险的根源所在。最贤明的君主也不可避免地滥用权力，因此就有必要对权力进行限制。所以亚里士多德还指出："……让一个人来统治，这就在政治中混入了兽性的因素，因为人的欲望中就有那样的特性，热忱也往往会使拥有职权者滥用其权力，尽管他们是芸芸众生之中的最优秀者。因此，法律……可以被定义为'不受任何感情因素影响的理性。'"① 汉密尔顿等在《联邦党人文集》中先知般地写道："在这方面，如同其他各方面一样，防御规定必须与攻击的危险相称。野心必须用野心来对抗。……如果人都是天使，就不需要任何政府了。如果是天使统治人，就不需要对政府有任何外来的或内在的控制了。"② 总之，为了最大限度地避免司法不公，就要对司法权进行有效的监督和约束。舆论监督作为一种广泛的监督方式，公开披露和批评司法不公的行为，对于司法不公来说是一种有效的矫治和救济手段。因为，一方面司法不公一旦被公开化，可以促使司法机关及时发现问题，纠正错误，从而法律的公正得以恢复；另一方面，司法不公的公开化促使司法腐败行为及时而有效地被查处，司法机关的清正廉洁从而得以维护。

八　强化司法理性疏导与民众舆情引导

而今，由于电子科技的日新月异和社会的多元式、开放式发展，信息裂变和传播速度的加快，社会舆论环境、媒体格局以及信息传播方式都有了改变，并且也推动着舆论监督形式不断扩展、范围连续拓宽、力度逐步加大。部分案件经由媒体报道、披露或评论，一度成为社会公众舆论的焦点，衍化为一个时期的重大舆情。从媒体角度来说，面对司法事件应当客观公正地报道案件，避免断章取义，③ 歪曲事实，丑化司法工作人员形象，用舆论影响司法、误导国民等，强化社会不信任感。2016 年，《网络安全法》的表决通过，《互联网信息搜索服务管理规定》等政策法规出台，以顶层设计回应舆论关切，对规范网络舆论秩序起到了积极作用。面

---

① ［美］E. 博登海默：《法理学：法律哲学与法律方法》，邓正来译，中国政法大学出版社 1999 年版，第 1111 页。

② ［美］汉密尔顿等：《联邦党人文集》，程逢如等译，商务印书馆 1980 年版，第 254 页。

③ 如针对 2015 年河南著名的"掏鸟案"，鲁姓记者在《郑州晚报》的选择性报道（《掏鸟 16 只，获刑十年半——啥鸟这么贵？燕隼，国家二级保护动物》），故意偷换概念、避重就轻、歪曲事实，利用大众的同情心和信息不对称，以扭曲和暗示性的文字吸引关注度，意图触发大众对司法公正的疑虑甚至谴责，升级新一轮舆论热点。

对涉法舆情，"回应—平息"的常态化机制逐步形成，但"自查自纠""自说自话"等回应方式尚需机制监管，表面化、拖延化、压制化三类不良风向更需及时遏制。而就司法工作人员职务犯罪预防工作而言，"自查自纠""自说自话"为涉事机关的"假回应""乱回应"提供了部分滋生空间，并且，部分政法机关的思维还是没有转变，"惧舆""躲舆"等心理仍然存在，虽然反应迅速、表态坚决，但处置乏力甚至烂尾，不明就里地删帖、屏蔽就是典型表现。从国家对于司法工作人员职务犯罪预防宣传工作来看，其更注重于对国家、司法工作人员职务犯罪行为的报道，而忽视了对一般社会个体行贿、介绍贿赂、妨害司法公正等行为的报道，过于注重对涉案金额大的大案、要案的报道，而忽视了对涉案金额小的徇私枉法等职务犯罪行为报道，使得社会受众对贪污受贿等职务犯罪行为的容忍度增高，对轻微职务犯罪行为麻木与漠视，从而降低心理防线。所以，在宣传教育司法工作人员职务犯罪行为时，也要注重对一般社会个体的行贿、作伪证以及帮助毁灭、伪造证据等妨害司法公正的行为进行报道，使社会公众感受到该类行为所带来的心理压力、道德评价以及法律后果，通过司法的理性疏导与民众舆情引导，降低社会对司法工作人员职务犯罪行为的容忍度，从而间接地、更加有效地作用于司法工作人员职务犯罪的惩治和预防。

第三节　建立公职人员财产申报制度

建立公职人员财产申报制度是预防司法工作人员职务犯罪的措施之一，但是考虑到这种制度的特殊意义和价值，所以本书单独将其作为一节来介绍这种制度，希望在我国能够尽早全面铺开和实施。

一　公职人员财产申报与公示的溯源与理论基础

（一）公职人员财产申报与公示制度的产生与发展

公职人员财产申报与公示制度，又称"阳光法案"，是一项重要的反腐败制度。其产生可溯源于瑞典，早在 1776 年，瑞典法律就明文规定其公民有权进行查看一般公职人员乃至首相的纳税清单。随后，1883 年，英国议会通过了世界上第一部有关财产申报的法律即《净化选举，防止腐败法》。20 世纪 70 年代，美国颁布《政府道德法》宣告公职人员财产申报制度建立。由此，建立公职人员财产申报与公示制度的浪潮又一次被掀起。时至今日，包括美国、英国、法国、意大利等经济发达国家和我国台湾、香港地区以及尼日利亚、阿尔巴尼亚等经济落后地区都已采纳或建立起了公职人员财产申报与公示制度。

我国从 20 世纪 80 年代开始探索公职人员财产申报与公示制度，并自 1995 年开始有了对官员工资收入进行申报的行政规定。但其申报主体仅限于官员个人，存在申报范围较窄、申报资料未能公开、监管责任尚不明确等诸多问题。另外，随着经济社会的发展，近年来，我国腐败问题呈现腐败者职务高，腐败金额大，腐败分子手段隐蔽、携款外逃等特点。在党中央紧抓腐败问题的今天，作为已在世界各地逐步建立的号称反腐利器的公职人员财产申报与公示制度因其具有预防和惩治腐败、推动政府廉政建设、提升政府公信力、实现权力监管和监督、促进公职人员自我警醒和约束、促进民主政治发展的价值及意义，而使其在我国何去何从显得尤为重要。在我国，建立公职人员的财产申报与公示制度任重而道远。

(二) 公职人员财产申报与公示制度的理论基础

正所谓"阳光是最好的防腐剂""电灯是最好的警察"。"如果人人都是天使，那么就不需要天使，如果政府是天使，就无需对政府实行内部和外部控制。"[①] 公职人员的权力来源于人民，其行使权力的合法性依据是得到全体人民的授权及认可。建立公职人员财产申报与公示制度不仅是现实的需要与推动，而且其构建与完善也需要理论的进一步支撑。

1. 公共利益优先原则

国家公职人员是公权力的代表者、行使者以及公共利益的维护者，同时从自身利益来说亦存在其个人利益如我国宪法尊重和保护公民的隐私权，因此，基于不同的角色和利益，公职人员财产申报与公示制度使得公职人员的隐私权与公众的知情权、监督权产生了理论上的冲突，但由于公职人员身份的特殊性，即使我国法律规定法律面前人人平等，但基于"两利相权取其重，两害相权取其轻"的考量，在这一特定的情况下，公职人员所享有隐私权的内涵和边界与普通公民的隐私权理应存在一定范围的差

---

① ［美］汉密尔顿等：《联邦党人文集》，程逢如等译，商务印书馆 1980 年版，第 233 页。

别，其隐私权应当受到一定程度的限制，国家对公职人员隐私权的法律保护理当加以区别，有所侧重。也即现在各国普遍采取的公共利益优先原则。而法律保留与公共利益也成为目前各国避免公职人员利益冲突中限制个人权利的形式要件和实质要件。①

2. 民主监督原则

在《自由与权力》中，阿克顿勋爵曾说，在所有使人堕落腐化和道德败坏的因素中，权力是出现频率最高的和最活跃的因素。自古以来，一切有权力的人都容易滥用权力，这也是亘古不变的经验。因此，针对极具扩张性和易受腐蚀性的国家公权力进行一定的约束和限制，以权力约束权力显得尤为重要。

根据权力监督主体的不同，权力监督分为外部监督和内部监督。而根据人民主权理论，以及我国的社会性质，以人民大众为主体的外部监督在公职人员的财产申报与公示制度中具有不可替代的重要作用。

3. 利益冲突理论

公权力的私有化是腐败的实质，利益冲突是公权力私有化和异化的表现。而防止利益冲突的本质是将公权力与私人利益分离，对权力进行有效监管，从源头上根除腐败的土壤。建立公职人员财产申报能有效防止此种冲突，解决公职人员双重角色之间以及不同权力资源之间的矛盾，从而消除其滥用职权谋取私利的可能性条件。

二　我国公职人员财产申报与公示制度的实践与问题分析

（一）各个地方的司法实践

我国公职人员财产申报与公示实践最早于 2008 年在新疆阿勒泰地区试行，随后各地纷纷效仿，并出现不同模式，主要可以概括为以下三类：第一，在原有内部监督也即党内述职述廉制度的基础上进行延伸、深化，此类试点开始于新疆阿勒泰地区；第二，将公职人员财产申报与公示纳入干部人事管理和任用制度改革范围，此类试点包括安徽等地；第三，专项的财产申报及公示，此类试点包括重庆等地。现分析三个地区实践，分别论述三类不同特点。

---

① 余少祥：《论公共利益的行政保护——法律原理与法律方法》，《环球法律评论》2008 年第 3 期。

　　1. 新疆阿勒泰地区

　　2008 年，新疆阿勒泰纪检部门出台了《关于县（处）级领导干部财产申报的规定（试行）》，此举可谓我国公职人员财产申报与公示制度地区实践的破冰之举。2009 年年初，该地区在官方网站上公示了新任命的55 名副县级官员的财产申报，紧接着，公示了数千名县处级及科级官员的财产申报。总的来说，其财产申报主要有以下特点。

　　第一，财产申报主体包括以下三类：现任县（处）级干部、退休三年以内的县（处）级干部、地直单位部分重要岗位的科级干部。

　　第二，财产申报的内容包括四类：申报人的个人信息；申报人的财产状况，主要指年工资、年奖金、津贴、补贴和福利费；申报人劳务所得，主要指历年来从事咨询、讲学、写作、审稿、书画等所得；申报人及其父母、配偶、子女接受与申报人行使职权有关系的单位和个人赠送的礼金、礼品等。由此可见，该地区将过去通行的收入申报扩大为财产申报，扩大了申报范围。①

　　第三，受理申报与审核机关为地区纪检委党风廉政建设办公室，而地区预防腐败办公室为审核机关，从而避免了公务员系统内部财产申报自治自监的弊端。

　　第四，财产申报的公示，该地区对处级以上干部收入公开的方式作了特别规定，而其他内容则是重申了中央已有规定。起初，官方通过廉政网和当地主流媒体公示了申报人的收入及收礼情况，但将其他财产内容列为秘密申报范畴不予公开，几年来，该地区纪委对秘密申报部分予以了部分公开，便利了社会各界的监督。

　　第五，建立首次申报的退赃账户，此项创新是该地区《关于县（处）级领导干部财产申报的规定（试行）》的一大亮点，其在一定程度上免除了申报人员的心理顾虑，有效地保障了申报工作的顺利开展。

　　2. 安徽庐江地区

　　2011 年，安徽庐江公布了《拟任副科级干部财产公示实施办法（试行）》，仅从该文件就可以看出，其存在立法层次较低、申报对象狭窄的弊端。另外，该地区牵涉面较小，有利于避免既得利益集团内部的震荡，

---

　　①　《新疆阿勒泰地区关于对县（处）级领导干部首次财产申报情况进行公示的公告》，http://www.altlzw.com/ccsb-g.asp。

因其阻力小，操作性也相应较强。① 现具体分析情况如下。

第一，申报主体限于拟任副科级干部。

第二，申报内容涉及 7 项，包括本人及配偶和共同生活的子女所属的国内外房产、地产；机动车；配偶、共同生活子女的投资公司、企业、个体工商户情况；有价证券以及其他投资性财产；5 万元以上银行存款；债权；需要申报的其他财产。申报的种类分为初任申报、年度申报、离任申报。

第三，财产申报先由申报人所在的单位党组织审核，经负责人签字后报送县纪委和县委组织部。

第四，申报财产的公示由纪委等设立监督平台，从而接受社会监督。

3. 重庆地区

2009 年，中共重庆市委通过了《中共重庆市委关于贯彻〈中共中央关于新形势下党的建设若干重大问题的决定〉的意见》，其指出将在重庆市部分司法领导干部中率先试点官员财产申报制度。其主要包括以下方面。

第一，申报主体为担任法院、检察院重要岗位以及重要领导岗位的官员。主要包括重庆市高级人民法院和中级人民法院的民事审判庭正副庭长、刑事审判庭正副庭长、执行庭正副庭长；重庆市人民检察院和其下属分院的职务犯罪侦查局（分局）、渎职犯罪检察处的正副职，而两院的院级领导暂未涉及财产申报。

第二，申报内容主要包括三类：申报人的不动产，如住房、车辆等；申报人的动产，如工资收入、现金存款、股票债券等投资收益等；家中子女的读书、就业情况和配偶的职业、收入情况等。申报的种类包括任前申报和任中申报。

第三，申报的公示按申报种类的不同而有所区分。任前官员在任命前，要先填写财产申报表，并在市人大常委会人事任免表决前进行公示，而任中官员，财产申报一年一次，在一年固定时期填写财产申报表后向社会公示。

第四，财产申报公示后，对经举报查实不实申报者，拟提拔的不予任

---

① 马黎：《论我国公职人员财产申报与公示制度的构建》，硕士学位论文，湖南大学，2015 年，第 132 页。

命，在任的就地免职。①

（二）现有问题分析

虽然我国公职人员财产申报与公示的地区实践在各地如火如荼地开展，各地区在制度设计上也较之我国 1995 年的《关于党政机关县（处）级以上领导干部收入申报的规定》这一侧重内部监督的规定有了诸多进步，但其缺少相关立法，现有的诸多规定仍存在较大缺陷，较之国外地区仍有诸多不足，主要体现在公职人员财产申报与公示义务主体方面、申报与公示内容范围方面、申报与公示核查管理方面、申报与公示法律责任方面。如申报主体范围较窄；申报内容不完整，种类较少；公示范围非常有限；相关审查与责任问题规定不完善等且在具体操作上也存在较多问题。另外，现有相关配套设施不完善，不能充分发挥其辅助作用，保障相关规定的落实。而且，地区出台的相关规定多为政策性文件，缺乏刚性，在实践过程中不具备连续性，进程缓慢，最重要的是从地区实践来看仍旧无法减缓乃至解决我国现存腐败问题。

1. 申报与公示义务主体方面

我国现存制度中关于公职人员财产申报与公示的主体级别规定不科学，覆盖面狭窄，而试点工作也局限于新任公务员、新提拔的领导干部，退休人员尚未纳入申报与公示的范围。

2. 申报与公示内容范围方面

我国现存制度中关于公职人员财产申报与公示的内容规定不全面、程序设计不合理、申报方式不完善、公示结果不透明，试点实践中也存在新型财产难以监管，艺术品、奢侈品难以估值，隐性福利待遇等问题。

3. 申报与公示核查管理方面

我国现存制度中关于公职人员财产申报与公示的核查机制不健全、现存受理机构缺乏独立性和权威性、缺少专门性的财产申报与公示管理机构、核查方式欠缺灵活性等。

4. 申报与公示法律责任方面

我国现存制度中关于公职人员财产申报与公示尚处在党纪党规约束阶段，因其不具备强制性和权威性因此惩处力度相当微弱，依据《关于党政

---

① 聂飞：《重庆试水司法干部财产申报续：申报不实者就地免职》，http://news.cqnews.net/。

机关县（处）级以上领导干部收入申报的规定》可以看出，我国对违反公职人员财产申报与公示的公职人员仅规定了批评教育、限期改正、调整工作岗位、免职处理等较轻的纪律处分和行政处罚，缺乏较为严厉的刑事处罚。

5. 配套措施不完善，相关技术不成熟

我国现存制度中关于公职人员财产申报与公示缺乏成熟的金融监管体系和技术支撑且存在金融实名制度不完善、缺失统一的不动产登记制度、全国住房信息网络未形成、社会监督体系不规范、预防资金外逃机制未建立等隐藏腐败的隐患。

三　国外公职人员财产申报与公示制度的现状与发展经验

（一）国外概况

国外公职人员财产申报与公示制度历经早期探索，于 20 世纪 70 年代实现了从申报到审查到公开再到监督最后到问责一系列程序完整的衔接。当今世界，不单单是经济发达的美国、英国、法国、新加坡、加拿大等国家正在积极实施此项制度，包括泰国、尼日利亚等发展中国家和地区也在积极探索，在效仿制度较为完善的他国基础上建立并完善适合本国国情的公职人员财产申报与公示制度。据相关统计，目前世界上已有 146 个或先进或欠发达的国家和地区建立了公职人员财产申报与公示制度，这一制度也在很多地方发挥着其"反腐利器""阳光法案"的巨大作用。

（二）国外的发展经验

1. 完善公职人员财产申报与公示的相关立法

综观世界上 100 多个国家和地区关于公职人员财产申报与公示的实践，大抵都经过了从萌芽到酝酿，从形成到完善，从理论到实践逐渐发展的过程。而公职人员财产申报与公示也经历了从无强制执行力的规范性文件到具有权威性、强制执行力的法律进行规定的阶段。[1]

自 1883 年英国议会颁布了世界上首部关于公职人员财产申报与公示内容的法律《净化选举，防止腐败法》之后，众多国家纷纷开始以法律的形式确立公职人员财产申报与公示制度，从而以确保此项制度的效力与执行力。美国国会在 1978 年通过了《政府道德法案》，之后于 1989 年出

---

① 艾义贵：《论美国公职人员财产申报制度及其对我国的启示》，硕士学位论文，湖南师范大学，2015 年，第 25 页。

台了《政府道德改革法案》，之后数年里更是几经修改完善，从而在立法、司法、行政部门建立了统一的公职人员财产申报与公示制度。同时在新兴发达国家，如新加坡，其虽没有制定专门的关于公职人员财产申报与公示的法律，但其在本国《公务员行为与纪律规范》中加以明确规定。另外，放眼世界，近年来，如俄罗斯、越南等转型国家也在致力于相关反腐立法，其制定的一系列法律规范如俄罗斯《2012—2013 年反腐计划》等彰显了其关于公职人员财产申报与公示制度立法层面的建立与完善。

2. 规定范围宽泛的申报与公示主体及内容

公职人员财产申报与公示的主体包括公职人员本身以及与公职人员相关的人也即申报者关系人。因此，对公职人员的类别以及申报者关系人的划分在确定申报与公示的主体方面尤为重要。发达国家普遍将公职人员划分为在立法、司法、行政机关中级别较高的政务官以及在行政系统中担任普通公务员的事务官。同时将需要财产申报与公示的公职人员的配偶（包括事实配偶）、父母（包括养父母）、子女（包括养子女）、兄弟姐妹甚或经济关系依赖者，如家庭雇员也纳入申报与公示主体范围。

例如，美国申报主体的范围非常广泛，基本涵盖了能稳定掌握公权力的所有人员及其近亲属：立法系统内部的参众议员；行政系统包括总统在内的一定职薪级别的官员或雇员；司法系统内部的法官和法院高级雇员以及上述人员的配偶、受抚养子女。

另外，就财产申报的内容而言，由于财产申报的内容与一国经济发展水平、市场经济成熟度以及金融活动强度具有密切关系，各国根据各自发展状况规定不一。

同样以美国为例，其财产申报与公示内容涉及劳务所得及投资收益、买卖交易、赠与和赔偿费、债务等六大方面，具体内容包括：各种服务和劳动所得；各种投资收益及其细目；各种动产、不动产；买卖交易情况；接受的交通、住宿、餐饮或娱乐的赠与情况；本人及其配偶超过 10000 美元的债务情况等。①

3. 规范的管理、受理及审查体系

为使公职人员财产申报与公示制度的相关规定都能得到有效落实，多数国家都依据本国国情以及本国政治体制的特点，实行管理、受理与审查

---

① 刘明波：《中外财产申报制度述要》，方正出版社 2001 年版，第 41 页。

机构相分离的制度，通过分别设立管理、受理与审查机构确保各机构的独立性与权威性，从而力图实现相互监督、相互制约的目的。

以新加坡为例，其财产申报的管理机构为廉政署，主要负责管理以及监督政府官员个人的财产申报并同时指导各部门其他人员的财产申报活动；公务员所属部门的常务次长、反贪污调查局及法院设置的公证处（受理对申报材料的公证并保存材料副本）则为受理机构；而审查机构是反贪污调查局。三个部门的独立、协调构成了较为规范的管理、受理及审查体系。

4. 严格的法律责任

国外很多国家都对违反公职人员财产申报与公示规定义务的主体确立了较为严厉的惩处措施，其中包括民事责任、行政责任以及刑事责任。

例如，美国审查机关经审查后对拒不申报、谎报、漏报以及无故拖延申报者，对当事人直接给予处罚；对有非法所得财产的公职人员予以降职、削职、令其辞职等行政处罚，严重的以贪污贿赂罪论处，令其承担一定的刑事责任。① 另外，司法部也可以对当事人提起民事诉讼，法院可对此判处 1 万美元以下的罚款；对故意提供虚假信息的也可以提起刑事诉讼，判处最高 25 万美元的罚金或 5 年监禁。

5. 完善的配套设施建设

不少国家公职人员财产申报与公示制度的相关配套辅助制度都很丰富。比如，金融实名制、不动产登记制度、资金外逃预防机制、公务卡使用制度以及社会监督体系等相关配套设施。

仅以澳大利亚的金融实名制为例，其通过全面实行实名制，在金融、税务、企业信息平台上实现全面联网，同时，严格执行交易以及货币的电子化从而使得政府能够实现对整个经济活动全程、无缝、及时、高效的监督和控制，在此过程中，一旦发现公职人员的可疑性交易，相关机关就能高效、便捷地进行调查、核实。由此可见其先进的技术支撑以及完善的配套设施建设在公职人员财产申报与公示制度中所发挥的重要作用。

6. 从源头治理腐败问题

一系列的实践经验表明，从源头上治理腐败是遏制腐败的根本。公职人员财产申报与公示制度必须致力于在源头上清理利益冲突，将监管的重

---

① 崔光华：《一些国家和地区的反腐制度与实践》，《红旗文稿》2006 年第 14 期。

点放在形成利益冲突的节点上，从而阻断利益输送，实现从源头上根治腐败问题。

英国建立了极具特色的利益登记制度和利益声明制度。其利益登记制度明确规定，本国议员必须遵循禁止利益输送的原则，明确了其需要予以登记的 12 类内容，且在出现新情况时要及时调整登记事项，并明确规定，任何人都可在相关网站上浏览登记内容从而实现对议员的财产监督。同时，其利益声明制度规定，议员在作出某一重大决策、决议前要就自己与该决策、决议可能具有的利益关系予以说明。[①] 另外，英国对本国普通公职人员的相关约束详尽地规定在《公务员管理规范》之中，英国历经多年实践以其完善的法律规范从源头上确保了公职人员的清正廉洁以及公权机构的公信力。

四　我国公职人员财产申报与公示制度的构建

放眼国外很多国家财产申报与公示制度的产生和发展、完善都是通过一系列规范性文件和法律来实现的。《联合国反腐败公约》的 100 多个成员国也基本上通过制定法律来确立本国公职人员财产申报与公示制度。而我国有关公职人员财产的申报与公示则始终处于党纪政纪约束的层面。当前我国在此方面的规范仅有《关于省部级现职领导干部报告家庭财产的规定》这一党内纪律规定与 2010 年国务院办公厅和中共中央办公厅联合制定的《关于领导干部报告个人有关事项的规定》（以下简称《规定》）这一政策性规定，而此项《规定》及其他规范仅仅属于政策性文件并非法律，因此缺乏一定的稳定性、权威性以及强制执行性，这也是我国公职人员财产申报与公示制度在众多地方实践中进程缓慢、可持续性差、出现"阵地战"等问题以及出现"零反馈""零投诉""零异议"结果的原因所在。因此，在我国，通过国家立法的形式由国家最高权力机关制定一部专门的《公职人员财产申报与公示法》从而实现反腐制度化、法治化已然迫在眉睫。这一点在我国学术界早已达成共识。

另外，要实现公职人员财产申报与公示制度的最大效力，在制定相关立法的同时，必须注意与已有的法律、法规、规章相协调。此外，根据我

---

① 中国社会科学院"政治发展比较研究"课题组：《国外公职人员财产申报与公示制度》，中国社会科学出版社 2013 年版，第 15—18 页。

国目前经济发展的现状和腐败特点，解决我国现存腐败现象必须依赖于其他相关配套制度以及其他相关技术的配合和支持从而凝聚制度合力，形成协调一致的公职人员财产申报与公示的规范体系，从而建构成严密、立体、实用的反腐体系。

当然，依据我国目前的国情，以及从诸多地区实践来看，在我国现阶段构建公职人员财产申报与公示制度存在诸多障碍。我们将在下文进行具体阐释，并针对相关问题提出具体措施。

（一）我国构建公职人员财产申报与公示制度的障碍

1. 认知障碍

受传统文化的影响，我国自古就有财不外露的藏富心理。而改革开放以来，随着经济的快速发展，出现了社会各个阶层收入差距增大、利益分配不均的现实问题，收入差距产生的心理失衡使一些民众产生仇富心理。如果政府对此不加以正确引导，无疑会对公职人员财产公示带来较大的阻碍，由此不仅无法消除公职人员的心理障碍，而且无法安抚民众心理甚至可能还会激化各种社会矛盾。另外，公职人员的隐私权也是制约我国建立公职人员财产申报与公示制度的一个因素，但如前文所提到的，公职人员的隐私权在一定程度上受到限制且基于其特殊的社会地位必须让位于公众的知情权，对此，政府需要对相关公职人员进行一定的思想教育，积极进行引导，从而提高公职人员的思想觉悟。

2. 既得利益者的反对

构建公职人员财产申报与公示制度可以说是对政府先前相关行为的改革。而这一举动势必影响既得利益者的权益，势必阻断其利用体制、机制的不完善攫取不正当利益的路径，而这部分人又往往掌握着决策的制定，因此，改革势必遭到强烈的反对。相关数据调查也可以看出，少数公职人员对此项制度明确予以反对。① 因此，怎样处理好、解决好这一问题从而减轻制度构建道路上的障碍也是一个巨大的挑战。

（二）我国构建公职人员财产申报与公示制度的措施

针对我国公职人员财产申报与公示制度现存的诸多问题，结合我国各地区开展的试点实践，制定相关立法，完善制度内涵，制定一部具有我国特色的《公职人员财产申报与公示法》无疑已成为我国开展反腐工作、

---

① 吴杰：《阿勒泰官员财产申报背景详解》，《政府法制》2009 年第 8 期。

加大反腐力度的时代选择。同时，为了反腐工作的顺利开展，健全相关配套设施建设和技术支撑，包括金融实名制、不动产统一登记联网建设、资金外逃预防机制、社会监督体系等也成为必然选择。下文我们将从这些方面着手对相关立法中的重要因素构成以及相关配套设施建设提出自己的意见。

1. 完善相关立法

前面我们已经具体阐明制定一部《公职人员财产申报与公示法》的必然性。这部法律要完善现存制度的不足，解决实践中存在的弊端则是其使命使然。因此，必须从财产申报与公示的主要构成要素也即主体、内容、范围、审查、责任等方面进行全面规定，从而完善制度内涵，构建从申报到公示，从审查到责任的完整链条。

（1）财产申报与公示的主体

我国现行《规定》对需要申报的本人及其一定范围的亲属作出了规定，但其仅限于县处级副职以上的公职人员，对县级以下乡镇一级的国家机关或组织中的公职人员未作规定，同时，对国家军事机关中的公职人员也缺乏明确规定。这与我国现行《刑法》中的规定脱节，容易造成法治的混乱。[①]

我们认为，公职人员财产申报与公示的主体范围的设定标准应考虑岗位标准及相关关系标准。[②] 其中，岗位标准则应考虑公职人员的级别及工作性质方面。我国公职人员队伍庞大，申报与公示的成本较高，因此其发展理应循序渐进，对其申报与公示的主体范围目前来说也不可过宽。因此，笔者认为可将主体级别范围扩大至副科级以上，对于企事业单位、人民团体，起点级别可以确定为副处级。此外，也应将军事系统内达到一定级别的公职人员也纳入其内，在具体级别上可以团级正职为界。

此外，针对相关关系标准，基于"利害关系原则""官员财产与其家庭财产的不可分割性"以及可能的家庭成员因"官员权力应用效应"而获得额外财产，[③] 家庭成员背后的裙带关系很容易使其成为公权力的实际

---

① 谭世贵、宗慧霞：《论我国财产申报制度的建立与实施》，《海南大学学报》（人文社会科学版）2009 年第 4 期。

② 殷伟夫：《论构建我国公职人员财产申报制度的障碍及对策》，硕士学位论文，苏州大学，2014 年，第 34 页。

③ 张平芳、黄卫平：《家庭财产申报制度面临的困境》，《中国社会导刊》2004 年第 1 期。

操控者以及不法利益的直接获得者，另外，我国《刑法》确定的"利用影响力受贿罪"则是针对退休人员依赖其长期的任职经历、丰富的人脉和影响力从而谋取不正当利益的回应，我国在制定《公职人员财产申报与公示法》中应该参考刑法的规定，从而实现该法与相关法律的自然衔接，更好地促进其实施和运行。因此，应将范围设定为上述公职人员的配偶及子女，以及退休不满五年的曾担任过以上公职的人员。

（2）财产申报与公示的内容

第一，"务求穷尽原则"是国际社会上针对财产申报的一项基本原则，也即全部财产皆要进行申报，一些制度发达的国家如美国将应申报财产范围设定为劳务和投资所得、交易所得、赠与和赔偿所得和债务情况四类。我国《规定》将公职人员所需申报的财产内容规定为本人、配偶和共同生活的子女收入、房产、投资情况，其未将属于公职人员财产来源的赠与、赔偿以及债务情况涵盖其中。其中，对公职人员配偶及其子女的财产状况申报规定得更为狭窄，主要包括在个体工商户和公司企业方面的投资注册情况和拥有的房产情况。

因此，我们应着力扩大公职人员财产申报与公示的客体范围，将公职人员的赠与、赔偿所得以及债务情况也囊括其中，将申报与公示范围增加到财产性事项以及非财产性事项（个人从事的非公兼职情况、超过三年收入总和的一次性消费情况、享受的福利性住房、福利性医疗、福利性交通工具等），另外，在合理的范围内扩大公职人员近亲属所需申报与公示的财产范围，同时，根据我国腐败呈现的特点，我们也可将公职人员本人的婚姻状况与因私出国（境）情况以及配偶、子女移居国外及从业状况等事项作为附件进行申报。

第二，公职人员财产申报的公示包括全部公示与部分公示。考虑到我国建立公职人员财产申报与公示制度初期阻碍较大等一些问题，我们认为目前宜采取部分公示的方式。也即公示只针对申报内容的部分而非全部申报信息，对一些敏感内容进行保留，不予公开。同时注意对公职人员个人生活安息权、个人生活情报保密权的保护。为了更好地保障公民的知情权以及监督权，我们应该致力于建立全国性的财产申报与公示信息平台，为公职人员申报的财产信息的审查与公示准备硬件条件，依据网络公示的优势，将全国性的财产申报平台与各地方的财产申报信息平台实现联网互通并与相关监察举报平台互通，从而形成各方合力；确立主动公开与依申请公开相结合的公示程序，实现公示的透明化、合理化、法治化；建立申报内容公示相关救济机制，对公职人员一定范围内的权利加以保护并提供救济渠道。

第三，公职人员财产申报与公示的程序问题，我们主要从申报的方式以及时间方面进行论述。

我国现行《规定》针对公职人员财产申报主要有新任申报、常任年度申报、突发变化申报、离职申报等。这套申报方式的设计总的来说符合现行财产申报的需要，但尚有些许不足，现行新任申报针对的是即将就任领导岗位的公职人员，我们可以将其扩大至通过公务员招录程序即将担任公职的所有符合申报主体资格的公务员。此外，现行的离任申报仅针对辞去公职的领导干部且仅要求一次性申报，我们可以将离任申报的范围扩大至离退休的、符合主体资格条件的公职人员，同时将时间扩大至辞职、退休后三年内且按年度进行申报。

（3）财产申报与公示的管理及审查

在我国现阶段，对公职人员财产申报与公示进行管辖的机构是相应的组织（人事）部门，其管理虽具方便性和灵活性，但其本身不具有独立的监督职能，因而欠缺一定的权威性。而整个制度想要得以正常高效运作进而取得良好的法律和社会效果，就必须使得受理审查机构拥有权威性和独立性。但考虑到国情，考虑到成本问题、专业化问题，以及我国公职人员范围的复杂情况，我国目前不能像一些国家那样在部门内部设立特定的机构专门受理和审查公职人员的财产状况，我们可以利用现有的成本优势、独立性优势以及专业化优势由国家预防腐败局总体负责财产申报管理工作，并将国家预防腐败局下属第三、第四处合并为财产申报与公示管理处，同时增加其人员编制并提高其人员素质，赋予其足够的调查权力，尤其是从商业机构调取交易信息的权力。① 另外，省级预防腐败局也应加强相应的机构设置从而编织全方位的审查网络。

另外，在对公职人员财产申报的审查上基于我国国情，要实现成本与实效的兼顾，我们主张抽查与全面核查相结合，以高质量的抽查为主。

---

① 朱雯:《我国官员财产申报公示制度研究》，硕士学位论文，南京大学，2014 年，第 23 页。

（4）相关法律责任

我国现行《规定》仅就违反公职人员财产申报与公示制度的人员处以纪律处分和行政处罚，而国外一些国家在法律制裁设计中则规定较为详尽，其中包括人事处分、民事责任、行政责任和刑事责任。鉴于我国从未在以往公职人员财产申报与公示制度的法律责任中规定过民事责任，因此，基于我国具体国情，我们认为可以在此项制度的法律责任中排除民事责任而规定人事处分、行政责任和刑事责任。

我国公职人员财产申报与公示制度其实质是国家预防腐败部门基于内部行政隶属关系针对公职人员实施的管理行为，因此，违反该项制度的人员理应承担内部行政法律责任。我们在制定《公职人员财产申报与公示法》时可以将公职人员进行财产申报与公示的义务明确列入其中，对违反财产申报与公示义务但又尚未构成刑事犯罪的行为作出惩戒规定。而对于行政责任的追责，我们认为，可以发挥国家预防局与监察部门共同领导的优势，将责任具体落实，直接给予责任人警告、记过、记大过、降级、撤职、开除等行政处分。

另外，我们需要实现《公职人员财产申报与公示法》与《刑法》的无缝衔接。我国《刑法》规定中与公职人员财产申报与公示制度相关的罪名有贪污罪、受贿罪、巨额财产来源不明罪和隐瞒境外存款罪。《刑法》第395条第2款规定，"国家工作人员在境外的存款，应当依照国家规定申报。数额较大、隐瞒不报的，处二年以下有期徒刑或者拘役；情节较轻的由其所在单位或上级主管机关酌情给予行政处分"。因此，对于违反义务规定的公职人员的刑事责任可以进行以下确定：对于无正当理由拒不按照相关规定申报与公示个人财产且情节严重的可以妨碍公务罪追究刑事责任；对于不如实进行财产申报与公示的应当移送至监察委员会立案侦查，如监察委员会能够查明财产来源的就以相关罪名追究责任，如无法查明财产来源且数额巨大的则可定为巨额财产来源不明罪。

2. 相关配套设施建设

波普曾经在《制约政府——构建国家廉政体系》一书中说道："一个国家的廉政制度必须建立在社会价值和公共意识的基础之上，并由国家制度作为支撑。其中一些制度是政府的，即立法、行政、司法、公务员制度和监督制度；另一些是非政府的，即一个开放的市民社会、自由而有效的大众媒体、竞争性的私营部门和国际社会。当中的任何支柱遭到削弱和失败时，公共廉政体系就会面临威胁。"公职人员财产申报与公示制度是反腐预防监管体系中的核心制度，而其欲发挥最大效力，离不开相关配套制度和技术的配合以及支持。

（1）完善金融实名制

完善的金融实名制不仅有效地保障了金融交易市场的安全，更对公职人员财产申报与公示制度的有效推行起着不可替代的辅助作用。我国现行部分储蓄实名制带来的金融领域漏洞为公职人员隐匿不法收入提供了可能，完善金融实名制使得公职人员在金融领域进行资金交易时必须使用真实、合法、有效且唯一的身份证件来进行，从而能进一步发挥此项制度的监督作用，更好地打击贪污腐败行为。

（2）统一不动产登记制度

当今社会，土地、房屋等不动产是个人财产的重要组成部分。统一不动产登记制度，落实不动产实名制，规范现有的不动产管理制度将有利于全面反映公职人员财产，从而将公职人员财产申报与公示制度更好地落实到实处。

（3）建立预防资金外逃机制

我国虽早已是《联合国反腐败公约》的成员国，被转移至国外的不法财产必须返还原则虽已经在我国确立，但我国目前尚未形成有效的防控体系对资产外逃现象进行监控。我们应该建立预防资金外逃的有效机制，建立专门的外汇资金管理部门加强对外汇资金的管理，对资金流通的合法性、合理性进行审查，同时，建立和完善与反洗钱罪相关的法律制度。此外，深化与他国的合作，致力于建设能随时核查公职人员一切境外财产的阳光资产信息共同体。

（4）规范社会监督体系

社会监督历来是我国反腐工作的重要途径。建立健全社会监督体系，充分发挥社会监督的力量，对更好地贯彻实行公职人员财产申报与公示制度具有举足轻重的作用。但我国各地区试点实践中也出现了两种极端现象：其一：新闻媒体对试点工作高度重视；其二：群众对公示结果"零投诉""零异议"，这一现象充分说明我国现行社会监督体系的不成熟，新闻媒体没有发挥其舆论监察的作用，部分民众缺乏政治参与意识。因此，规范社会监督体系，需要积极探索法律范围内的监督形式，例如，完善举报制度与信访制度。此外，重视新闻媒体的力量，充分发挥其平台作用以及政府与民众的桥梁和纽带作用。要加强对民众的思想教育，充分调动其参与政治的积极性，同时，着力拓宽民主监督的途径和方式。

3. 源头预防、治理腐败问题

我国从 2007 年 7 月开始首次试行公务卡制度，因公务卡具有携带方便、使用便捷、透明度高的特征以及促使机关单位财务规范有序的功能，贯彻执行公务卡使用制度也成为我国构建公职人员财产申报与公示制度不可或缺的一部分。公务卡的使用能够使所有的支付有据可查、有迹可循，能够最大限度地减少以往借公出之名行贪污之实的现象，有利于进一步加强对公职人员行为的有效监管。

为保障公务卡的全面使用，以充分发挥其功能和作用，最重要的是为有力地保障公众的知情权、参与权和监督权，从而实现从源头上预防和治理腐败，于 2015 年 1 月 1 日起，素有"经济宪法"之称的新《预算法》开始施行。① 依据该法，建立我国公民唯一的、全国通行的个人账户制度，建成集合金融、工商登记、税收缴纳、社保缴费、交通违章等信用信息的统一平台，从而实现资源共享和个人信用全覆盖是我国目前完善公职人员财产申报与公示制度，从源头上预防和治理腐败问题必须大力推行的工作。而在这些制度尚未建成之前，继续执行、贯彻执行公务卡使用制度无疑是从源头上预防腐败、治理腐败的重要方式。

---

① 《中国中央关于全面深化改革若干重大问题的决定》，人民出版社 2013 年版，第 37 页。

第四章

司法工作人员徇私枉法罪的认定

公正的司法对一个社会公平正义观的形成起着至关重要的作用，同时对一个国家的公民对法律以及国家制度的信任也产生决定性的影响。公正客观的司法实现除依赖于一国的立法外，更依赖于司法工作人员秉着公正的理念来执行法律。为了有效地规范司法工作人员行使权力，我国出台了《法官法》《检察官法》等一系列法律，同时也于《刑法》第九章明确了对渎职行为的处罚，以此来预防和惩治渎职犯罪。

徇私枉法罪作为司法工作人员专有的渎职犯罪，是司法工作人员犯罪中的常见犯罪，是专门针对司法工作人员在刑事追诉和裁判过程中违背司法公正性的行为而设立，旨在通过对司法工作人员徇私枉法、徇情枉法，对明知是无罪的人而使他受追诉、对明知是有罪的人而故意包庇不使他受追诉，或者在刑事审判活动中故意违背事实和法律作枉法裁判的行为进行惩处，从而规范司法工作人员的职务行为，实现司法公正。我国刑法对于徇私枉法罪的相关规定可谓严而不密，给了司法工作人员诸多钻法律漏洞的空间，使之成为漏网之鱼，从而助长了犯罪的心理。司法工作人员在追诉和裁判过程中，由于法律规定的不全面，给了一些徇私、徇情枉法人员辩解的空间，尤其是一些法官在裁判中打着自由裁量权的幌子，以对法律不同理解为由来为自己的徇私枉法行为脱罪。因此，本章专门针对徇私枉法罪进行研究，目的是探寻司法工作人员职务犯罪的相关内容，以图让司法机关针对司法工作人员犯罪的问题进行深入探讨和研究。

本章主要针对徇私枉法罪中存在的问题进行解析，从传统的犯罪构成四要件理论出发，由于本罪的客体——刑事追诉活动的正当性和公民个人权利，在理论和实践中争议不大，故不再做详细论证；而就本罪与他罪的辨析上，我们认为对于本罪犯罪要件进行清晰明确的探析，那么此罪与彼罪的区分也就迎刃而解了，故没有必要进行探讨，仅对《刑法》第399条第4款所规定的也是实践中争议较大的受贿罪和徇私枉法罪的罪数问题进行分析。本章主要对主体要件、主观要件、客观要件中存在的问题以及受贿罪与徇私枉法罪的罪数问题进行分析，尤其是对客观要件中的枉法标准进行了详细的探讨，在给予法官自由裁量权的基础上，尽量减少钻法律空子来徇私、徇情枉法等行为的出现，从而更好地规范司法工作人员的刑事追诉、裁判行为。此外，对于徇私枉法罪的探析，除了能为有效惩治司法工作人员的枉法追诉和枉法裁判行为提供理论支撑外，也为预防此类职务犯罪提供了可能，通过对徇私枉法罪中存在的问题深入地分析和探讨，不断严密刑法之网，发挥刑法的预防功能，实现预防犯罪的目的。

第一节　徇私枉法罪概述

一　徇私枉法罪立法沿革

我国《刑法》几经修改，最终在第399条第1款规定了徇私枉法罪。该罪的雏形源于1979年《刑法》的第188条，即徇私舞弊罪①，它主要强调在刑事活动中司法人员徇私舞弊的行为，对于民事、行政活动中的徇私舞弊行为是否包含在本罪中未作出明确的规定。随后在1986年3月24日，最高人民检察院颁布的《关于检察院直接受理的法纪检察案件立案标准的规定（试行）》第14条②对徇私舞弊罪的内涵进行了扩充，将国家工作人员利用职务便利从而窝藏、包庇严重破坏经济的犯罪分子，掩饰、

---

① 1979年《刑法》第188条规定：司法工作人员徇私舞弊，对明知是无罪的人而使他受追诉、对明知是有罪的人而故意包庇不使他受追诉，或者故意颠倒黑白做枉法裁判的，处五年以下有期徒刑、拘役或者剥夺政治权利；情节特别严重的，处五年以上有期徒刑。

② 1986年3月24日，最高人民检察院颁布了《关于检察院直接受理的法纪检察案件立案标准的规定（试行）》第14条规定：徇私舞弊罪，是指司法工作人员对明知是无罪的人而使他受追诉，对明知是有罪的人而故意包庇不使他受追诉，或者故意颠倒黑白做枉法裁判，以及其他国家工作人员利用职务包庇、窝藏严重破坏经济的犯罪分子，隐瞒、掩饰其犯罪事实的行为。

隐瞒其犯罪行为的也包含在徇私舞弊罪中，重点强调对涉及经济领域犯罪
面的打击。1996 年 6 月 4 日，最高人民检察院印发《关于办理徇私舞弊
犯罪案件适用法律若干问题的解释》①，在之前的基础上对具体的行为方
式进行了细化的规定，并将民事、经济、行政案件中的徇私舞弊行为用本
罪进行约束。直至 1997 年《刑法》才将 1979 年《刑法》第 188 条进行
了修改，成为现行《刑法》第 399 条的内容②。它删去了原法条中"故意
颠倒黑白做枉法裁判的"等模糊话的表述，采用了更专业化的术语，对具
体的方式进行了规定，并明确将在民事、行政审判中的枉法裁判行为作为
犯罪处理，将其作为《刑法》第 399 条第 2 款，同时增加司法工作人员贪
赃枉法同时触犯受贿罪时应如何处理作为本罪的第 3 款，但对于执行过程
中的枉法行为未作出约束。在 1999 年 9 月 16 日最高人民检察院颁布施行
了《关于人民检察院直接受理立案侦查案件立案标准的规定（试
行）》③ 中将其称为"枉法追诉、裁判罪"，对具体的立案标准进行了详
细的规定，将枉法的具体行为方式进行了细化解释，同时还规定了"其他
枉法追诉、不追诉、枉法裁判行为"作为兜底条款。直至 2002 年 12 月 8

---

① 1996 年 6 月 4 日，最高人民检察院印发《关于办理徇私舞弊犯罪案件适用法律若干问题
的解释》第 1 条规定：司法工作人员，即依法具有侦讯、检察、审判和监管人犯职务的人员为贪
图钱财、袒护亲友、泄愤报复或者其他私情私利，具有下列行为之一的，应当依照刑法第 188 条
的规定追究刑事责任：（六）在审判民事、经济、行政等案件中，故意歪曲事实，违反法律，徇
私舞弊，枉法裁判的。

② 1997 年《刑法》将 1979 年《刑法》第 188 条修改为第 399 条：司法工作人员徇私枉法、
徇情枉法，对明知是无罪的人而使他受追诉、对明知是有罪的人而故意包庇不使他受追诉，或者
在刑事审判活动中故意违背事实和法律作枉法裁判的，处五年以下有期徒刑或者拘役；情节严重
的，处五年以上十年以下有期徒刑；情节特别严重的，处十年以上有期徒刑。在民事、行政审判
活动中故意违背事实和法律作枉法裁判，情节严重的，处五年以下有期徒刑或者拘役；情节特别
严重的，处五年以上十年以下有期徒刑。司法工作人员贪赃枉法，有前两款行为的，同时又构成
本法第 385 条规定之罪的，依照处罚较重的规定定罪处罚。

③ 1999 年 9 月 16 日最高人民检察院颁布施行了《关于人民检察院直接受理立案侦查案件
立案标准的规定（试行）》（五）枉法追诉、裁判罪（第 399 条）。

枉法追诉、裁判罪是指司法工作人员徇私枉法、徇情枉法，对明知是无罪的人而使他受追
诉、对明知是有罪的人而故意包庇不使他受追诉，或者在刑事审判活动中故意违背事实和法律作
枉法裁判的行为。

日颁布的《刑法修正案（四）》①才明确将执行判决、裁定过程中的枉法行为进行犯罪处理，将其称为执行判决、裁定失职罪，执行判决、裁定滥用职权罪，作为《刑法》第399条第3款。随后在2006年6月29日通过的《刑法修正案（六）》②中规定了枉法仲裁罪，至此，完整构成了我国《刑法》第399条的内容。在随后的实践过程中，最高人民检察院又于2006年7月26日颁布了《关于渎职侵权犯罪案件立案标准规定》，使得本罪在司法实践中更具有可操作性。

　　从徇私枉法罪的立法沿革来看，它主要经历了三大变化：其一，罪名的变化。徇私枉法行为最初在1979年《刑法》中出现，它包含在徇私舞弊罪中，原名是枉法裁判罪。随后在1997年《刑法》中将其更名为枉法追诉、裁判罪，并将在民事、行政中的枉法裁判行为称为枉法裁判罪规定在一个条文的不同条款中，分别为两个罪名。直至2002年3月15日《最高人民法院、最高人民检察院关于执行〈中华人民共和国刑法〉确定罪名的补充规定》中将《刑法》第399条第1款由原来的枉法追诉、裁判罪更名为徇私枉法罪，将第2款枉法裁判罪更名为民事、行政枉法裁判罪，罪名的规定上更加清晰，不易混淆。所以，本书所研究的徇私枉法罪指的是现行《刑法》第399条第1款的内容。③其二，内容的变化。本罪从最初1979年《刑法》中所包括的"对明知是无罪的人而使他受追诉、对明知是有罪的人而故意包庇不使他受追诉，或者故意颠倒黑白做枉法裁判"三种行为方式到后来1997年《刑法》中将"故意颠倒黑白做枉法裁判"这一模糊化的规定删去，取而代之的是"在刑事审判活动中故意违背事实和法律作枉法裁判的"，明确将徇私枉法罪的范围限定在刑事追

---

①　2002年12月8日，《刑法修正案（四）》第8条规定"在执行判决、裁定活动中，严重不负责任或者滥用职权，不依法采取诉讼保全措施、不履行法定执行职责，或者违法采取诉讼保全措施、强制执行措施，致使当事人或者其他人的利益遭受重大损失的，处五年以下有期徒刑或者拘役；致使当事人或者其他人的利益遭受特别重大损失的，处五年以上十年以下有期徒刑。"

②　《刑法修正案（六）》第20条规定：在刑法第399条后增加一条，作为第399条之一："依法承担仲裁职责的人员，在仲裁活动中故意违背事实和法律作枉法裁决，情节严重的，处三年以下有期徒刑或者拘役；情节特别严重的，处三年以上七年以下有期徒刑。"

③　我国现行《刑法》第399条第1款规定：司法工作人员徇私枉法、徇情枉法，对明知是无罪的人而使他受追诉、对明知是有罪的人而故意包庇不使他受追诉，或者在刑事审判活动中故意违背事实和法律作枉法裁判……

诉、审判过程中，将民事、行政活动中的枉法行为作为第 399 条第 2 款单独以民事、行政枉法裁判罪的方式进行了规定，同时也将执行判决、裁定过程中的枉法行为单独规定为枉法执行判决、裁定罪以及仲裁活动中的枉法行为单独以枉法仲裁罪处罚，将民事、行政、执行、仲裁过程中的枉法行为排除在本罪之外。其三，量刑的变化。本罪在 1979 年《刑法》中共有两个法定刑：一是对于构成基本罪状的行为处 5 年以下有期徒刑；二是对于情节特别严重的，则处 5 年以上有期徒刑；而在 1997 年《刑法》中，其规定有三个法定刑，增加了情节严重的情形，且对于情节特别严重的情形，法定刑由原本的 5 年以上有期徒刑上升为 10 年以上有期徒刑，同时规定了构成本罪同时又构成受贿罪的，依照处罚较重的规定定罪处罚。由此可见，刑法对于徇私枉法罪的刑罚越来越严密，同时也越来越严厉，体现了立法打击司法工作人员渎职犯罪的决心。

二　徇私枉法罪的司法现状

为了更好地了解徇私枉法的司法现状，我们查阅了近年来的法律文书，就中国裁判文书网①的数据来看，全国范围内最终被法院裁判的徇私枉法的案子，2012 年有 12 起，2013 年有 55 起，到 2014 年增加为 190 起，2015 年有 144 起，2016 年 154 起。从开放法律联盟网②的数据显示来看，全国最终被法院裁判的徇私枉法案子，2012 年有 20 起，2013 年有 34 起，2014 年有 194 起，2015 年有 124 起，2016 年 143 起。尽管网络数据的录入和更新不能完全和实践同步，不同网站上查阅的数据也并不完全相同，但总体趋势是同一的。从两个网站上的数据来看，从 2012 年到 2014 年，我国法院审理并最终做出判决或裁决的徇私枉法案子是逐年增多的，尤其是到 2014 年突然骤增，案件审理量达到多年来的最高值，到 2015 年此类案件的审理数量有所下降，但较往年相比仍呈现一个较高的水平。造成这一现象的原因除了 2014 年国家加大腐败现象的打击力度这一政策原因外，也充分暴露了我国司法实践中徇私枉法现象的大量存在，有一部分司法工作人员无视法律，利用自身职位形成的便利条件来谋求一己私利，枉法追诉、裁判，严重破坏了国家司法的公正形象，阻碍了我国

---

① 中国裁判文书网：https://wenshu.court.gov.cn/。
② 开放法律联盟网：http://openlaw.cn/。

法治建设的进程。

　　除了数据上的分析外，我们阅读了近年来的裁判文书，发现本罪在内容上，针对具体的问题司法实践的做法也并不统一。争议最大的要数受贿同时又徇私枉法的应当按照一罪处理还是应当数罪并罚的问题，各个法院的做法不尽相同：譬如在董某某受贿、徇私枉法一案①中，犯罪嫌疑人董某某收取贿赂后又实施了徇私枉法行为，最终以受贿罪处理，而朱某某徇私枉法一案②中，身为司法工作人员的朱某某趁办案之机收受贿赂，构成受贿罪，并重罪轻判，构成徇私枉法罪，最终法院却未择一重罪处罚而是采取数罪并罚的方式判处有期徒刑 7 年。同时对于"有罪的人"③、非司法工作人员能否成为本罪的主犯④等问题由于法律未作出明确的规定，实践中存在较多的争议，也给了犯罪嫌疑人较大的辩解、脱罪空间。此外，由于司法工作人员滥用自由裁量权，对客观事实进行了具有主观目的性的裁剪，使得犯罪嫌疑人未被法律追究等钻法律空子的现象也普遍存在。⑤

　　可见，无论是从案件的数量上看，还是案件内容所反映的问题来看，我国徇私枉法的司法现状都不容乐观，故而有必要针对本罪中争议较大的问题进行深入探析，在界定上更为明确，从而为司法实践提供理论参考，同时也起到严密法网的功效，从而有利于犯罪的打击，有效控制犯罪量的增加。

第二节　徇私枉法罪主体要件探析

一　徇私枉法罪中的司法工作人员认定

　　徇私枉法罪的设定，主要是为了打击司法工作人员知法犯法，破坏司

---

① （2015）滁刑终字第 00066 号。

② （2015）驻刑二终字第 33 号。

③ 详见（2015）盐刑初字第 3 号。

④ 详见（2015）安中刑一终字第 55 号。

⑤ 详见（2015）盐刑初字第 3 号。

法公正的行为。对于司法工作人员的范围，我国《刑法》第 94 条明文规定。① 然而在司法实践中，在不构成共同犯罪的情况下，一主体能否单独成为徇私枉法罪的犯罪主体，仍然存在争议，主要的观点有以下两种。

（一）身份说

持该说的学者认为，主体是否为司法工作人员，主要看是其否具有司法工作人员的身份，是否具有正式的编制，只要具备该身份就可以构成本罪的主体，反之则不会成为本罪的犯罪主体。按照该说的观点，具备司法工作人员身份的人譬如书记员、司法机关的鉴定人员②等均可以构成本罪的主体，而人民陪审员由于不具备司法工作人员身份，因此不会成为本罪的犯罪主体。

按照身份说的观点可以推知：第一，对于不具备司法工作人员身份的人不能独立构成本罪，如在监狱行使监管、看守职责的临时聘用的合同制民警就不属于司法工作人员，因此如果该民警监管的监狱内有罪犯犯了新罪，最后该民警帮助罪犯免于追诉的行为，由于民警不具备司法工作人员身份而不构成徇私枉法罪，这一结论很难令人信服，因为此类情况下行为人虽然不具有司法工作人员的身份，但是其行使的是刑事追诉职能，对于普通群众而言，它对外代表的是司法机关，其行为最终使本罪客体即刑事追诉活动的正当性和公民权利受到侵害，如果一律不认定为徇私枉法罪无疑会不当地缩小本罪的范围。第二，争议的焦点还在于具备司法工作人员身份的人在徇私、徇情动机的驱使下实施了毁灭、伪造证据等帮助犯罪嫌疑人免于追诉、从轻追诉或者栽赃使得无罪的人受到追诉或者犯罪嫌疑人被从重追诉行为的，是否一律按照徇私枉法罪处理。按照身份说得出的答案是肯定的，但是该说无法解决当司法工作人员的行为既符合徇私枉法罪构成要件，也符合帮助毁灭、伪造证据罪、伪证罪的犯罪构成时应当如何定性问题，如当司法工作人员帮助犯罪分子毁灭、伪造证据使得其逃避刑事处罚，就同时触犯了两个罪名，

---

① 《刑法》第 94 条规定："本法所称司法工作人员，是指有侦查、检察、审判、监管职责的工作人员。"

② 全国人大常委会 2005 年 2 月 28 日颁布的《关于司法鉴定管理问题的决定》第七点指出：侦查机关根据侦查工作的需要设立的鉴定机构，不得面向社会接受委托从事司法鉴定业务。人民法院和司法行政部门不得设立鉴定机构。因此，此处所指的司法机关的鉴定人员仅仅指侦查机关鉴定机构中的人员。

如果按照身份说一律构成徇私枉法罪，无疑会扩大该罪的犯罪圈，使得刑法中的一些罪名形同虚设。

（二）职责说

持该说的学者认为，在认定主体要件时关键是看行为人是否在刑事司法活动中承担了刑事追诉、审判的职责，不论行为人是否为司法工作人员、是否具有正式编制，只要行为人承担了刑事追诉、审判职责就能成为本罪的主体。也有学者将其表述为：只有具体办理特定案件的司法工作人员与对该特定案件的办理具有指示、指挥等权限的司法工作人员，才能成为徇私枉法罪的正犯。[①] 本书认为具体办理特定案件的司法工作人员和对该特定案件的办理具有指示、指挥等权限的人也属于具有刑事追诉、审判职责的人，它仍属于职责说的范畴。职责说也得到了我国相关司法解释的印证。[②] 因此根据我国《刑事诉讼法》第 178 条规定："人民陪审员在人民法院执行职务，同审判员有同等的权利。"因此诸如人民陪审员、审判委员会成员只要参与了特定案件的办理，对该案件具有追诉、审判职责，就可以成为本罪的主体。

职责说的关键在于看司法工作人员是否具有刑事追诉、审判职责。它弥补了身份说不能解决的困境，即司法工作人员帮助犯罪分子毁灭、伪造证据使得其逃避刑事处罚，同时触犯了两个罪名时应如何处理的问题，在此种情况下，只能当司法工作人员具有刑事追诉、审判权时才能按照徇私枉法罪处理，否则只能按照帮助毁灭、伪造证据罪处罚。此外，对于公安机关、监管人员、书记员、司法机关的鉴定人员、司法机关内勤人员能否构成本罪的问题也迎刃而解了。

公安机关并非一定构成本罪主体。我国的公安机关具有行政职能和刑

---

① 张明楷、劳东燕、吴大伟等：《司法工作人员犯罪研究》，中国人民大学出版社 2008 年版，第 141 页。

② 2002 年全国人大常委会《关于〈中华人民共和国刑法〉第九章渎职罪主体适用问题的解释》中规定："在依照法律、法规规定行使国家行政管理职权的组织中从事公务的人员，或者在受国家机关委托代表国家机关行使职权的组织中从事公务的人员，或者虽未列入国家机关人员编制但在国家机关中从事公务的人员，在代表国家机关行使职权时，有渎职行为，构成犯罪的，依照刑法关于渎职罪的规定追究刑事责任。"该司法解释就采取了职责说，承认了不具备特定身份的人，如果行使了相应职权的，也可以成为渎职罪的犯罪主体，徇私枉法罪作为渎职犯罪的一种，该解释对其也同样适用。

事侦查职能，因此公安机关只有在行使刑事侦查职能的过程中，所做的符合徇私枉法罪构成要件的行为才能以本罪论处，在行使行政职能中包庇他人不受行政处罚的行为则排除在本罪之外。

同理，对于不具备司法工作人员身份，只属于临时聘用的监管人员也并非一律不构成本罪主体，关键是看该监管人员是否具有刑事追诉、审判职责。《监狱法》第 60 条规定：对罪犯在监狱内犯罪的案件，由监狱进行侦查。所以对于不属于在编的司法工作人员，但具有监管职责的监管人员，若对监狱内实施了犯罪的罪犯故意包庇使其不受追诉，就能成为本罪的主体，如果是对于罪犯在监狱外实施的犯罪，则监管人员——不论是在编的抑或是临时聘用的，由于缺乏侦查职责，因此不会成为本罪的犯罪主体。

而书记员、司法机关的鉴定人员、司法机关的内勤人员虽然是司法工作人员，但其不能成为本罪的主体，因为他们不具有侦查、检察、审判、监管职责。书记员在审判活动中主要承担记录职能，其对案件审判一般只起到记录庭审活动等辅助性的工作，而司法机关的鉴定人员主要是受聘于司法机关，运用自身的专业知识或者技能，对案件中的专门性问题进行分析从而得出鉴定意见，在法庭上作为证据出具。如果书记员、鉴定人员在刑事审判过程中故意做了虚假的记录、出具虚假的鉴定意见，最终使得无罪的人受到陷害而被认定为有罪或者有罪的人受到包庇最终被认定为较轻的犯罪甚至无罪的，由于书记员、鉴定人员不具有刑事追诉和审判职能，因此应当按照伪证罪追究其刑事责任更为恰当；同理，司法机关的内勤人员由于不具有刑事追诉、审判职能，其实施了毁灭、伪造证据的行为从而使嫌疑人脱罪或者栽赃嫌疑人的，只能按照帮助毁灭、伪造证据罪等来进行处罚，而不能认定为徇私枉法罪。

本书赞同职责说，但是应当强调职责的来源必须合乎法律，诸如职责来源于司法机关的委托或者授权，从而限制犯罪圈的扩大。因此对于超越职责权限的行使"职责"行为，不属于此处"具有刑事追诉、审判职责"的范畴，构成犯罪的，按具体的犯罪定罪量刑。

二　徇私枉法罪的共同犯罪的认定

在共同犯罪的认定上，均具有刑事追诉、审判职责的司法工作人员之间相互共谋徇私枉法的，构成本罪的共犯认定上并无难度，主要争议在于对非司法工作人员与司法工作人员之间的共犯认定，本书对共同犯罪的认定也是针对非司法工作人员与司法工作人员之间共犯的认定。如有学者认为，"徇私枉法罪的共犯必须都是国家司法工作人员，包括审判人员、检察人员以及公安人员，倘若行为人不是司法工作人员，比如陪审员，那么就不构成徇私枉法罪[①]，而由审判人员单独承担枉法裁判的刑事责任"[②]。也有学者认为，倘若一概不成立共犯，刑法总则关于共同犯罪的规定几近一纸废文，总则也不能起到指导分则的作用。[③] 本书赞同后一种观点，正如我国《刑法》382条第 3 款[④]以及最高人民检察院的答复[⑤]肯定的那样，非身份主体可以与有身份主体构成共同犯罪，只是在具体认定上存在一定争议。本书将以我国对共同犯罪人的分类为基础对其进行分析。

我国刑法理论对共同犯罪人的划分标准采用了作用和分工混合的标准，将共同犯罪人划分为主犯、从犯、胁从犯和教唆犯。在徇私枉法罪共犯中，按照作用进行探讨并无太大意义，因其具体构成主犯、从犯抑或是胁从犯取决于具体的案件情况，因此此处对本罪共同犯罪的认定将从分工，即实行犯和教唆犯、帮助犯的角度进行探讨。

首先，应当肯定非司法工作人员可以构成徇私枉法罪的教唆犯、帮助犯。因为刑法分则所规定的特殊身份仅就正犯而言；至于教唆犯与帮助犯，则完全不需要特殊身份。[⑥] 因此，对于非司法工作人员教唆、帮助司法工作人员实施徇私枉法行为的，应当按照徇私枉法罪的教唆犯、帮助犯进行处理是毫无疑问的。

其次，非司法工作人员能否成为徇私枉法罪的实行犯？针对该问题，

---

① 在《渎职罪比较研究》一书中，作者所指的"枉法裁判罪"是刑事案件中枉法裁判而构成的"徇私枉法罪"和民事、行政案件中枉法裁判而构成的"枉法裁判罪"的统称。详见蒋小燕、王安异《渎职罪比较研究》，中国人民公安大学出版社 2004 年版，第 304 页。

② 蒋小燕、王安异：《渎职罪比较研究》，中国人民公安大学出版社 2004 年版，第 318 页。

③ 张明楷：《刑法学》（第四版），法律出版社 2011 年版，第 396 页。

④ 《刑法》第 382 条对贪污罪进行了规定，其第 3 款"与前两款所列人员勾结，伙同贪污的，以共犯论处"，肯定了非身份主体可以与特殊身份主体构成共犯。

⑤ 2003 年 4 月 16 日，最高人民检察院法律政策研究室《关于非司法工作人员是否可以构成徇私枉法罪共犯问题的答复》中就江西省人民检察院法律政策研究室的问题进行了答复：非司法工作人员与司法工作人员勾结，共同实施徇私枉法行为，构成犯罪的，应当以徇私枉法罪的共犯追究刑事责任。

⑥ 张明楷：《刑法学》（第四版），法律出版社 2011 年版，第 396 页。

有部分学者是持否定意见的，认为非司法工作人员不能构成本罪的实行
犯，本罪实行犯只能是司法工作人员。如苏联刑法学者特拉伊宁认为：由
于在实践中，公职人员才是真正的执行者，因此非公职人员可以是渎职罪
的组织犯、教唆犯或帮助犯，但是渎职罪的执行犯只能是公职人员。① 我
国也有学者从本罪的职务犯罪特点，即身份犯来分析，认为非司法工作人
员由于不具备特定的身份，故不能作为本罪的共同正犯，在刑事责任的承
担上，只能以教唆犯、从犯、胁从犯来认定并承担责任。② 由于本罪对身
份主体的特殊要求，不具有特定身份的人只能依赖于特定身份人的职务便
利来予以帮助，其行为无非表现为毁灭伪造证据、诬告陷害等方式，对其
当然应当以刑法特别规定的特定犯罪论处，而无须在刑法规定以外以共同
徇私枉法罪论处。③ 但是，我们认为非司法工作人员能够成为本罪的实行
犯。上述持否定观点的学者的理由归纳起来有两个：一是由于非司法工作
人员不具备司法工作人员这一身份特征，因此不能实行需要该特定身份才
能完成的犯罪；二是非司法工作人员的实行行为能够用刑法其他法条的规
定来处罚，因而无必要以徇私枉法罪的共犯来处理。可见持否定态度的学
者要么否定非身份者不能实行本罪规定的客观行为，要么直接否定了此类
情况下共同犯罪的成立。然而其一，对于非司法工作人员可以和司法工作
人员构成本罪的共犯不仅得到了相关司法机关的认可，也是我国目前共犯
制度以"共犯关系"的认定为准而得出的必然结论。④ 我国《刑法》第
25 条将共同犯罪的概念界定为"二人以上共同故意犯罪"，只要符合这个
概念就成立共犯关系，而不是以刑法分则所确定的具体犯罪的行为构成方
式来认定。倘若以刑法分则的规定来认定，那么非身份者尚且因为不具备
特定身份而不构成犯罪，此时共同犯罪也缺失了理论依据。因此对于非司
法工作人员和司法工作人员共谋而徇私枉法的，应当认定为成立共同犯
罪。其二，非司法工作人员不仅能构成徇私枉法罪的共犯，而且可以成为

---

① ［苏］特拉伊宁：《关于犯罪构成的一般学说》，薛秉忠等译，中国人民大学出版社 1957
年版，第 244 页。

② 林亚刚：《徇私枉法罪主观要件及共犯》，《上海对外经贸大学学报》2014 年第 1 期。

③ 武小凤：《关于徇私枉法罪主体问题的初步探讨》，《河南师范大学学报》（哲学社会科学
版）2007 年第 2 期。

④ 王志远：《多元身份主体共同犯罪之定性难题及前提性批判》，《法律科学》2010 年第
2 期。

本罪的实行犯。在理论上，无身份者构成有身份者才能构成的犯罪实行犯的情况并不鲜见，间接正犯就是一个典型的例子。我国《刑法》虽然没有明确规定实行犯的概念，但是认可其是与教唆犯和帮助犯相对的一个概念。学界对于实行犯的界定主要存在主观说、客观说和犯罪事实支配理论说三种学说。主观说是以主观上的目的或者故意来认定实行犯，即为了实现自身的目的而实施犯罪的是实行犯或者在自身主观意识的支配下而实施犯罪的为实行犯。该说受到批判的主要原因在于对于非出于自身目的或者意思，如为了达成他人的目的而实行犯罪的情形，按理说行为人同样构成实行犯，但依据主观说却得出行为人不是实行犯的错误结论；而客观说分为形式的客观说和实质的客观说。形式的客观说是指以自己身体的动静实施符合构成要件规定的实行行为的为实行犯，该说不能解决间接正犯的问题，因而出现了实质的客观说，其中有代表性的观点是以对结果的发生起重要作用的是实行犯。犯罪事实支配理论说内容和重要作用说并没有太大差别，认为实行犯就是具体的犯罪事实的核心角色。因而综合以上学说，实行犯的概念就是以自己的行为直接实施或者支配他人的行为实施的符合构成要件规定的行为，或者对犯罪的结果起到实质性支配作用的为实行犯。本罪的客观行为往往表现为帮助毁灭、伪造证据、诬告陷害等行为，而这类行为事实上并不需要具备特定的身份才能完成，行为人只要实施了此类帮助毁灭、伪造证据、诬告陷害的行为就符合了实行犯的概念，也就构成了本罪的实行犯。此外，对于非司法工作人员与司法工作人员共同徇私枉法的行为应当从整体上来评价，将两者的行为均认定为枉法行为的一部分，属于共同实行行为，而不应当将整个犯罪行为割裂来看，因为在无公职身份者与有公职身份者共同实施职务犯罪的情况下，整个犯罪行为都被打上了"公职身份"的烙印，这时二者的行为实际上是一个密不可分的有机整体，故对其应该进行综合评价。① 正如日本有学者将共同实行解释为：共同实行犯者每个人都分担犯罪的实行行为。② 因此应当肯定非司法工作人员可以构成本罪的实行犯。

---

① 杜国强：《无身份者与有身份者共同犯罪定性问题研究》，《国家检察官学院学报》2004年第3期。

② 莫洪宪、李成：《职务犯罪共犯与身份问题研究》，《犯罪研究》2005年第6期。

第三节　徇私枉法罪主观要件探析

一　"徇私""徇情"的性质

（一）行为说

有学者将本罪构成要件中的"徇私""徇情"理解为客观行为，认为："徇私枉法罪客观方面的特征有两点：一是徇私行为，即司法工作人员利用职务之便，为谋取私利或者其他目的而实施的行为；二是枉法行为，即司法工作人员故意歪曲事实，违反法律，出入人罪的行为。"① 按照该说的观点，徇私应当有客观的行为与之相对应。

（二）目的说

持目的说的学者认为，"徇私""徇情"是本罪的犯罪目的，它强调犯罪人主观上通过犯罪行为所希望达到的结果，即是以观念形态预先存在于犯罪人大脑中的犯罪行为所预期达到的结果。② "行为人实施枉法行为的目的是徇私情。"③ "本罪主观方面是直接故意，其目的是徇私或者徇情。"④

（三）动机说

动机说强调"徇私"应是构成徇私枉法罪主观方面必备的犯罪动机要件，而不是该罪客观方面的行为要件。⑤ 动机说强调"徇私""徇情"只是犯罪的诱因或者内心的冲动，它存在于行为人的主观意识中即可，并不必然要求将之付诸行动。

（四）动机与行为说

该说将"徇私""徇情"理解为既是犯罪的主观方面，又是犯罪的客观方面，有学者将其表述为："徇私是作为许多渎职罪的罪状特征加以规定的。这种特征与具体的违反职责、弄权渎职行为不是一种选择关系，而

---

① 王福生：《浅谈徇私枉法罪客观方面的认定》，《人民检察》2001 年第 3 期。

② 张明楷：《刑法学》（第五版），法律出版社 2016 年版，第 299 页。

③ 吴振兴：《新刑法罪名司法解释适用全书》，中国言实出版社 1998 年版，第 919 页。

④ 刘生荣：《施行典范》，中国方正出版社 1998 年版，第 1243 页。

⑤ 牛克乾、闫芳：《试论徇私枉法罪中"徇私"的理解与认定》，《政治与法律》2003 年第 3 期。

是在具有徇私情节的渎职罪中，把徇私作为不可或缺的罪状特征加以规定的，也就是说，是把徇私作为某种客观方面的法定构成要件。"同时该学者又强调："徇私在主观方面，表现为行为人实施具体的渎职行为的犯罪动机，并且是构成该种犯罪的法定构成要件，也就是说，犯罪动机成为主观方面的法定要件。"①

我们赞同动机说，应将徇私、徇情理解为主观要素中的动机较为适宜。因为按照行为说，将徇私、徇情理解为客观行为，那么凡是将徇私规定为构成要件要素的渎职罪，都可能包含了受贿罪，于是必然出现轻罪包含重罪的局面，这是不能令人接受的。②同时也使得《刑法》第399条第4款的规定显得多余，因为只需认定为徇私枉法罪即可；而目的说之所以不被接受，主要源于在我国《刑法》中，将目的犯限定为直接故意犯罪（只有直接故意犯罪才有犯罪目的）的观点根深蒂固，③如果将徇私、徇情理解为目的，那么就排除了间接故意构成本罪的可能，无疑缩小了本罪的范围。司法实践中，以间接故意实施徇私枉法等渎职行为的实例屡见不鲜。④而动机说与行为说的矛盾显而易见，一构成要件不可能既是主观构成要件又是客观构成要件，因为如果将徇私、徇情理解为犯罪动机，由于犯罪动机属于主观的超过要素，不需要有与之相对应的客观事实，只需要存在于行为人的内心即可，因此不会要求客观上有徇私、徇情的行为；而倘若是客观要素，则应当在客观上有与之相对应的行为，故而该说是自相矛盾的。相比之下，动机说显得较为合理：动机强调刺激犯罪人实施犯罪行为以达到犯罪目的的内心冲动或者起因，而本罪的最终目的是使得无罪的人受到追诉、有罪的人免于追诉或者违背事实和法律作出枉法裁判，徇私和徇情则只是一种内心冲动或者起因。也有学者认为将其解释为动机，是为了将因为法律素质、政策水平、技术能力不高而造成的差错的情形，排除在渎职罪之外，⑤如果不是因为上述差错情形，而是出于徇私、徇情

---

① 李文生：《关于渎职罪徇私问题的探讨》，《中国刑事法杂志》2002年第4期。

② 张明楷、劳东燕、吴大伟等：《司法工作人员犯罪研究》，中国人民大学出版社2008年版，第44页。

③ 张明楷、劳东燕、吴大伟：《司法工作人员犯罪研究》，中国人民大学出版社2008年版，第45页。

④ 高兵：《徇私枉法罪阴暗问题分析》，《人民检察》2003年第1期。

⑤ 张明楷：《刑法学》（第四版），法律出版社2011年版，第1089页。

的内心起因的，则应认定为犯罪。

二　"徇私""徇情"内容

徇私枉法罪中将"徇私""徇情"作为构成要件加以规定，根据本条立法意图，并结合司法实践，在这里，徇私是指徇私利，包括金钱、财物或者其他物质性或者非物质利益；徇情是指徇私情，包括亲情、友情、乡情、爱情或色情等。[①] 对其内涵有大概认知即可，探讨"徇私""徇情"的精确内涵没有多大的意义。[②] 在其内容上，主要争议在于它仅指个人私利、私情还是包括了单位利益，由此出现了以下两派学说。

（一）个人私利说

该说认为本罪中的"徇私""徇情"应理解为个人私情、私利，私情、私利与单位利益相对应，徇单位之私不能理解为徇私。司法工作人员为了本单位利益，实施了对明知是无罪的人而使他受追诉、对明知是有罪的人而故意包庇不使他受追诉，或者在刑事审判活动中故意违背事实和法律做枉法裁判行为，构成犯罪的，应依照《刑法》第397条第1款的规定定罪处罚。[③] 因为如果将其理解为包括单位利益，那么《刑法》第169条中规定的徇私舞弊低价折股、出售国有资产罪，就在逻辑上自相矛盾，且不能从一而终地贯彻体系解释。此外该说也得到了相关的司法解释的认同。[④]

（二）个人、单位利益说

该学说将徇私、徇情的范围作了扩大理解，认为不仅仅包括了个人私情、私利也包括了单位的利益。本书赞同该学说，首先，从侵害的法益上来说，徇私枉法是对国家刑事追诉活动的正当性以及公民合法权利的侵害，其突出的表现是客观上的枉法行为，而作为内心冲动或者起因的犯罪

　　[①]　刘志高：《司法工作人员渎职犯罪基本问题研究》，上海社会科学院出版社2008年版，第263页。

　　[②]　吴学斌、俞娟：《徇私枉法罪的基本问题研究》，《政治与法律》2005年第2期。

　　[③]　牛克乾、闫芳：《试论徇私枉法罪中"徇私"的理解与认定》，《政治与法律》2003年第3期。

　　[④]　在最高人民法院2003年11月13日《全国法院审理经济犯罪案件工作座谈会纪要》中指出："徇私舞弊型渎职犯罪的'徇私'应理解为徇个人私情、私利。国家机关工作人员为了本单位的利益，实施滥用职权、玩忽职守行为，构成犯罪的，依照《刑法》第397条第1款的规定定罪处罚。"此解释就将单位的利益排除在私利之外。

动机由于在客观上不需要有与之对应的行为，因此对于徇单位之利益和徇个人之私利、私情的行为的评价主要取决于客观的枉法行为，二者在客观上都是对本罪客体的侵害，因此，应当包括单位利益从而更好地打击侵害国家刑事追诉活动的正当性以及公民合法权利的行为。其次，从危害性上来说，徇单位之私行为的危害性并不亚于徇个人之私，甚至危害性更大。比如司法机关工作人员忙于本单位办公楼的修建，而放任有罪的人不对其进行追诉的行为，无疑是对司法公正最大的侵害，如果刑法将危害性较轻的行为都纳入犯罪，那按照当然解释的原理，举轻以明重，故没有理由不将危害性较重的行为也纳入犯罪的范围。最后，如果按照上述学者的观点按《刑法》第 397 条滥用职权罪或玩忽职守罪处罚，则无疑会放纵犯罪。其一，从犯罪构成上看，《刑法》第 397 条规定必致使公共财产、国家和人民利益遭受重大损失才构成犯罪，而查阅 2012 年施行的《最高人民法院、最高人民检察院关于渎职犯罪案件适用法律若干问题的解释（一）》，诸多枉法行为未必符合上述"重大损失"的标准，从而使得作为兜底的第 397 条都不能起到拦截犯罪嫌疑人逃脱法网的功能。其二，从量刑上看，构成本罪的，基础刑为五年以下有期徒刑或者拘役，情节特别严重的可处十年以上有期徒刑，而构成滥用职权罪或玩忽职守罪的才处以三年以下有期徒刑或者拘役，即使情节特别严重也才处以三年以上七年以下有期徒刑。可见，如果徇私枉法罪中的"徇私"不包括单位利益，而采用第 397 条进行处罚，无疑为徇单位之私的行为避重（刑）就轻（刑）指明了方向，所以如果一贯机械地寻求刑法体系解释上的一致性，不仅会使得司法不公，甚至会放纵犯罪。因此本罪中的徇私、徇情除了包括个人私情、私利外必须包含单位利益。

三　"徇私"与"徇情"的关系辨析

对于"徇私"与"徇情"的关系，主要存在两种观点，一种观点认为"徇私"包括"徇情"：徇私，即为了私情而做不合法的事，往往表现为贪图钱财、贪图女色、袒护亲友、照顾关系、打击报复或者其他私情私利。[①] 另一种与之相对的观点则认为徇私的内容不包括徇情。"司法工作人员徇私枉法、徇情枉法"，徇私应仅指徇私利。这种看法显然是从刑法用语统一性

---

① 王作富：《刑法分则实务研究》（下），中国方正出版社 2003 年版，第 2136 页。

的角度进行解释的。① 本书认为这里的"徇私"包括了"徇情"，立法之所以将徇私徇情并列规定在条文中，是为了防止司法实践中一些司法工作人员片面地将本罪中"徇私"理解为贪图财产利益而排除了感情利益，本罪中"徇情"的规定只是起到强调作用，是对徇私的特定、常见情形"徇情"的列举。

第四节　徇私枉法罪客观要件探析

一　"枉法"的类型

所谓枉法，理论上通常是指违背法律的规定或精神，枉曲断事。② 此处的枉法行为人主观上必须出于故意，应当将一些超出行为人主观范围的、无法预见的枉法行为排除在本罪之外；同时人无完人，由于司法工作人员职业能力低、经验欠缺等自身能力因素造成过失性枉法的情形，也应当排除在本罪的枉法行为之外。因此立法在排除了以上非故意的情形后，将枉法行为类型规定为：司法工作人员在刑事诉讼活动中对明知是无罪的人而使他受追诉，对明知是有罪的人而故意包庇不使他受追诉，在刑事审判活动中故意违背事实和法律作枉法裁判的行为。

（一）对明知是无罪的人而使他受追诉

首先，对于"无罪的人"的理解相对比较简单，一般认为是指没有实施犯罪行为或者依法不应当追究刑事责任的人，其中包括根本没有实施违法行为和犯罪行为的人，也包括实施了一般违法行为但尚构不成犯罪的人。③ 一行为是否构成犯罪，应当严格依照我国《刑事诉讼法》第 15 条的规定，对事实和证据加以认定，倘若没有犯罪事实，也没有充分的证明有罪的证据，应当认定为"无罪的人"。其次，对此处中"追诉"的理解，应当结合法条将其理解为：为了追究刑事责任而对行为人采取的立

---

① 侯启舞：《渎职罪中的徇私概念问题探讨》，《黑龙江省政法管理干部学院学报》2006 年第 3 期。

② 吴学斌、俞娟：《徇私枉法罪的基本问题研究》，《政治与法律》2005 年第 2 期。

③ 何承斌：《徇私枉法罪行为构造研究》，《郑州大学学报》（哲学社会科学版）2006 年第 1 期。

案、侦查、起诉和审判行为，需要强调的是此处的追诉行为包括了审判行为，其中审判行为并不要求有最终的审判结果，只要进入审判程序即可。追诉不要求经过全部诉讼程序，只要追诉程序启动，开始立案即可。① 因此，对明知是无罪的人而使他受追诉就表现为：在没有证据证明行为人实施了犯罪的情况下，对行为人采取了立案、侦查、起诉、审判等措施，意图使其承担刑事责任的行为，具体可以表现为采取伪造有罪证据，隐匿、毁弃无罪证据或者其他事实等方式，蓄意使无罪的人被追诉。

（二） 对明知是有罪的人而故意包庇不使他受追诉

对明知是有罪的人而故意包庇不使他受追诉指的是司法工作人员明知是有罪的人而采取伪造、隐匿、毁灭证据或者其他隐瞒事实、违背法律的手段，故意包庇使其不受立案、侦查、起诉的行为。这里的"不使他受追诉"并非如有的学者指的"使其永久性地不受刑事追诉，如果仅仅是暂时性的不受刑事追诉，则不构成本罪"②。因为本罪构成犯罪只需要有枉法的行为即可，至于结果涉及的是犯罪的完成形态既遂或者未遂问题，不能因为没有实现预期的使有罪的人不受追诉的结果而认为不构成犯罪，因此此处的不受追诉并不要求是永久性的不受追诉，暂时性、阶段性的都可以构成本罪。而对"有罪的人"的理解，争议要比"无罪的人"大得多，主要的学说归纳起来大致有以下三类：一是前罪确认说。它指的是徇私枉法罪所涉及的前案行为人的行为构成犯罪并经人民法院判决确认有罪，该说又称为"法院宣告有罪说"，该学说的观点主要来自我国《刑事诉讼法》第 12 条的规定：未经人民法院依法判决，对任何人都不得确定有罪。它强调有罪的人必须经过法院的生效判决来确认。二是批捕说。该说强调是否为有罪的人取决于徇私枉法罪所涉及的前案行为人是否被决定逮捕或者批准逮捕，与这一学说相类似的还有"实际归案说"，它强调以徇私枉法罪的前案行为人是否实际归案作为认定是否为有罪的人的标准。三是涉嫌犯罪说。它认为，徇私枉法罪涉及的前案嫌疑人的行为，只要当时（后案行为人枉法时）有证据能够证实其达到了法律规定的刑事案件的查处标准，即"有证据证明犯罪事实存在的"，就可以认定前案行为人属于"有罪的人"。③

---

① 周光权：《徇私枉法罪研究》，《人民检察》2007 年第 12 期。
② 蒋小燕、王安异：《渎职罪比较研究》，中国人民公安大学出版社 2004 年版，第 324 页。
③ 王爱东：《徇私枉法罪中"有罪的人"辨析》，《中国刑事法杂志》1999 年第 6 期。

　　本书认为，前两种学说中认定的"有罪的人"范围太过狭隘，"前罪确认说"持相当谨慎的态度，严格按将法院的有罪判决当作认定的标准，将"有罪的人"认定为"确定有罪的人"，这样的认定使得本罪的设定形同虚设，因为在枉法行为发生当时，前案行为人如果已经被人民法院宣告有罪，那么本罪中的枉法追诉和枉法裁判的行为何来？而"批捕说"和"实际归案说"范围略比"前罪确认说"宽，但依然存在问题。前案犯罪嫌疑人是否被逮捕或者是否归案和嫌疑人是否有罪并不等同。逮捕侧重于考虑再犯罪可能性、社会危害性等因素，诸多没有逮捕必要的行为依然构成犯罪，如被采取监视居住、取保候审的行为完全有可能构成犯罪，如果采纳批捕说则会大大缩小"有罪的人"的认定范围；同理"实际归案说"也是一样的道理，犯罪嫌疑人是否归案一方面取决于公安机关的侦查能力；另一方面也和犯罪嫌疑人的脱逃能力有关，譬如在有现场目击证人指正、视频资料证实甲持刀杀死乙这一事实，然而甲杀人后一直在逃未能归案，如果按照实际归案说，则无疑会得出在逃的犯罪分子绝不是"有罪的人"的结论，因此该说也是不恰当的。事实上前两种学说的主要弊端在于其范围远远小于前文中探讨的"追诉"的范围。本罪追诉涵盖了立案、侦查、起诉和审判环节，而此处认定的"有罪的人"范围只是侦查中的某一环节（逮捕或者归案）而已，而本罪中使有罪的人免于追诉，强调使其免于以追究刑事责任而进行的立案、侦查、起诉，也就是说此处有罪的人涵盖了立案、侦查、起诉环节中的犯罪嫌疑人、被告人，不能不当地缩小其范围。相比之下"涉嫌犯罪说"较为合理，此处有罪的人应当结合"明知是有罪的人"来理解。这里的明知就应该理解为是知道"一定是或者可能是"[①] 有罪的人，"可能是"只能理解为是"较大可能"或者可能性的概率相对比较高的"可能"。而"明知"要求行为人认识到有较

---

　　① 在这里，需要说明的是，这里的"明知"不能理解为"知道或者应当知道"。虽然刑法学界很多学者都这样来理解"明知"的，我国相关司法解释也是这样来理解"明知"的，例如2002 年《最高人民法院、最高人民检察院、海关总署关于办理走私刑事案件适用法律若干问题的意见》第 5 条明确规定："走私主观故意中的'明知'是指行为人知道或者应当知道所从事的行为是走私行为。"但是，我们认为，这种规定或者理解是不符合刑法规定的，因为，"应当知道"这是对过失犯罪的要求，而本罪是一个明显的故意犯罪。按照《刑法》第 17 条的规定，故意犯罪的认识因素是指明知自己的行为会发生危害社会的结果，"会"包含一定或者可能。因此，这里的明知就应该理解为知道"一定是或者可能是"较为恰当。

高概率，并非一定要有法院的生效判决或者检察院的逮捕决定书，但也不能凭空设想，而是要一定的根据，而这一明知是"有罪的人"的依据就在于有证据证明存在犯罪事实。事实上，2006年《最高人民检察院关于渎职侵权犯罪案件立案标准规定》也采纳了"涉嫌犯罪说"，它将"有罪的人"解释为"有犯罪事实需要追究刑事责任的人"。因此只有这样理解，才不会肆意地缩小或者不恰当地扩大"有罪的人"的范围。

事实上归纳起来，前两种追诉方式可以概括为"从无入有""从有出无"的追诉方式，而实践中争议较大"从轻入重""从重出轻"也就是故重故轻追诉问题算不算本罪的枉法行为。它不是对有罪的人不进行追诉，而是对其进行一种不合法的追诉，即要么故意进行加重追诉、要么故意进行减轻追诉。①它包括故重追诉和故轻追诉两种情形。所谓故重追诉指的是，针对有罪之人，司法工作人员徇私枉法、徇情枉法故意使犯轻罪的人受到重罪追诉，它既指使同一犯罪行为故意以重罪名进行追诉的行为，如将强制猥亵侮辱妇女的行为以强奸罪进行追诉，也指同一罪名下故意以重罪行进行追诉的行为，如将一般的抢劫认定为情节严重的抢劫进行追诉。同理故轻追诉指的是，针对有罪之人，司法工作人员徇私枉法、徇情枉法故意使犯重罪的人受到轻罪追诉，它同样包括同一行为故意以轻罪名追诉和同一罪名下故意以轻罪行进行追诉两种情况。前者如将强奸认定为强制猥亵侮辱妇女罪，后者如将犯罪未遂认定为犯罪中止。此两种情形都包括在罪名或者量刑上会造成或重或轻影响的追诉。由于刑法法条只将使有罪的人不受追诉的行为列为枉法行为，对于故重故轻追诉只字未提，因此学界形成意见完全不同的几种观点。

第一种观点认为，此处的枉法追诉行为不应当包括故重故轻追诉。持该学说的学者严格遵循罪刑法定原则，按照法条的原本的含义来进行定罪处罚。"刑法条文本身对'有罪的人'的枉法仅规定了'枉法不追诉行为'，并没有规定对'有罪的人'进行故重或故轻追诉的行为是犯罪行为。因此对于有罪的人实施的其他的枉法行为只能在前述列举的两种追诉行为范围内，否则将会出现不利于行为人的解释。如果强行把对有罪的人实施的故重追诉或者故轻追诉的行为也认为是符合本罪的犯罪构成显然是

---

① 刘志高：《司法工作人员渎职犯罪基本问题研究》，上海社会科学院出版社2008年版，第279页。

不符合刑法罪刑法定原则的，是经不起理论上推敲的。"① "在立法尚未修改的情况下，这种故重故轻追诉的行为，因不符合刑法的规定，只能认定为无罪。"② 第二种观点认为，故轻故重追诉应当是此处追诉行为的应有之义，法条中规定的对有罪的人枉法不追诉的情形应当包含了故重故轻追诉行为。追诉应当是对有罪的人按照其所犯之罪进行，故轻故重追诉行为实际上或使犯重罪的人未被追诉，或使未犯重罪的人被追诉，这两种情形完全符合刑法规定的枉法追诉的实质和罪状要求，故轻故重追诉的情形其实已经为前文论述的"枉法追诉"所包含。③ 追诉过程中的"故重故轻"符合徇私枉法罪中所要求的枉法追诉的实质，《刑法》第 399 条规定的"枉法追诉"实际上已经包含了"故重故轻"的情形。④ 第三种观点相对折中，认为故轻追诉的行为属于此处的枉法追诉行为，而故重追诉行为则不属于："使有罪的人不受追诉……包括对明知是犯有较重罪行的犯罪嫌疑人、被告人故意追诉其较轻的刑事责任的情形，这些都属于'不追诉'的应有之义。至于故重追诉行为，虽然不构成该罪，但也不是无法可依，如果情节严重造成严重后果的，可按《刑法》第 397 条第 1 款、第 3 款的规定追究刑事责任。"⑤ 本书赞同第二种观点，即故重追诉和故轻追诉均属于此处枉法追诉的行为范围，如果司法工作人员主观上具有徇私、徇情的动机实施了故重故轻追诉行为，则应当认定为徇私枉法罪。2006 年 7 月 26 日颁布的《最高人民检察院关于渎职侵权犯罪案件立案标准的规定》明确将故重故轻追诉的行为认定为此处的枉法追诉行为，因此从实践角度而言探讨该问题已无太大意义，但从理论的角度而言，仍有探讨价值。首先，在遵守罪刑法定原则的前提下，刑法的解释应当是严格解释和灵活解释的统一，但这并不意味着刑法的解释必须坚持有利于被告的原则，存疑有利于被告针对的是事实和证据认定的情形，不适用于刑法的解释，因此倘若此处采用扩大解释最终得出不利于犯罪嫌疑人的结果也是合

① 刘志高：《司法工作人员渎职犯罪基本问题研究》，上海社会科学院出版社 2008 年版，第 280 页。

② 马松建：《徇私枉法罪客观方面疑难问题探讨》，《河北法学》2004 年第 7 期。

③ 吴学宾、喻娟：《徇私枉法罪基本问题研究》，《政治与法律》2005 年第 2 期。

④ 吴学宾、喻娟：《徇私枉法罪基本问题研究》，《政治与法律》2005 年第 2 期。

⑤ 何承斌：《徇私枉法罪行为构造研析》，《郑州大学学报》（哲学社会科学版）2006 年第 1 期。

乎法理的。其次，从体系解释的角度来看，结合法条规定的前两类枉法行为，如果立法认为"从有出无""从无入有"的行为构成本罪，那么情节和危害性比它小的"从重出轻""从轻入重"即故重故轻行为也应当作为犯罪。坚持入罪时举轻以明重，出罪时举重以明轻并不会肆意扩大刑法的处罚范围，而是在保证法条体系性的前提下更好地划定犯罪圈。最后，从目的的解释角度来看，本罪的设定是为了打击破坏刑事追诉活动公正性和侵害公民权利的行为，从危害性角度来看，故重故轻追诉行为的危害性和法条所列举的其他枉法行为的危害性并无区别，因此不论是使无罪的人受到追诉、使有罪的人免于追诉也好，故重故轻追诉行为也罢，都是对司法机关活动公正性的严重破坏，应将其纳入枉法追诉的范围来作为犯罪处理。

（三）在刑事审判活动中故意违背事实和法律作枉法裁判

它特指在刑事审判过程中，审判人员故意违背事实和法律做出裁判的行为，它包括了将无罪判有罪、有罪判无罪、重罪判轻罪以及轻罪判重罪等情形。刑事审判相比民事行政审判而言，除了定纷止争的作用外，更起到惩治和预防犯罪，彰显社会正义的作用。现代司法裁判以追求公正为归依，而司法裁判的结果是否公正，取决于两大基本环节前提，即认定事实和适用法律。[①] 只要审判人员有违这两大环节中的任何一个环节，那么公正的审判就无从谈起，审判也只会成为审判人员徇私、徇情的工具。"以事实为根据、以法律为准绳。对于一切公民，在适用法律上一律平等，在法律面前，不允许有任何特权"是人民法院必须坚持的刑事诉讼原则，而枉法裁判的行为事实不仅是对这一原则的破坏，也破坏了其所代表的司法制度的公正性。司法是维护社会公平正义的最后一道防线，审判人员的枉法裁判行为是对这一防线的彻底破坏，对于得到法官维护的一方当事人来说，法律成为可以逾越的规范；对于另一方当事人来说，法律成为侵害其合法权益的利器，无论对于涉案的哪一方，司法的权威都不会在其心中得以形成和树立。[②] 因此，必须将审判人员枉法裁判的行为作为犯罪处理，以此来威慑和惩治知法犯法、随意践踏司法公正的人。

---

① 张志铭：《法律解释操作分析》，中国政法大学出版社1998年版，第78页。

② 路志强：《强化法官自由裁量权检察监督的路径探析》，《河北法学》2014年第9期。

二　"枉法"的具体行为方式

以上是法条对枉法类型所作的划分，在学理上有学者以危害行为的表现形式为标准，将枉法行为划分为作为形式的枉法和不作为形式的枉法；以枉法的对象为标准，将枉法行为分为对无罪之人的枉法和对有罪之人的枉法。① 事实上，这种划分方式也是其他诸多学者赞同的方式，② 它对枉法行为的概括使得对枉法行为有更为清晰、类型化的认识。然而现实中由于刑事追诉和刑事审判活动是裁量性较强的活动，不论是在案件的定性上抑或是证据的使用上，都掺杂了司法工作人员的主观判断在其中，这其中存在诸多暗箱操作的空间，枉法行为如果按照上述标准进行探讨将会出现诸多灰色领域。因此本书试图从一个全新的角度来对枉法的具体行为方式进行划分，即将枉法的具体行为方式概括来看，从显而易见到暗箱操作，将枉法行为按照其隐蔽性的大小归纳为以下几种典型的类型。

（一）明目张胆歪曲事实、违背法律

歪曲事实，强调司法工作人员在刑事追诉和刑事裁判过程中，刻意篡改客观事实和伪造或者毁灭案件证据，结果包括对犯罪的有无、性质、程度的歪曲；违背法律则表现为一切不遵守实体法或程序法及其相关法规、解释的行为。此类行为由于是对我国《刑事诉讼法》中一切刑事诉讼活动应当"以事实为根据，以法律为准绳"原则的公然违背，因此它是枉法行为中性质最为明显，最容易定性的一种。"法官"对案件事实的认识正是建立在证据的基础上，同时也必须建立在一定事实的基础上，否则就是空中楼阁和无源之水。③ 有学者认为："直接歪曲法律进行枉法追诉或裁判，但在司法实践中这种情况并不多见，因为这种公开违反法律规定的枉法行为通常不仅不易得逞，而且风险较大。"④ 然而，我们仅仅查阅2015 年的刑事裁判文书，发现司法实践中此类行为屡见不鲜。例如，朱

---

① 马松建：《徇私枉法罪客观方面疑难问题探讨》，《河北法学》2004 年第 7 期。

② 郭立新、苏凌：《渎职侵权犯罪认定疑难问题解析》，中国检察出版社 2008 年版，第60 页。

③ 朱力宇、林鸿姣：《"以事实为根据，以法律为准绳"原则的形成和发展》，《法律适用》2013 年第 2 期。

④ 马松建：《徇私枉法罪客观方面疑难问题探讨》，《河北法学》2004 年第 7 期。

某某、孙某身为人民警察，在办理王某某、赵某甲等人盗窃案过程中，明知王、赵等人在县委书记赵某乙家盗窃现金 92 万元的情况下，为了不"影响"到县委书记赵某乙，采取引诱、暗示等方式对赵某甲进行询问，使得犯罪金额从 92 万元减少为 6040 元，最后案发朱某某、孙某二人被以徇私枉法罪分别判处有期徒刑 6 年、3 年。[①] 本案中，"小偷盗县委书记百万元，警察改笔录为 6040 元"可谓明目张胆歪曲事实的典型。再者如被告人池某身为派出所所长，在明知犯罪嫌疑人阿甲某、叶某、阿乙某犯有盗窃罪应当受追诉的情况下，贪图犯罪嫌疑人给予的钱财，无故将三位犯罪嫌疑人释放。[②] 根据我国《刑事诉讼法》第 80 条的规定，对于"身边或者住处发现有犯罪证据的"可以先行拘留。在该案中，在三位嫌疑人家中发现赃物且对盗窃事实供认不讳的情况下，池某却完全无视我国《刑事诉讼法》的规定，私自将犯罪嫌疑人无罪释放，使其逃脱法律的制裁。该案就属于违背法律、徇私枉法的典型。

（二）选择性地选择证据来认定事实

此类枉法行为往往表现为司法工作人员在徇私的动机下偏袒一方当事人，使其在对证据认定的时候对该认定的证据不予认定，甚至将其隐匿的行为。证据的认定贯穿刑事立案、侦查、起诉、审判整个过程，如果选择性地选择证据来认定案件事实，将可能会使得整个案件走向被司法工作人员牢牢按其主观意志来操控，而离客观真实越来越远。虽然说客观真实和法律真实有明显差别，客观真实强调的是人民在司法活动中对案件的认识和客观事实相符合，而法律真实则强调在司法活动中人们对案件的认识符合法律上的真实，是达到法律标准的真实。诚然在司法活动中如能发现案件的客观事实最好，在不能达到客观真实的情况下，至少也应该尽力通过已有的证据向客观真实靠近。在司法实践中，事实的挖掘主要依赖于证据，无论是诸如物证、书证、视听资料等具有一定客观性的证据还是譬如证人证言、被害人陈述、犯罪嫌疑人的供述和辩解等本身就具有主观性的证据，都不能自然而然地成为定案依据，他们都需要进入司法工作人员的大脑，经过一定的主观判断，再与待证事实相联系从而才能认定案件事实。"刑事诉讼法尤其是刑事证据制度的设立，其功能就在于依法制程序

---

① 朱某某、孙某徇私枉法案，（2015）驻刑二终字第 33 号。

② 昭苏县人民检察院指控被告人池某犯徇私枉法罪一案，（2015）昭刑初字第 52 号。

查清案件事实真相，因此既不允许不计时间、不计代价、不问是非、不择手段地'发现事实真相'，也不允许主观臆断，从法律规定去'剪裁'事实。"① 而当证据之间存在冲突时，司法工作人员的地位就显得尤为重要。"内容相悖的证据材料的取舍，对冲突主体事实主张的认可与否定，均取决于'法官'的认知和行为，而'法官'个人认识能力和职业道德水平的高低是在证据以外决定案件事实认知的重要因素。"② 在这种情况下，倘若司法工作人员出于一定的私情、私利，那么"剪裁"证据来认定事实的行为无疑就属于本罪中应当受刑罚处罚的枉法行为。这类选择性地选择证据来认定事实的行为在司法实践中也是较为常见，譬如，司法工作人员由于收取了乙方的钱财，在案件仅有的两名证人证言不一致的情况下，采纳有利于自己偏袒方的证人证言，从而使得自己偏袒方逃脱刑事责任。③ 再者如办案民警明知自己朋友酒驾涉嫌危险驾驶罪的情况下，为使其不受刑事追诉，故意将办案过程中拍摄的酒精呼气检测视频资料以及血液样本照片单独保存，使得认定醉驾事实的主要证据缺失。④ 可见对证据的"裁剪"行为将会影响对案件的定性、定量，从而出现无罪认定为有罪，有罪认定为无罪，故轻故重追诉和裁判等行为，因此，如果司法工作人员在徇私的动机下实施了该行为，无疑应当认定为构成本罪中的枉法行为。

（三）利用对证明标准"事实清楚、证据确实充分"的不同理解达成徇私枉法

"犯罪事实清楚、证据确实充分"已经成为我国刑事证明标准，我国《刑事诉讼法》第53条、第160条、第172条、第195条分别对这一证明标准的内涵、对公安机关侦查终结、检察机关作出起诉决定以及人民法院作出裁判应当遵循这一证明标准作出了规定。犯罪事实清楚，是指基本的犯罪事实清楚明了，而对于具体的犯罪细节，诸如犯罪嫌疑人当天的衣着、如何来到作案现场等事实则不做要求；证据确实充分，则应当严格按

---

① 李志平：《"以事实为根据，以法律为准绳"原则研究》，《政治与法律》2003年第2期。

② 朱力宇、林鸿姣：《"以事实为根据，以法律为准绳"原则的形成和发展》，《法律适用》2013年第2期。

③ 张某某受贿罪、徇私枉法罪案，（2015）大刑二终字第174号。

④ 付某某徇私枉法案，（2015）华刑初字第37号。

照我国《刑事诉讼法》第 53 条的规定来理解。[①] 对于"犯罪事实清楚"法律并没有规定究竟何为事实清楚，这使得司法人员难以把握，造成了证明标准上的模糊性、随意性。[②] 为了克服司法工作人员主观标准无法把握这一弊端，2012 年《刑事诉讼法》的修改引入了"排除合理怀疑"这一标准，它的引入使得原本建立在事实和证据基础上较为客观的证明标准中加入了裁判者的主观证明要求。

"排除合理怀疑"诉诸裁判者的内心判断，是对裁判者对案件事实认识程度的描述，它不等于"恢复事实真相"这一外在的、客观的要求，而属于裁判者内在的、主观的判断标准。[③] 虽然从制度的设计以及初衷来看是好的，它有利于克服证明标准过于客观化的缺陷，但也带来了风险，因为司法实践中是否达到证明标准，最终都要归诸司法工作人员的主观判断，这就为贪图私利、顾及私情的司法工作人员枉法开了一个口子。司法实践中，不同的法官由于受不同学历、工作经历甚至人身阅历等因素的影响，[④] 对于"事实清楚、证据确实充分"这一证明标准的理解会有所不同，因此对类似的案件会有不同的处理结果，对此法律也没有非难可能性，但是对于打着对证明标准有不同理解的幌子徇私情、私利故意违背事实和法律的行为，则必须对之进行非难。不难看出，此类枉法行为相比上述两种行为隐蔽性更高，甚至会让人觉得这么处理是无可厚非的、"合乎法律"的，如果对其放任不管，它将会逐步腐蚀司法公正，最终维护司法机关的正常追诉活动和人民的合法权益的目的也将化为泡影。

（四）以对法律的合理解释为由钻法律空子

众所周知，由于法律的滞后性使得法律在实践中存在空白或者模糊地带，而汉语语义的多样性，使得对同一法律条文的理解会出现多样化的结果，这些情形都需要司法人员行使自由裁量权来作出裁决。在司法工作人员秉着公正的态度，正确行使自由裁量权的情况下，倘若对法律作出的解释有利于或不利于当事人，这也是无可厚非的，因为这是任何法律适用都

---

① 我国《刑事诉讼法》第 53 条规定，证据确实、充分，应当符合以下条件：（一）定罪量刑的事实都有证据证明；（二）据以定案的证据均经法定程序查证属实；（三）综合全案证据，对所认定事实已排除合理怀疑。

② 何家弘、刘品新：《证据法学》，法律出版社 2011 年版，第 335 页。

③ 陈瑞华：《刑事证明标准中主客观要素的关系》，《中国法学》2014 年第 3 期。

④ 叶锐：《刑事证明标准适用的影响因素实证研究》，《中国刑事法杂志》2014 年第 2 期。

会作用于当事人的结果。我国法律中无论是《人民警察法》《检察官法》《法官法》抑或者是《监狱法》对司法工作人员均提出了"秉公执法""秉公办案"的要求,这既是其义务所在,也是限制其滥用自由裁量权的必然选择。自由裁量权可以受法官的逻辑思维能力、对法律的理解能力、法官经验的影响,但却不能受私情、私利所引诱而将公平的准则置之案外。否则,自由裁量权就成为司法人员权情交易、权钱交易的工具。"一些素质低劣的法官一方面利用刑事自由裁量权的特性公然践踏神圣的法律,疯狂地进行以权谋私的违法乱纪活动;另一方而又主张自己是在行使法律授予的自由裁量权,刑事自由裁量权成了这些法官可以用来交换的商品。"① 例如,我国《证据规定》第 69 条规定:与一方当事人或其代理人有利害关系的证人出具的证言不能单独作为认定案件事实的依据。对其中"有利害关系的证人"的理解就有存在给司法工作人员钻空子的空间,这里的证人强调的是单个的证人,还是包括了多个证人组成的证人组?譬如多个相互印证的具有利害关系的证人出具的证言是否能作为定案的依据?再者如我国《刑事诉讼法》中将"犯罪事实显著轻微、不需要追究刑事责任"列为不予立案的情形,然而法律却未就何为"显著轻微"作出规定。法律中诸如此类需要解释的条文数不胜数,这些都有可能为司法工作人员打着合理解释的幌子徇私枉法提供辩解空间。正如有学者指出:"法官的裁量权是确保刑法法制的锁头,同时也是违法擅断、破坏刑罚法制的钥匙。"② 因此,对于以合理解释为借口徇一己之私的滥用自由裁量权行为,它属于隐蔽性最强的枉法行为,必须引起重视,构成本罪的,应当依法追究刑事责任。

上述对枉法具体行为方式的划分其实并未脱离法条所规定的三大类枉法行为类型,同时它也属于 2006 年最高人民检察院颁布的《关于渎职侵权犯罪案件立案标准》(以下简称《立案标准》)中规定的诸多枉法的具体表现,譬如枉法最为明显的歪曲事实、违背法律的行为方式往往表现为《立案标准》中伪造、毁灭证据、隐瞒事实来枉法追诉、裁判的行为,而选择性地选择证据来认定事实的行为也可能表现为隐瞒证据的行为,而对证明标准的不同理解以及以对法律的合理解释为由钻法律空子从而徇私情

---

① 董玉庭、董进宇:《刑事自由裁量权负效应及其克服》,《北方论丛》2006 年第 2 期。
② 陈兴良:《刑法的人性基础》,中国方正出版社 1996 年版,第 564 页。

私利枉法的行为，则可能表现为"其他隐瞒事实违背法律的手段""其他徇私枉法应当追究刑事责任的情形"。本书之所以作出这样的划分，其目的在于在法条规定基础上，从全新的视角概括地对枉法行为进行分析，从而为一行为尤其是涉及法律灰色地带的行为是否认定为枉法行为提供理论参考。

三　"枉法"的标准探析

那么如何认定一行为属于枉法行为？无论是我国《刑法》第399条第1款还是《立案标准》都是对枉法行为的表现进行列举，而实践中犯罪行为表现不一，并非每种犯罪行为都能——在法条中找到与之相对应的情形，尤其是当行为涉及法律灰色地带，表面看似合乎法律，如果将其认定为枉法行为对之进行非难，会不会有扩大刑法处罚范围之嫌？枉法是仅仅限于对法律条文的破坏和违反，还是可以将其内涵延伸到对合理性的违反抑或对法律精神的违背？解决此类疑问，枉法的标准就显得尤为重要，即以什么样的标准将一行为认定为枉法而将另一行为排除在外。为此，本书借鉴了国外关于枉法标准的学说，并结合我国的现状对枉法的标准进行了探讨。

（一）国外枉法标准的学说

对司法工作人员的枉法追诉和枉法裁判的行为，各国规定不一。如日本《刑法》中并没有对此类行为作出规定，而是在《法官弹劾法》以弹劾的形式进行惩戒，它在第2条规定了罢免法官的情形：一是违反职务上的义务严重怠职者；二是不论职务内外，有明显损害法官威信的不正当行为者。而像西班牙《刑法》则对枉法行为作出了详细的规定，它不仅打击故意枉法的行为，对于过失也加以惩处，如第351条规定："在犯罪刑事诉讼案件，法官明显地对犯罪人作不公平之判决，则应处以……"第355条对过失加以规定："法官由于疏忽，或无可原谅之物质，作不合理之判决，应处以……"俄罗斯《刑法》对枉法行为的规定则是按照行为人身份分别加以规定：第100条针对司法人员规定了"非法免除刑事责任罪"，第299条针对检察长、侦查员或调查人员规定了"对明知无罪的人追究刑事责任罪"，第305条针对审判员规定了"故意作出不公正的刑事判决、民事判决或其他审判文书罪"。德国《刑法》第399条"枉法罪"规定："法官、公务员或仲裁人在领导或裁判案件时，为有利于一方当事人或不利于一方当事人而枉法的，处……"这是关于枉法行为的统一规定，在第 344 条和第 345 条又分别规定了"对无罪人的追诉罪"和"对无罪人执行刑罚罪"。① 总体来看，各国的规定各不相同，但出发点都是严厉打击破坏司法公正和正常活动的枉法行为，如何将一行为认定为"枉法"各国法律也持有不同的标准。在此，本书选取了俄罗斯和德国学术界对枉法标准的典型学说进行分析，期望对我国枉法标准的确立能有理论上的帮助。

1. 俄罗斯实质性枉法说

俄罗斯的法律中没有使用"枉法"一词，而是说"不公正"，即其《刑法》第 305 条规定的"故意作出不公正的刑事判决、民事判决或其他审判文书罪"，它的"不公正"指的是违背已经确认的实际案情或违反实体法或诉讼法规范作出的审判文书是不公正的。这里说的"不公正"实际上是"实质性的枉法"，也就是说："审判文书的不公正性质只是由于严重违反实体法和诉讼法，从而影响了案件的实质解决。非实质性的（形式上的）违反，如不影响案件的实质解决，也不侵犯公民的权利和合法利益以及社会利益，不得认为是不公正的。"② 俄罗斯采用的实质性枉法说强调的是对于案件事实的歪曲或者对于实体法或者程序法的违反足以影响案件的实质解决时，才认定为枉法，譬如在有证据证明有罪的情况下宣告无罪，或者反之，以及定罪的不正确或者量刑不精准，而若只是非实质性的违反，譬如审判文书中用词错误或者证人的住址等信息不全的，由于并没有对案件产生实质性的影响，因此不能认定为枉法。

2. 德国关于枉法标准的学说

德国刑法理论对于究竟以什么标准来认定一行为是否为"枉法"，其理论上有以下三种代表性的学说。

（1）主观说

持主观说的学者认为应当以审判信念作为判断枉法的标准，在德国持主观说的学者主要有查希特（Sarstedt）、摩伯特尔（Mobrbotter）等，他

---

① 蒋小燕、王安异：《渎职罪比较研究》，中国人民公安大学出版社 2004 年版，第 307—310 页。

② ［俄］斯库拉托夫、列别捷夫：《俄罗斯联邦刑法典释义》，黄道秀译，中国政法大学出版社 2000 年版，第 839 页。

们认为："如果适用法律被证明与审判信念相冲突，就为枉法。"① 主观说的缺点是显而易见的，因为作为标准，应当具有一定的确定性和可重复使用操作的可能性，但是按照主观说，审判信念是一个因人而异的东西，不同的法官受学历、经历甚至潜见②的影响，会形成不同的审判信念。若按照主观说，最终该标准会成为以每个审判人员的审判信念为标准，最终也就毫无标准可言。这也是主观说受到较多批评的地方。

（2）客观说

持客观说的学者认为："已作出的裁判是否与法律法规相悖从客观上理解是合适的。"③ 也就是说枉法的判断标准在于是否违背成文的法律法规，它包括了对实体法的违反和对程序法的违反。持该说的学者主要有施本德（LK-Spendel）、毛雅合（Maurach）等学者。该说相较于主观说而言，确定性要强很多，也一度成为德国理论界的主流观点，但是随着在实践中的运用，其缺点也逐步暴露，因为实践中并不是每个案件情况都能和法律法规一一对应，都能够在明文规定的法条中找到案件的处理办法，尤其是当司法工作人员的行为涉及法律灰色地带时，客观说就无法给出明确的处理办法，如果按照客观说对明显钻法律空子来逃避处罚的行为，却以法无明文规定不为罪不处罚，似乎不符合立法的目的，如果对其做出处罚又找不到法律依据。这种情况下客观说也显得苍白无力。

（3）公职人员职务义务说

该理论认为："枉法"就是"在查清事实真相或者适用法律方面，违反其作为法官、公务员或者仲裁员应尽的义务"。④ 持该说的学者主要有奥托（Otto）、贝布恩德（Bebrendt）等学者。按照该说的观点，司法工作人员的行为能否认定为枉法行为依据在于是否违背其职务义务，如果违背职务义务即使没有违背法律也应认定为枉法，而倘若没有违背职务义务就算违背了法律，也不应当认定为枉法。这一学说的缺点也是显而易见的，首先，"枉法"不等于"违背职务义务"，法律和职务义务之间并不是等

---

① 王安异：《刑法第 399 条中 "枉法" 的认定》，《法学评论》2003 年第 2 期。
② 白建军：《司法潜见对定罪过程的影响》，《中国社会科学》2013 年第 1 期。
③ 王安异：《刑法第 399 条中 "枉法" 的认定》，《法学评论》2003 年第 2 期。
④ 王安异：《刑法第 399 条中 "枉法" 的认定》，《法学评论》2003 年第 2 期。

同的关系，因此不能以职务义务的违反作为枉法的标准。其次，职务义务的范围也是模糊的，一般而言，公职人员的职务义务在法律中会有规定，如我国《法官法》《检察官法》都有规定义务，同时在一些政策文件中也会有规定，而且各个地方的规定可能会有出入，因此造成职务义务这一标准的模糊性。可见将其作为枉法标准也是不恰当的。

（二）对我国徇私枉法罪中枉法标准的探析

从目前我国的规定来看，无论是法条中规定的三种枉法行为模式，还是《立案标准》所列举的采取伪造、隐匿、毁灭证据等手段，都注重对法律条文的细化来规制枉法行为，因此本书认为，我国目前对枉法的标准采用的是客观说，即评价行为是否枉法是以法律条文为标准，有违《刑法》第 399 条第 1 款规定以及《立案标准》中相关规定的，就认定行为枉法。具体细化来看，我们国家的客观说主要强调对事实和法律的违背，也就是刑法法条和《立案标准》中多次提及的"隐瞒事实"和"违反法律"。客观地说缺陷上述已经阐释得很明了，因此，在分析了国外经验中的可取之处和不足之处后，本书在考虑事实和法律的基础上增加价值因素进行考量，试图探讨出一个更为合理的枉法标准。

1. 事实标准：强调司法工作人员在事实、证据认定上自由裁量权的规范行使

事实标准是从本罪罪状表述中得出的应有之义，即对于枉法行为的判断必须以客观的事实和现有的证据作为依据，做到事实清楚，证据确实、充分。它要求司法工作人员在认定时必须以具体的事实为依据，证据的采用上既要求质量上的真实确定，也要求数量上的充分、足量，既不能以不存在的事实或者伪造的证据作为定案依据，也不能单独以犯罪嫌疑人口供作为定案依据。同时，由于司法实践活动归根到底是司法工作人员运用法律的活动，因此离不开司法工作人员的主观判断。但实践中存在任意解读、混乱适用的现象，因此 2013 年实施的《刑事诉讼法》就总结了我国的实践经验同时借鉴了国外经验，将"排除合理怀疑"写入《刑事诉讼法》作为对"证据确实、充分"标准的解释和限定，① 从而规范法官的自由裁量权。

在刑事案件中存在诸多需要法官裁量的行为，譬如抢夺和抢劫、猥亵和强奸、犯罪中止和未遂等情形在具体的案件中有时界限是模棱两可的，甚至

---

① 卞建林、张璐：《我国刑事证明标准的理解与适用》，《法律适用》2014 年第 3 期。

一些案件中还存在法律上的灰色地带，这就需要司法工作人员充分利用现有的事实和证据进行分析，不允许有在徇私情私利动机的驱使下刻意"剪裁"事实和选择性地选择证据的行为。因此，可以说司法工作人员对事实和证据的认定将会影响案件的处理结果，故而规范其自由裁量权的行使就显得尤为重要。就本罪而言，要求司法工作人员在事实和证据的认定上必须秉持公正的态度，不能基于私心和私利而故意隐瞒、伪造对犯罪嫌疑人有利或者不利的证据，同时更高的要求还在于在法律规定给司法工作人员留有较大自由裁量权的时候应当公正地行使该权力，譬如我们曾遇到这样一起认定事实给司法工作人员留有较大自由裁量权幅度的案子：一中年男子将居住于同一小区的 12 岁女孩带入自己家中试图强奸，在将女孩推倒在床正要得手时，女孩发出一声尖叫，随后男子停止了犯罪行为。单从案件事实上看，很难认定是属于犯罪的中止还是未遂，男子完全具备继续实施的能力，抑或是担心被人发现而停止犯罪行为。这就需要司法工作人员在事实和证据的认定上切实做到清楚、充分，如综合考量作案的时间、地点、周围人流量，同时能客观公正地对事实和证据做出裁量和认定，否则将会得出截然相反的结论，司法公正也无从谈起。再譬如我国《刑法》在量刑上虽然有《量刑指导意见》对法官自由裁量权进行了一定的限制，但还是不免存在诸如"六个月至两年有期徒刑"或"十年至十五年有期徒刑"等量刑幅度较大情形下司法工作人员如何自由裁量的问题。司法工作人员不能因为徇私情私利就直接适用上限或者下限，而是必须以具体的事实、证据以及犯罪嫌疑人的人身危险性等主客观因素为量刑依据。

2. 法律标准：以实质法与程序法作为枉法的法律考量标准

法律标准是从本罪罪状表述中得出的另一个应有之义，且就目前我国的法律规定以及相关的司法解释看，就"枉法"的判断标准而言，客观说仍然是主流，即必须严格依照法律条文的规定作为判断司法工作人员是否枉法的依据，这一标准仍然是我们必须坚持的。司法实践中公然违背法律徇私枉法的行为仍不在少数，因此法律标准的纳入不失为打击徇私枉法犯罪的有效手段。上文在枉法的定义中已经将一些超出主观故意以及由于个人职业能力低下等造成的过失违法行为排除在外，因此用法律标准进行判断，应当仅针对行为人具有主观违法故意的情况而言。这里的法律既包括了《刑法》第399 条第 1 款和《立案标准》中关于徇私枉法罪的相关规定，同时也包括了我国《刑事诉讼法》关于程序上的相关规定。具体表现为一旦有对明知是无罪的人或者有罪的人而使他受追诉或故意包庇不使他受追诉，在刑事审判活动中故意违背事实和法律作枉法裁判、故意伪造、毁灭证据、隐瞒事实，在刑事活动中未按照法定程序办案、未充分保障犯罪嫌疑人的权益等行为的，都应当认定为是对法律的违反，应属于枉法行为。

3. 价值标准：以常识、常理、常情作为枉法的价值判断标尺

我们认为，仅仅依靠事实和法律标准无法全面地对枉法标准做出归纳，尤其是在一些法律的灰色地带，如果缺失价值判断标准，将会使得对法律"自由裁量"和"合理解释"成为司法工作人员"名正言顺"逃避法律制裁的理由。因此判断司法工作人员的行为是否构成枉法行为，除了看是否违背事实和法律外，还要看是否违背了常识、常理、常情。它是对枉法的判断提出的更高要求。常识、常理、常情是社会最基本的是非观、善恶观、价值观，是指导我们制定、适用、执行法律的指南，而不是具体的法律规范本身。① "三常"价值判断标准的引入，提供的是一种解决思维，一种在法律需要解释时的验证和排除思维，也是确定一行为是否枉法的有力工具，即司法工作人员对事实和法律做出的解释和适用，如果不是由于超出意志之外的原因或者是业务素质的原因却违背了常识、常理或者常情，那么可以初步认定为是枉法行为。

将常识、常理、常情作为枉法行为的判断标准是必要并且可行的。从上述我们对于枉法行为的分类中可以看到，诸如选择性地选择证据来认定事实、以对"事实清楚、证据充分"的不同理解为由来偏袒一方当事人以及以对法律的合理解释为由来钻法律空子的行为是具有极强的隐蔽性的，若没有价值上的判断标准，此类徇私枉法行为将可能逍遥法外。同时，如果没有考虑到常识、常理、常情，法律也很难取得良好的社会效果，许霆案和彭宇案之所以引起社会的广泛关注，其中一个重要的原因恐怕在于法官的判断和民众的常识常理有所出入：在许霆案中，一审法官对社会人的道德认定高出普通人的认识，认为一个普通人面对天上掉的馅饼是可以做到无动于衷的；而在彭宇案中，法官对于道德的认定则低于社会上大多数人的认识，法官认为如果一个人没有撞倒他人，那么就不会实施搀扶、救助等后续行为。因此法律的社会效果和社会公平正义的实现，离不开"三常"标准；就其可行性而言，从理论上看，学界上一直不乏

---

① 陈忠林：《刑法散得集》（Ⅱ），重庆大学出版社 2012 年版，第 23 页。

"常识主义刑法观"的倡导者，陈忠林教授[①]、周光权教授[②]、马荣春教授[③]都强调刑法在理解和适用上不能脱离常识、常理、常情；从操作性上来看，实践中也不乏"三常"理论的运用实例，中国古代的"亲亲相隐"制度以及19世纪提出的期待可能性等理论都符合"三常"理论；最高人民法院《关于在审判执行工作中切实规范自由裁量权行使保障法律统一适用的指导》第3条强调自由裁量权的行使应当遵循合理原则，所谓的合理就涉及社会主流观念、价值观等因素。此外也有学者认为我国《刑事诉讼法》中引入的"排除合理怀疑"标准的运用，其本质是经验判断，在实践中最便利有效的方法，是诉诸经验与常识，即依靠"常识、常理、常情"。只要是一个具备正常思维能力的普通人，从自身的生活经验出发，依据"三常"理论作出的判断，就可能是一个合理的判断，包括合理的怀疑。这样就能使得合理怀疑原则在应用上做到删繁就简。[④] 对于"合理怀疑"的内涵和形式，人们只要诉诸经验、理性和良心，就不难达成共识。[⑤] 所以在针对一些具有极强隐蔽性的枉法行为判断上，"三常"标准为我们判断枉法提供了价值尺标。倘若司法工作人员对于法律的理解和适用是有违常识、常理、常情的，那么就可以认定为是枉法的行为，至于是否构成徇私枉法罪，还要结合具体的主观因素进行判断。

第五节　徇私枉法罪与受贿罪罪数问题探析

对徇私枉法罪的透彻探析，避不开对徇私枉法罪和受贿罪罪数问题的探讨。《刑法》第399条第4款规定了司法工作人员收取贿赂，同时又有《刑法》第399条前3款行为的，依照处罚较重的规定处罚。该规定引发了学界对于两个罪竞合时的若干学理探讨，有基于法条竞合说或者牵连犯说认为应当从一罪从重处罚的（我们将其归纳为一罪说），也有认为应当数罪并罚的。而在司法实践中，我们查阅了相关的司法判决，发现各地法

[①]　陈忠林：《刑法散得集》（Ⅱ），重庆大学出版社2012年版，第24页。

[②]　周光权：《论常识主义刑法观》，《法制与社会发展》2011年第1期。

[③]　马荣春：《论刑法的常识、常理、常情化》，《清华法学》2010年第1期。

[④]　龙宗智：《中国法语境中的"排除合理怀疑"》，《中外法学》2012年第6期。

[⑤]　陈瑞华：《刑事证明标准中主客观要素的关系》，《中国法学》2014年第3期。

院的判决也是不统一的，有的法院以受贿罪一罪判决①或按照徇私枉法罪一罪判决②，也有的法院按照数罪并罚处理③。因此探析清楚徇私枉法罪和受贿罪的罪数问题，有助于我们对徇私枉法罪有更为透彻的认识。

一　一罪说

（一）法条竞合说

有学者④将受贿罪分为受贿枉法类和受贿不枉法类，因此认为徇私枉法罪属于受贿枉法类，是受贿罪的类型之一，也就是说受贿罪的规定属于一般法而徇私枉法罪属于特别法，在发生竞合的时候，应当适用法条竞合的相关规定。我们对该分类是不敢苟同的，法条竞合是指一行为符合了两个或者两个以上的法条规定的情形，其实质是犯罪客体的竞合，也就是一行为所符合的两个或者两个以上的法条所保护的客体之间存在相同或者包容的关系。受贿罪侵犯的客体按照通说来看是国家职务行为的不可收买性，而徇私枉法罪侵犯的客体是国家刑事活动的正当性和公民的权益，二者客体并不必然存在相同或者包容关系；此外从行为上看，实践中枉法但不受贿的行为仍大量存在，因而直接将受贿罪分为受贿枉法和受贿不枉法故而将徇私枉法罪包含在其中无疑是有失偏颇的。

（二）牵连犯说

该说是大多数刑法学者的观点，认为受贿行为和徇私枉法行为存在手段和目的上的牵连关系，即通常情况下枉法是受贿行为中为他人谋利的手段之一，而受贿往往是徇私枉法罪中追求私情私利的结果，两个行为存在手段和目的的牵连关系，因此应当坚持目前牵连犯一般采用的从一重处罚的方式。该说的处罚方式也与我国《刑法》第 399 条第 4 款的规定不谋而合。然而我们认为，徇私枉法和受贿行为之间并不存在牵连关系，对于牵连关系的界定虽然学界存在因果关系说⑤、侵犯同一客

---

① （2015）黔南刑终字第 43 号。

② （2015）吉中刑二终字第 46 号。

③ （2015）驻刑二终字第 33 号、（2009）泉刑终字第 328 号刑事裁定。

④ 黄奇中：《刑法第 399 条第 4 款的理解与适用》，《中国刑事法学杂志》2004 年第 4 期。

⑤ 庄劲：《犯罪竞合：罪数分析的结构与体系》，法律出版社 2006 年版，第 95—96、189—203、224 页。

体说①、主从关系说②以及类型说③等众多学说，受贿和徇私枉法并不存在必然的因果关系，其侵犯的客体也不同，二者之间也谈不上主从关系，同时枉法也不是受贿的通常手段，受贿也不是徇私行为会导致的通常结果，实践中枉法但并未受贿、徇私情私利但并未受贿的例子不胜枚举，因此认定徇私枉法和受贿之间存在牵连关系缺乏强有力的理论支撑，故而在处罚方式上是否能将本罪第 4 款的规定推而广之运用到其他的渎职犯罪上仍有待探讨。

二　数罪并罚说

坚持数罪并罚说的学者认为，受贿后又实施徇私枉法行为的，并不构成法条竞合抑或是牵连犯，应当数罪并罚。至于应当数罪并罚的原因，有学者认为：因为为他人谋利在受贿罪中是属于主观要件，而徇私在徇私枉法罪中通说的观点认为是动机，因此评价受贿罪主要在于客观上的收受财物的行为，而评价徇私枉法罪也主要看客观上是否有枉法的行为。因此单纯的受贿罪或者是徇私枉法罪并不能完全评价收受财物并且枉法的行为。④

本书赞同数罪并罚说。受贿罪分为收取贿赂为他人谋利和索贿两种情形，就第 399 条的规定来看仅指收取贿赂的情形，索贿的情形并不包括在其中。索取贿赂又实施徇私枉法行为应当数罪并罚没有太多争议，关键争议在于收取贿赂的情形要求行为人为他人谋利，而为他人谋利这一要件可能是徇私枉法罪的构成要件，因此在对同一行为禁止重复评价的原则下，就展开了激烈的争论。之所以应当数罪并罚，除了因为收取贿赂又有徇私枉法行为的情形并不构成法条竞合抑或是牵连犯外，更重要的是因为它属于两个犯罪行为，侵犯了两个法益，单纯地以一罪处理并不能对其犯罪行为做完整的评价。目前我国关于罪数理论的通说主要采取的是犯罪构成说，即判断行为构成一罪还是数罪，主要看其行为符合一个还是多个犯罪构成，若符合多个犯

---

①　庄劲：《从一重断还是数罪并罚——从牵连关系的限定看牵连犯的处断原则》，《甘肃政法学院学报》2007 年第 1 期。

②　熊选国：《牵连犯之牵连关系》，《现代法学》1987 年第 4 期。

③　张明楷：《刑法学》（第五版），法律出版社 2016 年版，第 490 页。

④　黄国盛：《受贿后实施渎职行为的罪数分析——兼论刑法第 399 条第 4 款的理解与使用》，《中国刑事法杂志》2010 年第 1 期。

罪构成，同时再排除法定的一罪情形，那么即可认定为构成数罪，在处罚上也应当数罪并罚。在收取贿赂型受贿罪中，为他人谋利通常的观点将其解释为允诺行为，即只要有为承诺他人谋利的意思表示即可，至于行为人是否真实为他人谋利在所不问，因此，当行为人收受他人贿赂并允诺为他人谋利其受贿行为即已经符合了受贿罪的犯罪构成，而随后的徇私枉法行为又构成另一犯罪，且两个犯罪行为所侵害的法益并不能完全等同，受贿罪侵犯的是国家公职人员职务行为的不可收买性，而徇私枉法行为更侧重于对国家刑事追诉活动的公平性和公民个人权利的侵害，故而数罪并罚更为合适。立法者之所以规定收取贿赂又徇私枉法的，从一重罪处理，是因为收取贿赂后枉法的可能性大，为了统一司法实践而做此规定，该条款不能适用于收取贿赂又渎职的其他场合，否则将有违立法者和司法机关历来严厉打击此类犯罪的立场。① 因此本法条的规定应当认定为特殊规定，不能适用于收受贿赂后又实施的帮助毁灭、伪造证据、私放在押人员等行为的情形，对于这类情形，应当按照数罪并罚处理。

当然，理论上的探讨是为了更好地理解徇私枉法罪的认定与处理。但是，不得不承认，《刑法》第 399 条第 4 款的明确规定，让我们在处理这种受贿而实施徇私枉法罪的行为，只能严格依照法律条文的明确规定，认定为从一重罪论处。希望以后能够修改这个法条。但是，根据前文的分析，对于其他受贿而渎职的犯罪，就可以按照数罪并罚的观点来对被告人进行罚当其罪的处罚。我国最高司法机构也支持了这种观点。最高人民法院、最高人民检察院在 2012 年通过的《关于办理渎职刑事案件适用法律若干问题的解释（一）》第 3 条明确规定："国家机关工作人员实施渎职犯罪并收受贿赂，同时构成受贿罪的，除刑法另有规定外，以渎职犯罪和受贿罪数罪并罚。"因此，除了《刑法》第 399 条第 4 款明确规定的以外，其他的国家机关工作人员实施渎职犯罪时有收受贿赂并同时构成受贿罪的，按照相关的渎职犯罪和受贿罪实行数罪并罚。

---

① 周光权：《徇私枉法罪研究》，《人民检察》2007 年第 12 期。

第五章

包庇、纵容黑社会性质组织罪的认定

　　之所以要探讨包庇、纵容黑社会性质组织罪，主要是这个罪的犯罪人很多都是司法工作人员，因为黑社会性质组织在萌芽、发展的初期，作为一个"黑"的社会存在，就必然与"白"的社会相对，就必然与"白"社会代表——国家、政府相对抗。但由于其初期经济实力、控制能力都比较弱，没有国家机关工作人员的包庇和纵容，尤其没有作为打击黑社会性质犯罪的主力军的司法工作人员的包庇、纵容，一般很难发展壮大。因此，收买司法工作人员就成为黑社会性质组织初期的必然选择。为此，出于惩治和防范黑社会性质组织犯罪法网方面的考虑，刑法典在设立组织、领导、参加黑社会性质组织罪和入境发展黑社会组织成员罪的同时，于《刑法》第294条第4款设立了包庇、纵容黑社会性质组织罪。因此，要研究司法工作人员职务犯罪的预防，探讨这个罪名的意义和价值就比较明显。

　　黑社会性质的组织犯罪是我国近年来日益猖獗的犯罪现象，其原因是多方面的。其中，一些国家机关工作人员尤其是司法工作人员在黑社会性质组织的拉拢腐蚀下，成为黑社会性质组织的保护伞，对黑社会性质组织及其进行的违法犯罪活动予以包庇、纵容，是一个相当重要的原因。我国2018年1月，中共中央、国务院发出《关于开展扫黑除恶专项斗争的通知》，决定在全国范围内开展"扫黑除恶"专项斗争，该通知指出，把扫黑除恶与反腐败斗争和基层"拍蝇"结合起来，深挖黑恶势力"保护伞"。中央政法委书记也指出，要把扫黑除恶与反腐败斗争、基层"拍蝇"结合起来，坚决打掉黑恶势力"关系网""保护伞"。中央的指示完全符合当下的司法实践。在目前，全国开展轰轰烈烈的扫黑除恶的专项斗争中，司法机关努力打击黑社会犯罪的同时，也发现了少数司法工作人员包庇、纵容黑社会性质犯罪的案件。正确适用这一罪名，对于严厉惩治黑社会性质组织的犯罪有着重要的意义。而正确适用的前提，则在于对该种犯罪之构成特征的准确把握。但是包庇、纵容黑社会性质组织罪的犯罪构成特征至今仍是一个众说纷纭且颇具争议性的问题，近年来国内许多学者针对该罪的主体、主观、行为方式以及罪数等问题发表了自己的观点，但是针对其中某些疑难问题仍未得出令人信服的结论。因此极有必要进行深入的研究。下文就该罪的构成特征的主体、主观，以及行为方式等作一粗浅的探讨分析。

第一节　本罪行为方式的认定

一　包庇、纵容的理解

对于何谓"包庇"，学者们的观点颇不相同。有的学者认为，包庇是指行为人帮助黑社会犯罪分子隐匿罪证或者作假证明，为查处黑社会性质犯罪组织设置障碍，或为犯罪分子通风报信、开脱说情，以使犯罪分子逃避法律制裁的行为。[①] 有人认为，包庇是指行为人向有关机关提供虚假证明，掩盖黑社会性质组织的行为。[②] 有的学者认为，对于本罪中的"包庇"，应从广义理解，即泛指行为人积极实施的一切庇护黑社会性质组织的性质和行为。其中，既应包括掩饰黑社会性质组织的性质，帮助其隐匿、毁灭违法犯罪证据或者作假证明的行为，还应包括为他们提供隐藏处所、财物、向他们通风报信、替他们说情等一切妨碍有关部门查办、惩处黑社会性质组织的行为，既应包括利用职权、地位、影响等国家机关工作人员身份条件实施的包庇行为，也应包括没有利用上述条件实施的包庇行为。[③] 2000 年 12 月 4 日最高人民法院审判委员会所通过的《关于审理黑

---

① 高一飞：《有组织犯罪专论》，中国政法大学出版社 2000 年版，第 148 页。
② 李福成：《中华人民共和国刑法问答》，人民法院出版社 1997 年版，第 486 页。
③ 赵秉志：《扰乱公共秩序罪》，中国人民公安大学出版社 1999 年版，第 359 页。

社会性质组织犯罪的案件具体应用法律若干问题的解释》指出其具体表现为，"国家机关工作人员为使黑社会性质组织及其成员逃避查禁，而通风报信，隐匿、毁灭、伪造证据，阻止他人做证、检举揭发，指使他人做伪证，帮助逃匿，或者阻挠其他国家机关工作人员依法查禁等行为"。

上述诸多表述对于包庇行为的表现形式虽然罗列得不尽相同，但它们有一个共同点，即都认为国家机关工作人员实行包庇行为，是为了使黑社会性质组织的犯罪分子逃脱法律的制裁。这一点应当说正确揭示了包庇行为的本质。我们认为，准确理解本罪中的"包庇"，不仅要从列举的形式方面进行把握，还要抓住包庇是为了使黑社会性质组织的犯罪分子逃脱制裁的实质性目的，故其范围应涉及对黑社会性质组织进行的违法犯罪行为的刑事责任追究的整个过程。

对于"纵容"的含义，学者们的表述有许多种。有的学者认为，纵容是指明知是黑社会性质组织进行违法犯罪行为而知情不报，放任不管，甚至提供某种支持。[①] 有的学者认为，纵容是指对黑社会性质组织的违法犯罪活动有追究职责的国家机关工作人员不履行或不正确履行职责，对黑社会性质组织的违法犯罪活动该追究不追究或者追究不力，放纵、容忍其进行违法犯罪活动的行为。[②] 对于本罪中的"纵容"，应理解为在其本职工作范围内应当制止、查禁黑社会性质组织的违法犯罪活动而不予制止，任其发展的行为。

应该注意此处的包庇、纵容应仅限于事后包庇。国家机关工作人员如果事前通谋继而事后包庇的不能认为是一种包庇行为，而是一种共同犯罪行为，对行为人应以组织、领导、参加黑社会性质组织罪论处。而"纵容"必须限定为放任不管，不依法履行职责。如果国家机关工作人员不仅纵容黑社会性质组织的违法犯罪活动，而且积极为违法犯罪活动提供帮助的，或者事先通谋后纵容的，不能认定为是纵容。此种行为同样是一种共同犯罪行为，对行为人也应以组织、领导、参加黑社会性质组织罪论处。

二　包庇、纵容的具体内容的争议

在司法实践中争议的是，依据《刑法》第 294 条第 4 款的规定，本罪

---

① 高铭暄：《刑法学》（新编本），北京大学出版社 1998 年版，第 479 页。

② 孙谦：《国家工作人员职务犯罪研究》，法律出版社 1998 年版，第 407 页。

所包庇的对象是"黑社会性质组织"。包庇黑社会性质组织以及成员的犯罪活动，构成本罪的犯罪对象这一点毋庸置疑。但是如果黑社会性质组织进行的是"正当经营的合法行为"或者涉及特定领域的一般违法行为，行为人为其办理相关事宜的，是否构成本罪中的包庇、纵容？

　　随着经济的发展，黑社会性质组织逐渐出现了"以商养黑"的新特点，黑商融合日益紧密。黑社会性质组织通常出于谋取经济利益的考虑，为扩大自己的势力范围奠定基础，经常会像社会上其他组织或个人一样从事一些正常的生产经营行为。如依法成立公司、企业等单位并依法进行经营活动，有关国家机关工作人员明知是黑社会性质组织开办的公司、企业等单位，在其职权范围内为其办理相关事宜，使黑社会性质组织开办的公司壮大自己的经济实力，该国家机关工作人员的行为是否构成本罪中的包庇、纵容行为？

　　我们认为，一个人只能因其行为受到法律制裁，我们不可能因为黑社会性质组织及其成员进行了违法犯罪活动，就对其所有的行为给予法律上的负面评价。对于黑社会性质组织及其成员进行的违法犯罪活动法律应该严厉打击制裁，但其在不违背法律前提下进行的正当行为，法律不应当干涉。我们不能剥夺犯罪分子从事合法行为的权利。我们应当怀有公平公正的价值观，严格按照罪刑法定原则来评判黑社会性质组织及其成员的行为。因此，当黑社会性质组织在实行正当的合法经营时，行为人即使明知对方是一个黑社会性质组织，但是严格按照法律的规定在其职权范围之内为其办理相关事宜，就不应该成立包庇、纵容黑社会性质组织罪。当然如果黑社会性质组织的所谓正当经营行为是为了洗钱而实行，行为人明知黑社会性质组织的所谓正当经营行为是为了洗钱而实行的，那么该经营行为就是违法犯罪行为，为其办理相关事宜，就可构成包庇、纵容黑社会性质组织罪。如果行为人仅知道某经营行为是某个黑社会性质组织实行的，但不知道其行为是出于洗钱的动机而仅仅认识到对方在进行合法经营，这样的话，我们认为行为人不构成包庇、纵容黑社会性质组织罪，即使该组织也确实是为洗钱而成立的也不应该认定为包庇、纵容黑社会性质组织罪。

　　另外，在司法实践中，黑社会性质的组织经常在某些特定领域、特定环节涉及不正当竞争等一般违法行为。如在招标拍卖中的不正当竞争，此时国家机关工作人员对其包庇、纵容是否构成本罪？

　　我们认为，如果国家机关工作人员在明知对方是黑社会性质组织前提下，面对对方实行的一般违法行为，如招标拍卖中的不正当竞争行为，对其一般违法行为进行包庇、纵容，可以构成本罪。因为，国家机关工作人员在明知对方实施一般违法行为是为其黑社会性质组织谋取经济利益，"以商养黑"的话，还对其违法行为或者不正当竞争行为予以包庇、纵容，这实际上会导致黑社会性质组织进一步强大，对社会造成的危害更甚，因此，对这种行为应当认定构成本罪。

第二节　本罪的犯罪主体的认定

本罪的犯罪主体只能是国家机关工作人员。非国家机关工作人员不能单独犯本罪，而只能与国家机关工作人员一起成为本罪的共犯。至于国家机关工作人员的范围，根据《刑法》第93条规定，应指在国家机关中从事公务的人员。具体包括在各级国家权力机关、行政机关、审判机关、检察机关以及军事机关中依法从事公务的人员。

本罪的犯罪主体只能由国家机关工作人员构成，这一点没有任何异议，但是此处的国家机关工作人员能否成为其所包庇、纵容的黑社会性质组织的成员？这一点理论界争论不休。

学界主要有两种观点。第一种观点认为，本罪的犯罪主体只要是国家机关工作人员，至于其是否同时为黑社会性质组织成员，在此不需要考虑；若其同时具备黑社会性质组织成员的身份，则应以本罪和组织、领导、参加黑社会性质组织罪实行并罚。[1] 第二种观点则认为，本罪的犯罪主体必须是国家机关工作人员，但同时又不是黑社会性质组织成员。[2]

我们认为对于此问题不能一概而论，应该分以下几种情况进行讨论。

第一，国家机关工作人员实施了组织、领导黑社会性质组织的行为后，又实施了包庇、纵容黑社会性质组织的行为。此种情况之下，行为人包庇了他人等于包庇了自己，因其应对黑社会性质组织的全部罪行承担刑事责任。作为黑社会性质组织的组织领导成员，其定与其他成员保持着一定的联系，只要有关部门查获了本组织或成员的犯罪行为，自己的罪行也

---

① 赵秉志：《扰乱公共秩序罪》，中国人民公安大学出版社1999年版，第363页。

② 张明楷：《刑法学》（下），法律出版社1997年版，第816页。

将暴露。自保是人的本能，在这种情况下我们不可能期待当事人不为包庇、纵容的违法行为。在无期待可能性的情况下，法律也不应该对其包庇、纵容给予处罚。因包庇自己而构成包庇罪是无法想象的。因此，国家机关工作人员后续的为了不使有关机关或部门发现、惩处该黑社会性质组织而实施的包庇行为，不能再认定为包庇黑社会性质组织罪，仅能以组织、领导黑社会性质组织罪追究国家机关工作人员的责任。

第二，国家机关工作人员实施了参加黑社会性质组织的行为后，又实施了包庇、纵容黑社会性质组织的行为。此种情况下，如果其所包庇的是自己参加的犯罪，因其仅对所参加的犯罪承担刑事责任。包庇自己的犯罪，根据"事后不可罚"原则，应认定为参加黑社会性质组织一罪，对其包庇行为不宜再单独追诉。

第三，国家机关工作人员实施了参加黑社会性质组织的行为后，又实施了包庇、纵容黑社会性质组织的行为，如果其所包庇的是自己没有参加的、该黑社会性质组织实施的其他犯罪，因其仅对所参加的犯罪承担刑事责任，该黑社会性质组织实施的其他犯罪被查处并不必然引发自己承担刑事责任。在此情况下再包庇、纵容，那么其实质上就实施了"参加"与"包庇"两个行为，且两行为相互独立没有联系，依据《刑法》第294条第3款，应当对行为人以参加黑社会性质组织罪与包庇黑社会性质组织罪实行数罪并罚。

由此可见，组织、领导黑社会性质组织的国家机关工作人员不可能再成立包庇、纵容黑社会性质组织罪。参加黑社会性质组织的国家机关工作人员也不可能再包庇、纵容自己所参加的犯罪行为。只有在国家机关工作人员参加黑社会性质组织且包庇、纵容了其没有参与、组织实施的其他犯罪时，才能以参加黑社会性质组织罪与纵容黑社会性质组织罪实行数罪并罚。

第三节　本罪犯罪主观要件中"明知"的认定

在惩治包庇、纵容黑社会性质组织罪时，犯罪嫌疑人最多的辩护理由是："我不知道对方是一个黑社会性质组织""我不明知我包庇的是一个黑社会性质组织"等。这样的理由比比皆是、随处可见。因为根据本罪是故意犯罪，故意犯罪是以犯罪行为人要"明知"为基本前提，因此，犯罪嫌疑人"不明知"的辩解"振振有词"、辩护人的辩护意见"铿锵有力"，这样的话，对这些犯罪嫌疑人就不能以包庇、纵容黑社会性质组织罪论处。那么，这个罪名几乎处于立法虚置状态，在司法实践中根本就无法适用。对此，本书重点探讨包庇、纵容黑社会性质组织罪中对"明知"的理解，试图找到一条解决包庇、纵容黑社会性质组织罪问题的新思路。

一　对本罪"明知"的学术争鸣

包庇、纵容黑社会性质组织罪的犯罪行为人在主观上只能出自故意，不可能出自过失，对此是毋庸置疑的。但是，在犯罪行为人包庇、纵容的主观故意中，是否必须包含"明知包庇、纵容的对象是黑社会性质的组织"这一认识因素呢？理论界对此有几种不同的看法。

第一种观点认为，大多数学者认为本罪故意的成立，必须以行为人主观上明确认识到其所包庇、纵容的是黑社会性质的组织或黑社会性质组织的违法犯罪活动为不可缺少的条件，"本罪的主观方面只能是故意，即行为人明知对方是黑社会性质的组织而予以包庇，或明知是黑社会性质组织进行的违法犯罪活动而予以纵容"[1]，若行为人"不明知是黑社会性质的组织及其活动而实施包庇、纵容行为的，不成立本罪"[2]。

第二种观点认为，本罪的主观构成要件是故意，"即明知是黑社会性质组织、黑社会性质组织所进行的违法犯罪活动，而故意地包庇、纵容，但不要求行为人像司法工作人员那样确切地认识到对方属于刑法意义上的黑社会性质组织"。换言之，只要行为人认识到对方可能是黑社会性质组织即可。[3] 这种观点的潜台词就是，本罪的行为人如果是非司法工作人员，就只要认识到对方是一个组织就行了，不需要确切地认识到对方属于刑法意义上的黑社会性质组织，但是，如果犯罪行为人是一个司法工作人员，如公安、检察或者审判人员，在包庇、纵容该组织的犯罪行为时就需要确切地认识到对方属于刑法意义上的黑社会性质组织。

第三种观点认为，对本罪的"明知要做宽泛的理解"，只要行为人在

---

[1]　高铭暄、马克昌：《中国刑法解释》，中国社会科学出版社 2006 年版，第 2047 页。

[2]　梁华仁、裴广川：《新刑法通论》，红旗出版社 1997 年版，第 319 页。

[3]　张明楷：《刑法学》（第五版），法律出版社 2016 年版，第 1073 页。

实施包庇、纵容时明知其所包庇、纵容的是一个犯罪组织或犯罪组织所实施的违法犯罪活动，一旦该犯罪组织日后被认定为黑社会性质组织，即可成立本罪。① 甚至有学者更近一步，主张"对行为人定包庇、纵容黑社会性质组织罪，并不以明知是黑社会性质组织及其进行的违法犯罪活动为要件，除非违背刑法主客观相一致原则或是行为人对其所包庇的黑社会性质组织完全不知情"②。

面对这些不同的观点，在司法实践中会带来不同的认识与处理结果。

按照第一种观点的结论，在司法实践中可能很难有包庇、纵容黑社会性质组织罪的成立，这个罪名真的就可能成为立法虚置。如果要构成本罪一定要知悉自己所包庇、纵容组织的黑社会性质，这一要求显然会高出大众的一般认知水平，是非常不合理的。在司法实践中，正如前面所述，犯罪嫌疑人最多的辩护理由是："我不知道对方是一个黑社会性质组织""我不明知我包庇的是一个黑社会性质组织"等。这样的理由比比皆是、随处可见。当然，我们可以找到其他证据来证明犯罪嫌疑人是"明知"对方是黑社会性质组织，但是，黑社会性质组织从萌芽状态的"恶势力"发展壮大为"黑社会性质组织"过程中，许多为其提供包庇、纵容的"保护伞"的国家机关工作人员很可能确实不知道对方能够发展壮大到一个黑社会性质组织的程度，只知道对方在从事一些违法犯罪的行为，但出于经济利益的考虑或者其他的考虑而为其提供"保护伞"。但对于"恶势力"或者一些非法组织能够发展为黑社会性质组织，"保护伞"的作用甚大，甚至可以说，没有"保护伞"，就不可能有黑社会性质组织的存在。从司法实践来看，一般来说，最初当"恶势力"或者非法组织欺压普通民众时，普通民众不可能坐以待毙，而是会向相关部门控告或者申诉，正是由于这些相关部门的某些人是"保护伞"，包庇、纵容这些组织违法犯罪行为的发生，对普通民众的受害诉求置之不理甚至予以打击，才导致这些组织发展、壮大为黑社会性质组织。因此，如果强求其必须"明知"对方是黑社会性质组织才能够成立本罪的话，那么，只能对这些"保护

① 刘宪权、吴允峰：《黑社会性质组织犯罪司法认定中若干疑难问题探讨》（下），《犯罪研究》2002年第2期。

② 张苏苏：《包庇、纵容黑社会性质组织罪主观方面研究》，《湖北警官学院学报》2012年第3期。

伞"无罪释放。这样的结论是民众无论如何都无法接受的，因为民众对"保护伞"的反感比对黑社会性质组织的反感更甚。因此，对"保护伞"包庇、纵容黑社会性质组织的行为予以严惩既是还民众以公平，也是法律正义的彰显。

按照第二种观点的结论，对普通的国家机关工作人员而言，由于"不要求行为人像司法工作人员那样确切地认识到对方属于刑法意义上的黑社会性质的组织"，因而这些国家机关工作人员可以成立包庇、纵容黑社会性质组织罪。但是，对于司法工作人员而言，由于要求"确切地认识到对方属于刑法意义上的黑社会性质的组织"，正如上述理由，很多司法工作人员在对方还处于萌芽状态、还是"恶势力"或者从事一些违法犯罪的非法组织时，对其行为人予以包庇或者纵容，才导致最终这些非法组织发展壮大为黑社会性质的组织，对于这些包庇、纵容者，同样应该严惩。即使有些组织已经发展壮大为黑社会性质组织，但司法工作人员在还没有对其进行立案侦查时，很多司法工作人员同样可能不知道对方是黑社会性质组织，只是知道对方在从事一些违法犯罪活动，出于各种原因的考虑而对其违法犯罪行为予以包庇、纵容，如民事法官对黑社会性质组织利用强迫交易获取的利益予以保护等，此时如果要求"确切地认识到对方属于刑法意义上的黑社会性质组织"，同样会导致对这些司法工作人员的放纵。

第三种观点的结论有一定道理，因为其主张行为人在实施行为时仅仅意识到其所包庇、纵容的是一个犯罪组织或者犯罪组织所实施的违法犯罪活动，一旦该犯罪组织日后被认定为黑社会性质组织，即可成立本罪。但是，如果完全不考虑行为人在实施包庇、纵容当时对其包庇、纵容对象很可能是一个黑社会性质组织的认识，而以司法机关事后对犯罪组织性质的认识和判断作为代替行为人本人在行为当时对所包庇、纵容的对象的认识和判断，就是对"明知"的放弃，这似乎是一种客观归罪的方式，又违背了主客观相统一原则。[①] 至于主张对行为人定包庇、纵容黑社会性质组织罪，并不以明知是黑社会性质组织及其进行的违法犯罪活动为要件的观点，似乎就放弃了主观上需要明知的认识因素，似乎又对包庇、纵容黑社会性质组织罪的打击面过于宽了。

---

① 黄京平、石磊：《论包庇、纵容黑社会性质组织罪的主体和主观方面的若干问题》，《法制现代化研究》2004 年第 9 期。

二　对本罪"明知"的认识

我们认为，本罪故意的成立，并不以任何犯罪行为人（包括司法工作人员或者非司法工作人员）主观上必须明确认识到对方是黑社会性质组织为条件。只要行为人明知对方是经常性地从事违法犯罪活动或者从事严重犯罪活动的组织，仍然对该组织及其成员予以包庇，或者纵容其实施违法犯罪活动，就具备了成立本罪故意所必需的认识因素。主要理由如下。

第一，根据罪刑法定原则，只有当法律有明文规定的情形下，才能认为某种犯罪必须以行为人"明知"某种特定的对象或者"明知"自身的状态等作为其主观方面不可或缺的认识因素。在我国《刑法》中，第144条对于销售有毒有害食品罪，明文规定行为人在主观上必须"明知掺有有毒有害的非食品原料的食品"。《刑法》第360条对于传播性病罪，明文规定行为人在主观上必须"明知自己患有梅毒、淋病等性病"。《刑法》第311条对于拒不提供间谍证据罪，明文规定行为人在主观上必须"明知他人有间谍犯罪行为"等。对于这些犯罪，只有明确规定其主观方面的明知的内容才能准确地揭示行为人的主观恶性以及行为的社会危害性，才能准确地区分罪与非罪、此罪与彼罪的界限。《刑法》第310条对于包庇罪，明文规定行为人在主观上对于其犯罪对象必须"明知是犯罪的人"。但是在《刑法》第294条第4款对包庇、纵容黑社会性质组织罪的规定中，却并未作出行为人必须"明知"其犯罪对象是黑社会性质组织、黑社会性质组织的违法犯罪活动的规定，并且在最高人民法院的司法解释中也未作出这样的规定。因此，根据罪刑法定原则的要求应当认为，本罪故意的认识因素，仅就对于对象的认识而言，只须具备了普通包庇罪所要求的"明知是犯罪的人"即为满足。而认为必须以行为人主观上明确认识到其所包庇、纵容的是黑社会性质的组织或黑社会性质组织的违法犯罪活动为不可缺少的条件的观点，是没有法律依据的。

第二，如果要求"确切地认识到对方属于刑法意义上的黑社会性质组织"才能成立本罪的话，但是，在司法实践中，判断某一组织是否为"黑社会性质组织"，比较复杂困难，会导致很多包庇、纵容黑社会性质组织罪无法处理。因为，"黑社会性质组织"是一个复杂法律概念，是一种高级的共同犯罪的组织形式，有着比普通犯罪集团更为严格的法律特征。在司法实践中，针对黑社会性质组织罪是否成立众说纷纭，争执不下。虽然我国《刑法修正案（八）》认定构成黑社会性质组织罪包括四个要素：组织特征、经济特征、行为特征、危害性特征。但什么情况下成立"组织特征"，人数要求具备多少才能符合黑社会性质组织罪的要求，是否3人以上就可以算作符合组织特征等问题困扰着司法实践。① 尤其是"危害性特征"的理解，什么程度才能达到"非法控制或者有重大影响"？② 这些问题都让理论学界和司法实践争执不下。③ 既然连学术界和司法工作人员在事实清楚的前提下可能对是否构成黑社会性质组织罪都有一些不同看法的话，作为包庇、纵容者在一般不完全清楚④被包庇、纵容者的全部犯罪违法事实的情况下，就更不可能认识到自己包庇、纵容的这个组织就已经是黑社会性质组织了。更何况，是否成立黑社会性质组织罪的最终认定要依靠法院的判决，在法院的判决之前，是否成立黑社会性质组

---

① 黑社会性质组织要多少人才能构成？以往的有些地区的司法实践中有某种观点说要10人以上才能符合组织特征，才能作为认定黑社会性质组织的"组织标准"。但我们认为不能单以人数的多少作为标准。即使只有五六个人，只要符合黑社会性质组织的其他标准，特别是手段特别残忍，情节特别恶劣的，欺压残害群众情节非常严重的组织，也可以认定为黑社会性质组织。当然，作为一个组织，最起码还是要达到刑法所要求的犯罪集团的要求，即"3人"以上。

② 对黑社会性质组织所要求的非法控制或者重大影响的理解问题，我们认为，在一定区域的非法控制或者重大影响的控制范围应当以"乡、镇"控制的区域为起码标准。因为黑社会性质组织罪作为与"白"相对抗的"社会"存在，而"白"政府控制的最基层政府组织就是"乡、镇"，因此，如果黑社会性质的犯罪控制的区域连基层政府组织的区域都无法控制，那就谈不上与"白"相对抗的"社会"存在了。在一定行业的控制范围应当以区、县的相关行业为标准，因为如果在一个区、县的行业内都达不到非法控制或者重大影响的话，就应当无法成立黑社会性质组织罪。

③ 我们认为，我们在认定黑社会性质组织罪上一定要慎重。我们不能将任何"恶势力"都理解为黑社会性质的犯罪，因为黑社会性质组织罪是一个非常严重的犯罪，即使没有其他严重的犯罪行为，光构成组织、领导黑社会性质组织罪都要判处7年以上有期徒刑，积极参加人员要判处3—7年有期徒刑。这是一个非常严重的刑事处罚。试想，一般情节的抢劫、强奸都才判处3—10年的有期徒刑，那要多么严重的行为才能被判处7年以上的有期徒刑！因此，根据罪刑相适应原则，对认定黑社会性质组织罪当然要慎重。《刑法修正案（八）》就是为了避免将黑社会性质组织罪作为一个大筐，什么都往里面装的情形，就将寻衅滋事、敲诈勒索、非法拘禁、强迫交易等行为提高法定刑，告诫我们，当仅仅是"恶势力"时，用这些罪名足以。

④ 因为包庇纵容者一般不可能知晓黑社会性质组织的全部违法犯罪事实，更不可能参与这些违法犯罪事实，否则就是组织、领导、参加黑社会性质组织罪的共同犯罪了。

织罪都是一个问号。因此，此时就要求包庇、纵容者要明知自己包庇、纵容的是一个黑社会性质组织是不现实的。正是由于黑社会性质组织在认定上的严格性，使得实施包庇、纵容行为的国家机关工作人员，在通常情形下也很难根据上述四个特征来"明知"其包庇、纵容的对象是黑社会性质组织或黑社会性质组织的违法犯罪活动。

第三，要求主观上以明确认识到其所包庇、纵容的是黑社会性质组织或黑社会性质组织的违法犯罪活动为不可缺少的条件，将给司法认定造成困难，为犯罪分子规避法律提供理由。如上所述，"黑社会性质组织"是一个复杂的法律概念，如果把明知"黑社会性质组织"作为主观上的必备要件的话无疑会给司法人员带来沉重的压力。在所包庇、纵容的是黑社会性质组织犯罪中，犯罪分子往往以不知道对方是黑社会性质组织为由来替自己开脱。一旦主观上的认识因素规定为明知是黑社会性质组织，那么司法工作人员就必须用证据证明，犯罪分子对于所包庇、纵容的是黑社会性质组织是明知的。主观的想法用客观证据来证明无疑是一个很大的难题，会给司法认定造成不必要的麻烦。

三　对"明知"的准确理解

在这里，需要说明的是，这里的"明知"不能理解为"知道或者应当知道"。虽然刑法学界很多学者都这样来理解"明知"的，我国相关司法解释也是这样来理解"明知"的，例如 2002 年最高人民法院、最高人民检察院、海关总署印发的《关于办理走私刑事案件适用法律若干问题的意见》第 5 条明确规定："走私主观故意中的'明知'是指行为人知道或者应当知道所从事的行为是走私行为。"基于这种一致的态度，在最高人民法院、最高人民检察院、公安部于 2009 年 7 月联合发布的《办理黑社会性质组织犯罪案件座谈会纪要》中就明确规定："包庇、纵容黑社会性质组织罪主观要件的认定中，主观方面要求必须是出于故意，过失不能构成本罪。会议认为，只要行为人知道或者应当知道是从事违法犯罪活动的组织，仍对该组织及其成员予以包庇，或者纵容其实施违法犯罪活动，即可认定本罪。"2018 年最高人民法院、最高人民检察院、公安部、司法部印发的《关于办理黑恶势力犯罪案件若干问题的指导意见》也对参见黑社会性质组织罪中的"明知"是黑社会性质组织时，规定为"知道或者应当知道是以实施违法犯罪为基本活动内容的组织，仍加入并接受其领导和管理的行为，应当认定为'参加黑社会性质组织'"。

　　但是，我们认为，这种规定或者理解是不符合刑法规定的，因为，"应当知道"这是对过失犯罪的要求，而本罪是一个明显的故意犯罪。按照《刑法》第 17 条的规定，故意犯罪的认识因素是指明知自己的行为会发生危害社会的结果，"会"包含一定或者可能。因此，这里的明知就应该理解为是知道"一定是或者可能是"黑社会性质组织。[①] 同时也要注意的是，犯罪故意中的"可能是"只能理解为是"较大可能"或者可能性的概率相对比较大的"可能"。[②] 因此，"明知"是黑社会性质组织就只能理解为明知对方"一定是或者很可能是"黑社会性质组织。

　　要求行为人认识到包庇、纵容的对象有较大概率是黑社会性质组织，这不是凭空设想的，要有法律根据，否则就会扩大打击面，违反刑法的补充性。判断对方是否较大概率是黑社会性质组织，首先，行为人至少要认识到包庇、纵容的是一个组织的存在。如果认识到对方仅仅是一个人或者几个人的共同犯罪，或者仅仅是为了获取利益实施的不正当竞争行为，而对其提供方便，就不能说认识到对方可能是一个黑社会性质组织，也就无法认定为包庇、纵容黑社会性质组织罪了。其次，行为人要认识到对方是在实施违法犯罪行为，要么是在经常性地实施违法犯罪行为，要么是在实施社会危害比较严重的犯罪行为，这样才能说行为人是认识到对方"很可能"是黑社会性质组织。如果只认识到对方仅仅实施一次较轻的违法犯罪行为，并不知道该组织还在实施其他的违法犯罪行为或者其他严重的犯罪行为，此时，就不能说行为人"很可能"认识到对方是黑社会性质组织，此时就不能以包庇、纵容黑社会性质组织罪论处。这样才符合主客观相统一原则。因此，2018 年最高人民法院、最高人民检察院、公安部、司法

---

　　① 实际上，我国也有司法解释将"明知"做这样的理解。如原来还存在嫖宿幼女罪的时候，2001 年 6 月最高人民检察院在《关于构成嫖宿幼女罪主观上是否需要具备明知要件的解释》中规定："行为人明知被害人是或者可能是不满 14 周岁幼女而嫖宿的，适用刑法第三百六十条第二款的规定，以嫖宿幼女罪追究刑事责任。"至于为什么后来的司法解释都突破了这个规定对"明知"的理解，我们不得而知。

　　② 这就是故意犯罪与过于自信的过失的区别。过于自信的过失刑法条规定的是"已经预见"，这说明其认识到自己的行为会发生犯罪的社会危害性的可能性比较小，相反，故意犯罪是"可能"，说明其认识到自己的行为会发生犯罪的社会危害性的可能性比较大。

部印发的《关于办理黑恶势力犯罪案件若干问题的指导意见》用"知道或者应当知道是以实施违法犯罪为基本活动内容的组织"的描述还是比较合理的。

四 小结

包庇、纵容黑社会性质组织的行为对社会的危害极大，这些行为不仅助长一个小小的非法组织能够发展壮大为黑社会性质组织，使国家、社会和民众深受其害；也使民众对国家机关工作人员丧失信心、失去信任。司法工作人员为了包庇、纵容黑社会性质组织而采用司法途径打压受害民众，将使民众对社会公正完全失去信心，直接威胁到整个社会的诚信基础。因此，对包庇、纵容黑社会性质组织罪的惩处非常必要。正是由于惩处的必要性和重要性，对于包庇、纵容黑社会性质组织罪中故意犯罪的"明知"的理解就不能机械地理解为"必须以行为人主观上明确认识到其所包庇、纵容的是黑社会性质的组织或黑社会性质组织的违法犯罪活动为不可缺少的条件"，也不能理解为司法工作人员要"确切地认识到对方属于刑法意义上的黑社会性质组织"，否则很难对这些包庇、纵容者予以打击。只要行为人知道对方一定是或者可能是黑社会性质组织，即意识到对方是经常性地从事违法犯罪活动或者从事严重犯罪活动的组织，仍然对该组织予以包庇、纵容，就可以成立本罪。只有做这样的理解，才可以严厉打击这种危害极大的犯罪，可以有效地保障人权，[①] 不随意扩大打击面，真正实现罪刑法定原则和罪刑相适应原则。

第四节　本罪罪数方面的认定

当国家机关工作人员既收受、索要贿赂，又对黑社会性质组织进行包庇、纵容的，如何认定？

---

① 刑法所要保障的人权是全体公民的基本人权，其中包括了被害人、犯罪人和一般的公民的基本人权。因此，就不仅仅是保护犯罪人的人权，同时对被害人和其他一般的公民的人权也要进行保护。当然，我们现阶段是对犯罪人人权的保障做得不够，但是，也不能就一味地强调犯罪人人权的保障而忽视被害人和社会一般公民人权的保障。参见肖洪《论刑法的调整对象》，中国检察出版社 2008 年版，第 39 页。

对于此问题理论界实务界一直争论不休。有部分学者主张不实行数罪并罚，认为只认定受贿罪。因为受贿罪中有"情节严重的规定"，情节严重的规定就是指受贿以后用渎职的行为为他人谋取不正当利益。这说明立法者考虑到受贿并渎职的情形，而且只用一个受贿罪就可以包含对这两种行为方式的处理。如《刑法》规定，"个人受贿数额在 10 万元以上的，处 10 年以上有期徒刑或者无期徒刑，可以并处没收财产；情节特别严重的，处死刑，并处没收财产"，这里的"情节特别严重的"就是指实施了渎职的行为，故认为受贿罪中能够包含这种行为。

有的学者主张实行数罪并罚，他们认为收受、索要贿赂，又对黑社会性质组织进行包庇、纵容的是数行为触犯数罪，构成牵连犯，应当数罪并罚。

我们认为应该实施数罪并罚，理由如下。

首先，受贿罪和包庇、纵容黑社会性质组织罪，是两种行为，触犯了两个客体，侵犯了刑法所保障的两种社会关系。受贿罪侵犯了国家工作人员职务的廉洁性。而包庇、纵容黑社会性质组织罪则侵犯了国家机关对公共秩序的管理活动及社会治安管理秩序。单单一个受贿罪无法完全评价这种包庇、纵容黑社会性质组织行为的渎职性以及带来的危害。

其次，针对学者提出的认为只认定受贿罪是因为受贿罪中有"情节严重的规定"能够包含渎职行为的观点，我们认为，这种观点明显不具有现实的可操作性。我们不可能真正要求受贿罪中只要行为人实施了渎职的行为就完全按照法律规定的"情节特别严重的，处死刑"来定罪处罚。如行为人受贿 10 万元并伴随渎职行为的，是不可能直接就判处死刑的，这种对刑法的理解是不准确的。

最后，按照牵连犯处罚具有立法理论上的依据。刑法分则中对牵连犯的处理有五种态度：一是对牵连犯的处罚不做规定；二是对牵连犯从一重罪处罚；三是对牵连犯从一重从重处罚①；四是规定独立的法定刑；五是

---

① 如《刑法》第 253 条规定，邮政工作人员私拆、隐匿、毁弃邮件而窃取财物的，依照第 264 条关于盗窃罪的规定从重处罚。

实行数罪并罚。① 因此，刑法分则的五种态度对该牵连犯的处罚提供了立法理论上的依据。② 目前黑社会性质组织犯罪日益猖獗与国家机关工作人员的包庇、纵容有着重要的、直接的关系。因而，为了更好地打击犯罪，预防犯罪，按第五种方式对国家机关工作人员实行数罪并罚，更为妥当。重庆市司法系统联合于 2009 年 10 月出台的《关于办理黑社会性质组织犯罪案件若干问题的意见》第 8 条也明确规定："国家机关工作人员收受贿赂而包庇、纵容黑社会性质组织犯罪，构成受贿罪和包庇、纵容黑社会性质组织罪的，应当数罪并罚"，2013 年 1 月正式施行的最高人民法院、最高人民检察院《关于办理渎职刑事案件适用法律若干问题的解释》（一）第 3 条也明确规定："国家机关工作人员实施渎职犯罪并收受贿赂，同时构成受贿罪的，除刑法另有规定外，以渎职犯罪和受贿罪数罪并罚。"这两个规定都说明对这个问题的理解是准确的。

---

① 如《刑法》第 157 条规定，以暴力、威胁方法抗拒缉私的，以走私罪和妨碍公务罪实行数罪并罚。

② 胡启明、卢克建、王燕飞：《包庇、纵容黑社会性质组织罪的构成特征及司法适用》，《南华大学学报》2002 年第 4 期。

第六章

受贿罪的客观要件的分析

受贿罪，是司法工作人员构成职务犯罪的主要犯罪类型，主要是因为司法工作人员触犯职务犯罪更多的是出于经济上的原因，再加上其手中具有的权力以及行贿人"前仆后继"式地"追捧"和行贿，因此，更容易触犯受贿罪，因此，探讨受贿罪成为研究司法工作人员职务犯罪预防的需要。当然，由于受贿罪的内容太多，这里我们选取了受贿罪的客观要件问题进行分析和探讨。

第一节　贿赂的范围

一　我国现行法规定

根据我国《刑法》第 385 条，以及 2016 年 4 月最高人民法院和最高人民检察院联合颁布的《关于办理贪污贿赂刑事案件适用法律若干问题的解释》（以下简称《解释》）第 12 条①的规定，我国贿赂犯罪的范围为货币、物品和财产性利益，即截至目前，只有可以用货币进行衡量和折算的物质性利益才是贿赂的范围，比如条文中所列的房屋装修费、免除的债

① 第 12 条：贿赂犯罪中的"财物"，包括货币、物品和财产性利益。财产性利益包括可以折算为货币的物质利益如房屋装修、债务免除等，以及需要支付货币的其他利益如会员服务、旅游等。后者的犯罪数额，以实际支付或者应当支付的数额计算。

务、支付货币的会员服务和旅游等，以及入干股、使用费等常见名目。然而，虽然现实生活中大多数贿赂是以财物进行贿赂，但是随着我国对贿赂犯罪的打击力度的增强，贿赂犯罪的手段呈多样化发展，其隐蔽性也越来越高，应运而生的是通过提供性服务，或者调动工作、提拔职务、解决户口问题等非物质利益进行的贿赂犯罪。可见，将贿赂范围限定于财产性利益虽然可以处理目前为止的多数案件，但是其弊端亦越发明显，因此对贿赂范围的认定应作进一步探讨和研究。

虽然一直有呼声建议将非财产性利益纳入贿赂范围，但是有不少学者出于刑法谦抑性原则和基于刑法作为诸法的保障法、后盾法地位的考虑，认为刑法规制的范围不宜过宽，若放宽到"任何好处"可能会出现因打击面过宽而过度侵入公民私生活，同时与影响我国几千年的人情文化和社会心理也不相符合，甚至可能会导致社会生活与司法实践的混乱。[1] 此外，最主要的原因可能要归结于受贿罪定罪量刑的标准需要通过对受贿之财产进行价值评估和界定，而非财产性利益在量化方面存在明显弊端，量化难即意味着缺乏进行数额评估的可操作性，因此认为不宜将非财产性利益纳入贿赂范围。另有学者指出，利用职务便利索取、收受非财产性利益，为他人谋取利益的行为，可以用党纪政纪等方式处理，虽然没有上升到犯罪的层面，但是仍然可以达到惩治腐败的目的。[2]

当然也有不少学者支持利益说，认为人的需要存在于方方面面，有些人对物质有需求，而有些人对性、职务等非物质有追求，因此将贿赂范围扩展到利益才能符合现状。[3] 同时，在民众心中，不会因为国家工作人员接受的是性服务等非财产性利益而认为这属于道德范畴或者对此进行道德谴责即可，相反越来越多的性贿赂、有目的性和针对性调职等事件的发生对民众造成的不良影响和社会危害性更加恶劣。可见，不论是何种利益，都会破坏国家公务人员行为的廉洁性，因此应当将非物质性利益纳入贿赂范围的立法中。

---

① 高铭暄、张慧：《论受贿罪的几个问题》，《法学论坛》2015 年第 4 期。

② 谢甫成、牛建平：《受贿罪认定中值得探讨的几个问题》，《重庆大学学报》（社会科学版）2001 年第 3 期。

③ 王作富：《经济活动中罪与非罪的界限》，中国政法大学出版社 1993 年版，第 5 页。

二　对我国刑法规定的贿赂范围的认定

我国将贿赂范围规定为可以折算和衡量的财产性利益有一定的根据，这不仅符合大部分国家的法律规定的共同点，也适应多数贿赂犯罪的情形，更重要的是符合我国是成文法国家的国情，财产性利益在证据固定、认定犯罪事实以及定罪量刑中具有不可忽视的优势，但是其无法适应日新月异的新型贿赂犯罪形式，而且最新司法解释已经将贿赂范围从"财物"扩展到"财产性利益"，相信不会止步于此，贿赂范围将进一步突破财产性利益的枷锁，正式将非财产性利益囊括其中。

非财产性利益中"非财产性"意味着虽然难以甚至无法用货币计量，但仍可以收买和笼络人心，并且可以满足人们对其身份地位、生理和心理上的需求和欲望。[①] 将贿赂的范围扩大到非财产性利益，不仅是由贿赂犯罪的本质所决定的，也是由众多其他国家乃至联合国的立法所支持的。

而且，横向比较其他国家和地区对受贿范围的规定，《联合国反腐败公约》第 15 条有两项规定，一项是"直接或间接向公职人员许诺给予、提议给予或者实际给予该公职人员本人或者其他人员或实体不正当好处，以使该公职人员在执行公务时作为或者不作为"；另一项是"公职人员为其本人或者其他人员或实体直接或间接索取或者收受不正当好处，以作为其在执行公务时作为或者不作为的条件"。[②] 此处明确贿赂的范围是不正当好处，所谓好处既可以是有形的也可以是无形的，既包括既得的也包括将来可能得到的，因此该公约对贿赂范围的限定既囊括财产性利益也涵盖非财产性利益。

《美国模范刑法典》第 204 条明文规定贿赂对象是"财产的利益或利益"："财产的利益"是指以金钱、财产、商业上之权益或经济上之收益为主要内容之利益；"利益"是指收益、便益或其他受益人认为收益、便益之一切事物而言，包括对与受益人有利害关系之他人或组织利益在内，但不包括公职候选人所支持或反对之公共措施之结果之便益在内。虽然此处"利益"的内涵较之我们传统意义上的利益看似略有不同和限缩，但是仔细揣摩"受益人认为收益、便益之一切事物"，不难发现其实该规定

---

① 李亨：《论扩大受贿罪的贿赂范围》，硕士学位论文，吉林大学，2016 年，第 9 页。

② http：//www.un.org/zh/issues/anti-corruption/uncac_ text.shtml.

中"利益"指的就是好处，那么当然就包含了难以量化的服务、优势和性行为等内容，因此美国的贿赂对象也囊括了非财产性利益。

《日本刑法典》第 197 条规定："公务员或仲裁人，就其职务收受、要求或期约贿赂者"，该规定未提及贿赂的对象，正是为对其解释提供了广阔的空间和余地。加上日本判例的佐证，可知贿赂的范围不限于金钱、物品和其他财产性好处，但凡可以满足人的需求和欲望的一切利益，不论是何种形态、存在模式、享受方式，都可以成为贿赂的对象。

《德国刑法典》第 331 条规定：公务员或从事公务人员对现在或将来职务上之行为要求、期约或收受利益的是受贿罪。德国很明确地写明贿赂的范围是利益，而且并未对此附加定语作限缩，那么我们认为可以将此处利益按照常识常理常情去理解，即任何民众认为可以看作利益的，不限其存在方式、形态、可否量化以及是否已经取得等因素，都符合该规定。

《香港防止贿赂条例》第 201 条第 4 款规定贿赂的对象是利益，包括但不限于：（1）礼物、贷款、费用、报酬或佣金，其形式包括金钱、有价证券，其他财产或者任何财产权益；（2）任何职位、雇佣或契约；（3）支付、免除、清还或清理任何贷款，责任之全部或部分；（4）任何其他服务或优惠（款待除外）；（5）执行或不执行任何权力、权利或职责；（6）有条件或无条件提供、承担或承诺提供前述任何利益。我国香港地区采用概括式兼列举的方式明确贿赂对象的范围，不仅概括其为利益，而且通过列举六类各种形式的利益，以期尽量全面解释利益的内涵和外延，其中有金钱和物品等财产性利益，也有职位、权力、权利和服务以及承诺等非财产性利益，几乎将各式各样的利益全部囊括其中。

我国台湾地区"刑法"规定，受贿罪的对象是贿赂或其他不正当利益。此处所言"贿赂"是指金钱或可以用金钱计算之有形财物，简而言之是指可以进行价值评估的物品，至于其为动产或不动产，利用价值如何等在所不问。所谓"其他不正当利益"，我国台湾地区学界的通说是指"贿赂"以外可以满足人欲望之一切有形或无形的不正当利益，包括物质或非物质上的利益，如设定债券、提供担保、免除债务、给予无息或低息贷款等，不以是否具有经济价值为限，如招待宴饮、异性情交等。① 到此，我国台湾地区对受贿罪的贿赂对象不言而喻，同样将满足人的欲望之

---

① 边秀琴：《论受贿罪客观方面的几个问题》，《河北法学》2007 年第 8 期。

一切利益囊括在内，可以说是无所不包。

　　贿赂犯罪的本质是权与利的交易，那么任何可以满足人的需求和欲望，可以让人为之所动所买所满足的利益都应当是贿赂的范围。同时，放眼国际和联合国的相关立法和司法实践，亚洲的韩国、日本，欧洲的德国、法国和瑞士，美洲的美国和加拿大等诸多国家都将贿赂的范围锁定为"任何利益或好处"。我国已经签署加入的《联合国反腐公约》在第15条规定贿赂的范围为"不正当好处"，此处的"好处"其实就是利益。

　　而且随着社会的进步，人们已经从以往追逐物质财富的增加转变为更多地追求社会地位、生理和心理等精神层面的满足感。由此，投其所好的行贿方式也发生了很大的变化，包括权色交易、权权交易等形式在内的权利交易应运而生。

（一）建议将"性贿赂"入罪

　　性贿赂，是指行为人自己或雇佣他人向国家工作人员提供性服务以换取某些不正当利益的行为。根据"两高"在2016年颁布的《关于办理贪污贿赂刑事案件适用法律若干问题的解释》，性贿赂并未完全排除在贿赂犯罪的范围之外，可以查实到人证、物证或者可以用货币等财产性物质对该性贿赂进行量化的情形是可以构成贿赂犯罪的，其余情形则由于各种原因还未能纳入贿赂范围。

　　反对"性贿赂"入罪的学者主要是出于以下三个方面的考虑。

　　首先，认为国家公务人员接受他人性服务属于伦理道德问题，这属于双方男女的个人隐私，至多应由道德败坏来谴责或者给予纪律处分，而不应被追究刑事责任。从犯罪学、法社会学的角度来讲，性贿赂的行为是一种社会失范行为，并没有发展到必须由刑法来调整的地步。若是强行将性贿赂犯罪化，有种刑法越界进入道德领域的嫌疑，可能会混淆犯罪行为与社会失范行为的界限，同时也会有侵犯人权、隐私权的嫌疑。[①] 性贿赂处于道德和法律的灰色地带，刑法是规定其他法律无法调整的关系的，将性贿赂纳入刑法的范畴不符合刑法的谦抑性，所以应当由道德来约束。

　　然而，道德不应该成为阻碍性贿赂入罪的原因。道德和法律都是调整人们行为的手段，道德主要负责调整精神世界的行为规范，马克思曾言

---

① 李亨：《论扩大受贿罪的贿赂范围》，硕士学位论文，吉林大学，2016年，第16页。

"道德的基础是人类思想的自律"①，而法律则主要调整现实中的行为规范，其中刑法调整其他法律无法调整的严重的行为规范。道德和法律特别是道德和刑法其实各行其道，互不影响，但是互有牵连。刑法应该以道德为出发点的同时为人们限定最低的伦理标准，其实刑法和道德的关系大致可以被定为：道德是刑法的出发点，刑法是道德的底线。立法者不应为了维护道德准则，而肆意地将不道德行为均纳入犯罪行为，而是应当根据犯罪行为所侵害的法益性质、客观的危害程度来确定犯罪性质，从而判断是否应当由法律尤其是刑法来进行强制性调整，不然就与旧时的礼刑合一、刑法道德化、混淆道德与刑法作用的做法无异。因此，如果国家工作人员只是在生活中与他人婚外苟合，而并非行使公共权力谋私，则此问题可以作为道德问题或以违反党纪、政纪来处理。但如果国家工作人员是被收买后滥用职权或违背职务要求，在男女之间进行性交易，则其行为将有损国家工作人员的不可收买性或廉洁性，且具有严重的社会危害性，已经完全超出了道德范畴，且符合刑法所调整的范围。这也是当今多数国家和地区，纷纷把这类权色交易行为犯罪化的原因。

《联合国反腐败公约》将贿赂范围规定为"好处"，《意大利刑法典》中有关受贿罪的规定是第 319 条，其中把贿赂罪的范围界定为"金钱或是其他利益"。1976 年《德国刑法典》第 331 条同样规定了"收受利益者"均触犯了受贿罪。英国 1889 年通过的《公共机构贿赂法》规定贿赂的对象范围是"可以满足欲望的好处"。日本刑法虽然没有直接明确地规定贿赂所包含的范围，但在司法实践中却有判例将性贿赂归入贿赂的范围。因为日本现行法对贿赂的范围并无规定，因此依靠常识常理常情理解并无大碍，那么一切能够满足人的需要或是欲望的利益，无论是有形的还是无形的都可以成为贿赂对象。因此，性贿赂作为一种生理和心理上的享受性服务，也能够成为贿赂物。可见，在国外的司法实践中早已有把性贿赂纳入受贿罪的对象范围的先例。

而且，性贿赂入罪并不违背刑法谦抑性的精神。刑法的主要目的是通过明文规定社会底线，告知以及预防犯罪，因此将性贿赂入罪可达到遏制或者减少性贿赂犯罪的效果。随着社会和经济快速发展，绝大多数腐败案件充斥着形形色色的权色交易，高频发生的性贿赂现象也在不断地挑战着

---

① 《马克思恩格斯全集》（第一卷），人民出版社 1974 年版，第 15 页。

社会公众对道德底线的容忍度。最高人民检察院原副检察长就曾严肃指出，性贿赂是一种非常恶劣、危害性极大的犯罪行为。刑法古典学派创始人贝卡利亚曾言："衡量犯罪的真正标尺是犯罪对社会的危害。"虽然性贿赂处在道德与法律之尴尬境地，两者存在界限，但是当仅仅依靠道德的约束远远无法制约某种不正当行为时，法律不仅不能缺位，而且应当积极地予以解决。我们认为性贿赂不仅会诱发职务犯罪，给国家和社会造成巨大经济损失，严重破坏了国家工作人员的清廉性、职务行为的不可收买性以及经济秩序，而且导致道德沦丧，将其身份和职责抛掷九霄云外，在之后的工作中难以做到公平公正地完成国家的使命，严重影响政府形象和公信力。

其次，高铭暄教授等部分学者坚持反对将性贿赂入罪的理由是，从操作层面而言，性贿赂入罪带来的司法实践上的操作难度极大，存在量刑以及取证难问题，容易导致司法腐败的产生，因此主张沿用当前党纪政纪来规范限制权力的方式也能在一定程度上处罚和限制性贿赂。截至目前，我国现行《刑法》对贿赂行为的犯罪定性、量刑的轻重，都主要依据贿赂财物数额的大小和情节严重性而定。然而性贿赂的贿赂对象是"性"，这是无法量化的，如何取证以及定罪标准也将成为难题。同时权色交易十分隐蔽，最主要的证据就是犯罪嫌疑人的口供，很难与其他形式的证据相印证，会大大增加冤案错案的概率。

不可否认，"性贿赂"因其特有的隐蔽性特征而大大增加了认定、取证上的难度，而且，实践中"性贿赂"情况往往错综复杂，在自己成为性服务的提供者进行贿赂和有偿或者无偿寻得他人提供性贿赂等基本形式外，现实情况并不纯粹，有的兼有"两情相悦"的情人关系，或者是存在转化现象，即先有"性贿赂"后发展成"两情相悦"的情人关系，或是先有"两情相悦"的情人关系后因感情平淡而出现"性贿赂"等情况，这些情况的判定以及时间点的界定都存在很大的问题，不仅缺乏具体标准而且在司法实践中难以规范化操作，因此导致的自由裁量权过大又会给贿赂犯罪的司法腐败埋下隐患。[①] 甚至，除了可查证属实的嫖资、行贿者对提供性行为者的钱财往来等，的确难以确定是以性行为进行贿赂的，毕竟我们无法查悉他人的思想，没有物证佐证很难令人信服也很容易被推翻。

---

① 高铭暄、张慧：《论受贿罪的几个问题》，《法学论坛》2015年第4期。

但是，既然该行为已经产生了十分不良的影响，那么应该想方设法应对和解决困难，而不是止步旁观。"性贿赂"复杂的现状，确实是现实中大量存在的，但是这不应该成为我们就此打住的理由，相反正因为存在理论和实践中的种种困难，所以更应当想方设法地解决。虽然在调查性贿赂案件中，司法成本可能会比较高，但是正如学者评价所言，为攻克难关而投入的司法成本相较于贪官们收受性贿赂后的所作所为对社会造成的后果而言，是完全可以不用担心的。而且性贿赂入罪将发挥的威慑、教育和警示作用，不仅可以减少性贿赂行为发生的温床，还可以基于此大大提升政府的形象，可以说如此司法成本的投入是超值的。①

最后，持否定论的学者主张，性贿赂入罪会是刑法历史上的倒退。"在人类的历史上，男女不平等，女人仅仅是男人的附庸、女人是'物品'曾是绝大多数女人的宿命，甚至在不正常社会中将女人视为玩物被当作'正常现象'。然而现今男女生来平等作为一种民主观念早已深入人心，所以当我们把女人与'物'的概念脱离关系，就不应把'她'还回去，否则这就是一种倒退。"② 而且，"从法律发展历史来看，近代以来我们经过艰苦历程，才将通奸等性罪错行为从刑法中剔除。性贿赂与通奸、性乱为等性罪错行为具有相当的相似性，若性贿赂入刑，就应一罪俱罪。果真如此，那将是刑法制度的大倒退"③。

以上观点并非没有道理，但是我们的目光不应局限于将性贿赂犯罪化会损害当事人的个体利益，而应当透过现象观其本质，性贿赂与性行为、性服务等还是有区别的，一旦性贿赂完成，受害的就不仅仅是某个个体的利益，而是公序良俗、党纪国法，更是社会公众的利益甚至国家的利益，这样巨大的后果仅靠道德规范来调整是鞭长莫及的。公民的隐私权固然受法律保护，但其权利的行使也不应该损害到他人或社会的利益。性贿赂中的性权利在某种程度上已经成为一种具有社会属性的交换物，变成可以和权力进行交易的筹码，其不仅仅具有自然属性，还是商品化的性行为，早已经突破了隐私权的保护网。如果刑法能够维护个体的利益，但却对民众

---

① 袁建伟：《"性贿赂"入罪的制度设计》，《西安电子科技大学学报》（社会科学版），2009 年第 2 期。

② 杨兴培：《再论刑法不应增设"性贿赂犯罪"》，《检察日报》2008 年 9 月 4 日第 3 版。

③ 徐伟：《刑法学专家激辩性贿赂应否入罪》，《法制日报》2010 年 2 月 25 日第 4 版。

的群体利益视而不见，这显然是不合理的。同时如果依然让性贿赂在法律之外肆意滋衍，不仅社会经济利益受损，政府的公信力下降，更严重的是人们正常的道德观念将被颠覆，这对社会的影响是十分恶劣的。因此，将性贿赂纳入刑法规制的视野中，是刑法必要性的要求。

而且，性贿赂入罪与国际反腐败潮流相接轨与契合。《联合国反腐败公约》将贿赂范围规定为"好处"，美国、日本、韩国以及我国香港和台湾地区规定贿赂的对象亦囊括了非财产性利益，因此性贿赂当然在其范围之内。诸多讲求隐私权等人权的国家和地区纷纷将性贿赂犯罪化，也从侧面反映出性贿赂入罪不会违反人权，也不会与个人隐私权相冲突。我国作为联合国公约的签署国之一，有必要结合国情考虑与国际公约接轨。

结合以上理由，我们坚持认为性贿赂应当入罪，性贿赂犯罪化不仅不违背刑法精神和其谦抑性，更是满足刑法精神以及符合刑法谦抑性的要求。刑法的主要目的是预防和减少犯罪，将性贿赂入罪并不违反刑法的目的以及谦抑性的精神，反而能达到预防或减少贿赂型犯罪的目的。

无论是通过新创一条规定的方式，还是作为加重情节的方式纳入现有规定中，都应当运用法律的手段和强制力来规范"性贿赂"现象。这不仅是为了遏制其当前不断蔓延的趋势，更是考虑到其未来所能发挥的正面影响和积极作用。而且，性贿赂入罪不仅关系着对性贿赂本身的控制和打击，更是贿赂范围从财产性利益扩展为任何利益中里程碑式的一步。对于性贿赂入罪，除了理论上支持，还应该从制度角度去思考如何设计性贿赂入罪的路径，目前有三种解决思路。

第一种思路是把"性贿赂"从现有的贿赂罪中独立出来，单独成立一个新的罪名——性贿赂罪。第二种思路是通过修改立法将现行贿赂罪的贿赂范围扩大，将现行贿赂的内容扩大到"财产性利益和其他不正当利益"，这样性贿赂自然就可以包括在内。第三种思路是采取增设条款的方式，在《刑法》第385条下增设一款：国家工作人员利用职务上的便利，索取与他人发生不正当的性关系或第三人提供的性服务，或接受与他人发生不正当性关系或第三人提供的性服务，为他人谋取不正当利益的，依照前款规定处罚。

立足我国目前的立法框架和司法环境，一是可以考虑通过司法解释将贿赂犯罪的对象范围扩大至"其他不正当利益"，这样性贿赂自然就可以纳入贿赂的范围；二是可以考虑将性贿赂作为贿赂罪的量刑情节，归入现有的贿赂犯罪中，通过司法解释调整行贿罪和受贿罪的量刑起点和刑度，对性贿赂适用行贿罪和受贿罪的基本量刑档次，从而弥补我国暂无约束性贿赂行为法律规定的漏洞。①

（二）建议将"为特定关系人安排工作"入罪

2007 年，最高人民法院和最高人民检察院联合发布的《关于办理受贿刑事案件适用法律若干问题的意见》（以下简称《意见》）第 6 条、第 7 条和第 11 条分别规定了关于特定关系人"挂名"领取薪酬问题、关于由特定关系人收受贿赂问题和关于"特定关系人"的范围。我们认为，如今"特定关系人"的定义与之前变化不大，因此可以沿用第 11 条的规定，特定关系人是指与国家工作人员有近亲属、情妇（夫）以及其他共同利益关系的人。从定义可以看出，特定关系人的范围较近亲属的范围更为宽泛，不但存在着当今社会中已经成为事实并在贪腐案件中屡见不鲜的情夫情妇关系，而且用"其他共同利益关系的人"对特定关系人的实质作了概括性表述和兜底性规定，实则凡是与国家工作人员共享共同利益关系的人均可以称为"特定关系人"。

"老虎苍蝇一起打"的口号预示着国家对腐败打击力度的加大以及反腐的决心，在此大环境下，行贿和受贿的手段趋于隐蔽化和间接化，为了在被调查时为自己留有退路和回旋的余地，由此逐渐涌现出"由特定关系人收受贿赂"的变体——接受为特定关系人安排工作。实践中，不乏行贿人和受贿人以为对方的特定关系人安排工作为幌子掩盖行贿受贿的事实。

国家工作人员利用职务便利为请托人谋取利益，要求或者接受他人给特定关系人安排工作的情况主要可以分为三种类型：第一种是特定关系人并无实际工作，纯粹挂名领薪的类型；第二种是特定关系人虽然实际参与工作，但是领取的薪酬明显高于该职位正常薪酬水平的类型；第三种是特定关系人实际参与工作，领取正常薪酬的类型。

针对第一种类型而言，安排工作仅仅是一种噱头和途径，国家工作人员以"接受安排工作"为收受请托人给付的"薪酬"是本质，在此类型中，应当认定国家工作人员受贿，受贿数额包含特定关系人领取的薪酬总额。

---

① 康均心：《受贿罪若干新问题讨论——以〈刑法修正案（九）〉和"两高"司法解释为视角》，《武汉公安干部学院学报》2016 年第 12 期。

　　针对第二种类型而言，如果特定关系人有实际参与工作但是所获薪酬、奖金等明显超过其劳动或者同类职位应得，那么对此应当视情形加以区分。虽然《意见》第 6 条对此并无明文规定，但是参考《意见》第 1 条、第 4 条对类似情况的规定，如房屋市场价格与实际支付价格明显不符的，委托理财所得收益与实际出资应得收益明显不符的，均规定可以认定为受贿罪。那么领取的薪酬明显高于该职位正常薪酬水平也具有相似之处，没有理由不作为受贿罪认定。① 从整个《意见》的前后一致性考虑，对该种情形作出以上区分理解符合《意见》的精神。在实践处理中，劳动所得或与同类职位相似的待遇应当认定为正常所得，其余部分可以认定为行贿受贿所得。

　　针对第三种类型而言，对于所获报酬与实际参与工作相匹配的情形如何认定问题，争议较大。支持不宜认定为受贿罪的观点认为，尽管国家工作人员利用职务便利为请托人谋取利益是前提条件，请托人为特定关系人安排工作，绝大多数不是因为该单位需要或者特定关系人的能力和条件适合所安排的工作，主要是出于感谢或回报国家工作人员的目的，但安排工作毕竟不是直接给付财物，在特定关系人实际从事所安排工作的情况下，其获得相应报酬是合法的。简言之，该特定关系人获得的工作机会是通过不正当方式而来，但其因为实际工作而得到的薪酬却并非不正当，这种不正当的工作机会不能视为刑法中的财物，因此不宜认定为受贿罪。对于以上观点，我们无法完全苟同。由于给特定关系人的薪酬与其实际工作相对等，因此对特定关系人而言，其获得相应薪酬，合理合法无可非议，但是正如前文所述，该特定关系人获得工作机会的方式可能是不正当的，如果是因为国家工作人员的权钱交易而给予该特定关系人工作岗位，那么这对国家工作人员来说也可以成立受贿罪。

　　此外，我们单纯从将贿赂范围扩大到利益的角度认为，某些情况下，如上所举之例，哪怕特定关系人与其他同事一样正常工作，获得相对应的薪酬和奖金，也可能构成贿赂犯罪。特定关系人的所得由于与其工作相对等，可是并不能排除行贿人与受贿人之间有约在先，权钱交易中"钱"是为特定关系人安排工作这种利益，那么无关乎特定关系人工作期间的表现与劳动所得，本质上贿赂犯罪已然成立。此时"为特定关系人安排工

---

　　① 孙国祥：《新类型受贿犯罪疑难问题解析》，中国检察出版社 2008 年版，第 157 页。

作"可以看作一种优势和利益，虽然没有明显指向金钱，但是具备编制或者获得优于他人的机会都是用权力和职务之便交换所得，符合受贿犯罪的实质，因此这种情形构成贿赂犯罪。当然，这种情形可能比前文所述挂名不工作或者领薪超过应得部分的情形在认定行贿受贿的成立、受贿金额方面等困难和复杂些，因此更加应该根据实际情况具体分析，既不矫枉过正，也不放过一条漏网之鱼。

　　不论是在以上哪一种情形下，如果特定关系人所为是在不知行贿人与受贿人之间权职交易的前提下，那么特定关系人可以免于追究，但是如果特定关系人与受贿人同谋而共同实施的，那么对特定关系人应以受贿罪的共犯论处。而且，特定关系人以外的其他人与受贿人同谋，由受贿人利用职务上的便利为行贿人谋取利益，收受行贿人财物后双方共同占有的，以受贿罪的共犯论处。

　　由于血缘关系以及共同生活等其他环境因素，在司法实践中，家庭型受贿的情况大量存在，但是哪怕是对同住的特定关系人是否构成共同犯罪的问题，也应视情形和证据加以区分。众所周知，共同犯罪的最大特征和要求是存在事先同谋合意，因此对待特定关系人收受挂名领薪的工作或者收受贿赂的情形，应当先判断特定关系人与受贿人是否存在预谋，受贿人是否授意特定关系人。对授意的方式而言，可以是口头告知的形式也可以是文字通知的形式，无论是明示还是暗示，抑或是在知晓后未提出反对也可作为授意。因为在此种情况下，特定关系人被行贿人视为受贿人的代理人，其接受行为不过是传递信息和转手财物的作用，行贿对象和目的仍然是指向受贿人的。当然，也有不少受贿人出于保护特定关系人和自己的初衷，并未将自己与行贿人之间的交易行为告知他人，此时，如果特定关系人对行贿人和受贿人之间的交易全然无知，只是以为是正常的招聘机会应聘成功而照常上班工作，或者只是按照受贿人的指示将财物搬运到某处等情形下，那么因其与受贿人不存在同谋甚至不知犯罪行为的存在而不成立共同犯罪。

三　小结

　　总之，尽管现实中大部分受贿犯罪是通过财产性利益实现的，但是随着人们物质与精神水平与需求的提高，贿赂犯罪的媒介与手段也呈现纷繁出新、迎合行贿对象的趋势。国家工作人员利用职务之便，为他人谋取利益，索取、收受非财产性利益的情况大量存在，而且大有蔓延之势，因此将贿赂范围局限于"财产性利益"不利于打击贪污贿赂犯罪。当然，将贿赂的范围扩大到利益范畴，非财产性利益的纳入可能会要求我国现有的以财为主兼顾其他因素定罪量刑的制度有新的变革，因为非财产性利益不同于财产性利益可以通过量化在现有处罚体制中对档入座，因此现有制度将很难适应新的规定，所以为使打击贪污贿赂犯罪的效果更好，需要在立法上重新设置或者在原有基础上新增受贿罪的惩治体制。充分考虑和分析非财产性利益的不宜或者难以量化的特性后，我们认为可以从贿赂的性质，受贿行为对社会造成的以及可能造成的危害程度，对正常职务行为的破坏程度，以及对我国工作部门和政府形象造成的破坏程度等角度对非财产性利益的受贿罪进行综合考量，再作出合法合情又合理的判决。虽然在司法中会给司法工作者增加工作难度，但是将贿赂范围扩大化是历史和国情的选择与时代的需要，因此应该迎难而上，争取早日攻克难关。

第二节　"为他人谋取利益"要件的分析

一　我国现行法规定

根据我国现行法规定，受贿犯罪的成立需要以"为他人谋取利益"为构成要件之一，可见该要件的理解和把握对受贿罪的判断和实践都十分重要。同时，最高人民法院、最高人民检察院《关于办理贪污贿赂刑事案件适用法律若干问题的解释》（以下简称《解释》）第13条指明，实际或承诺为他人谋取利益的；明知他人有具体请托事项的；履职时未被请托，但是基于该履职事又收受他人财物的情形应当被认定为"为他人谋取利益"。同时，将国家工作人员主动索取或者收受具有职务上管理关系的被管理人之价值3万元以上的财物，有可能影响职权行使的情形视为承诺为他人谋取利益。那么，应当如何理解该要件中"利益"的内涵和外延？

（一）对"利益"的理解

首先，我们以为，此处所言"利益"并无正当与否的性质之分。受贿人即使依据法律法规的规定，按照既定的程序为行贿人谋取了正当利益，但是由于贿赂事实的存在，民众很难相信受贿人做出了不受利益影响的公正选择，贿赂事实严重破坏了民众对受贿人的合理期待，国家工作人员职务行为的不可收买性也受到冲击和质疑，而且贿赂犯罪的成立与是否已经或将会为行贿人谋取利益无关。因此"为他人谋取利益"中的利益无须为不正当利益，即使是正当利益也不影响该要件甚至是贿赂犯罪的成立。

其次，"利益"并无载体的限制。与前文所讨论的贿赂范围是否应突破财产性利益扩展到非财产性利益不同，对该要件中"利益"的范围并无限制，也就是说可以是有形的财物，可以用货币估价折算的服务，也可以是各种时间、程序上的便利，甚至是优先权和期权。简而概之，该"利益"的本质是优势，人无我有：例如拥有他人没有的机会；人有我优：例如与竞争者都拥有某项工程但是我承包的工程利润更高；都有我快：例如大家都因符合规定而等待但是给予我优先处理的"绿色通道"等方面的优势，因此该"利益"与载体并无多大关系，只要能成为某种优势，那么就可以成为此处的"利益"。

最后，"利益"应按常识理解。随着时代的发展以及法律天然的滞后性，再全面的概括式兼顾列举式的定义也无法囊括所有的贿赂形式，而且该贿赂形式不断变化，哪怕当时能包罗万象也不一定适应之后的时代。面对依靠常识易于理解和判断的词语，专门用定义去解释显得有些多此一举，又容易出现刻板地理解规定而无法正确适用规定的情形，毕竟目前司法实践中也不乏尽信字面上的法律法规之规定或者未能统观全局而断章取义地理解适用规定的司法工作人员，对此，对"利益"做出规定有可能起到适得其反的作用，因此无须对此做进一步详述和定义，相信民众和审判者会根据事实和常识正确理解、解释和判断。

（二）对"实际或者承诺为他人谋取利益"的理解

该项所指包括实际为他人谋取利益的情形，也包括即使没有实现为他人谋取利益的目的，但是曾经向对方承诺会为之谋取利益，或者虽然未实现目的但是为了该目的实施了为他人谋取利益的行为。此处的"承诺"既可以是明示的确切表达自身愿意为之的想法，也可以是在行贿人行贿时等特定时间用眼神或者沉默的方式向对方传达自己积极的想法。针对"为他人谋取利益"该如何理解，学界有客观说和主观说两派。客观说的主要观点是该要件是我国《刑法》规定的受贿罪的成立条件之一，仅从条文表述来看，更像是对客观行为的描述。可是如果根据该观点思考，那么国家工作人员利用职务的便利，非法收受财物，并实施了为他人谋取利益的行为才构成受贿罪，言外之意是即使国家工作人员非法收受财物，可是如果没有为他人谋取利益，就不构成受贿罪。显然，该观点在一定程度上缩小了受贿罪的范围，导致很多犯罪分子可以逃脱法律的制裁。张明楷教授将上述观点称为旧客观说，将其主张的观点称为新客观说。新客观说认为，为他人谋取利益仍然是受贿罪的客观构成要件要素，但是其内容的最低要求是许诺为他人谋取利益。① 可是许诺为他人谋取利益与实施为他人谋取利益的行为还是有较大不同，毕竟许诺后不一定会实施行为，如果这种情形下也判定受贿罪成立，那么相当于将许诺的效果等同于实施，有些不妥。而且，2003 年《全国法院审理经济犯罪案件工作座谈会纪要》（以下简称《纪要》）中明确指出，明知他人有具体请托事项而收受财物的，视为为他人谋取利益。根据该规定，仅仅规定明知对方的请托事项而收受财物，未曾提到口头承诺，更加没有为他人谋取利益的行为，依然被《纪要》推定为具备为他人谋取利益的要件。不仅如此，将“为他人谋取利益”理解为受贿罪的客观要件，在受贿罪的构成要件中会发生体系性的问题，即如何看待为他人谋取利益行为与收受财物行为之间的关系？对于以上这些矛盾和问题，客观说未能给出合理的论证。

　　在与客观说相对立的意义上，有学者主张“为他人谋取利益”之主观说。该说认为，为他人谋取利益只是行贿人与受贿人之间就权力与货币交换达成的一种默契。对行贿人来说，是表达对受贿人的一种要求；而对受贿人来说，是对行贿的一种许诺或曰答应。因此，为他人谋取利益仅是受贿人的一种内心心理状态，属于主观要件的范畴。② 该种观点相较于上面客观说而言，更为合理些。在此强调一下，该要件属于主观要件的范畴并不意味着就是无法证实的想法而已，《纪要》规定：“为他人谋取利益应理解为包括承诺、实施和实现三个阶段的行为，只要具有其中一个阶段的行为，如国家工作人员收受他人财物时，根据他人提出的具体请托事项，承诺为他人谋取利益的，就具备了为他人谋取利益的要件。”按照该规定，如果行为人具备承诺、实施和实现这三种情形之一，就认为具备了为他人谋取利益的要素。这三种行为虽然属于客观行为，但是其作为该要

①　张明楷：《刑法学》（第五版），法律出版社 2016 年版，第 1068 页。

②　王作富、陈兴良：《受贿罪构成新探》，《政法论坛》1991 年第 1 期。

件主观违法要素的客观表征，并不与该要件属于客观要件范畴相违背。尤其是《纪要》将承诺包含在为他人谋取利益的客观表征的情形之一时，更从侧面表明受贿罪的成立并不需要国家工作人员在客观上实施为他人谋取利益的行为。之后的《解释》将实际或承诺作为为他人谋取利益的客观表征，更是对此的认可和再次肯定。①

（三）对"明知他人有具体请托事项"的理解

《纪要》规定："明知他人有具体请托事项而收受其财物的，视为承诺为他人谋取利益"，其中"视为"就是表达一种推定。因此，明知他人有具体请托事项，在《纪要》中被推定为承诺为他人谋取利益。推定与臆断存在天壤之别，推定是以客观事实为根据的，并且往往是能够证明被告心理状态的唯一手段。只要证明基础事实的存在，推定事实即可成立，当然既然是推定那就不是一锤定音的，当有足够的证据可以证明推定不成立时，推定便可以被推翻。

有观点认为，国家工作人员明知他人有具体的请托事项，仍收受他人的财物，但最终未为他人谋取利益时，应当分情况处理，可以不构成犯罪或者构成诈骗罪。情况一：当国家工作人员收受财物的时候，是想着为他人谋取利益，但之后确实因为客观原因不能或者主观思想的改变，最终并未为当事人谋成利益时，由于整个过程中并未发生公务行为，因此从侵害的直接客体来看，仅存在于对公私财产所有权的侵犯，再加上从法条的规定来看，客观上并没有具备利益要件的"被动型"受贿行为，因此，这种情况不构成受贿罪。由于行贿人出于自愿的心态将财物交付给受贿人且没有受到欺骗，因此该国家工作人员无罪。情况二：国家工作人员收受财物的时候，本来就未曾考虑为他人谋取利益，但仍收受他人财物，事后实际上也未为他人谋取利益的。该种情况可以看出行贿者是在受欺骗的情况下"自愿"将财物交付给受贿人的，因此符合诈骗罪的犯罪构成，可以依诈骗罪处理。②

对于以上两种情况的处理，我们有些不同的观点。对第一种情况而言，行为人相当于向对方许诺为其谋取利益，许诺本身就是一种行为，是行为人

---

① 陈兴良：《为他人谋取利益的性质与认定——以两高贪污贿赂司法解释为中心》，《法学评论》2016 年第 4 期。

② 李中杰：《论受贿罪中"为他人谋取利益"》，硕士学位论文，中国政法大学，2011 年。

主观意图的客观表露，是"为他人谋取利益"的低度行为，不管是直接许诺还是间接许诺，都是一种以权换利的表现方式，都侵害了其职务行为的不可收买性，因此许诺一经作出受贿罪则已然成立。受贿罪不是结果犯，达到了为他人谋取利益的结果犯罪才成立。在该情况下，由于贿赂犯罪已经完成，因此无论行为人是主观上不想而未着手实施，还是客观上未能实施为他人谋取利益行为，都无法认定为犯罪中止或者犯罪未遂，更不可能是无罪。至于第二种情况，可见是行为人做出了虚假许诺，对虚假许诺而言，并不是一概构成诈骗罪，符合以下条件的，应认定为构成受贿罪：一是许诺的内容须与行为人的职务有关，即须有职务相关性；二是因为许诺而使他人客观上产生行为人能为自己谋取利益的确信，即须有可期待性。以上两个条件缺一不可，加上行为人收受财物，即使行为人从一开始就只关心财物，并无为他人排忧解难、谋取利益的目的，但是在对方判断中，此次权钱交易已经完成，从第三方的角度也可以相信贿赂犯罪已然成立。

由于长久以来，对"明知他人有具体请托事项"的规定不明确，容易成为灰色地带，因此不同于《纪要》，《解释》中并没有用"视为"等字眼，而是直接将"明知他人有具体请托事项"认定为为他人谋取利益的情形，为认定受贿罪提供了司法解释的根据。该项意在明确，明知他人有具体的请托事项不再推定为承诺为他人谋取利益，而是直接推定为具有为他人谋取利益的主观意图。主要强调在知晓对方于己有具体的请托事项而收受财产性利益的情形，此时哪怕受贿人什么也没说，但是双方对彼此所作所为以及对方之后的行为都是心照不宣的，可以不以"承诺为他人谋取利益"为中介而采取直接规定的形式。但是这种规定实质上也是一种推定，推定其在具体请托事项面前向行贿人承诺会为之谋取利益，只是用明文规定的方式将此方式单列成一款，因此，我们认为这种情形其实可以纳入前项"实际或者承诺为他人谋取利益"，不仅是因为该规定本身也是一种推定，更是因为单独规定没有必要，既没能大大降低司法实践成本，提高司法效率，也未能起到预期的警示、强调作用，因此稍显鸡肋，并无多大的存在必要。

（四）对"履职时未被请托，但事后基于该履职事由收受他人财物的"理解

在该规定出台之前，我国在处理在职时为请托人谋取利益，离职后收受财物的问题时，主要依据的是最高人民法院和最高人民检察院于2007年印发的《关于办理受贿刑事案件适用法律若干问题的意见》（以下简称

《意见》）第 10 条，以及最高人民法院于 2000 年作出的《关于国家工作人员利用职务上的便利为他人谋取利益离退休后收受财物行为如何处理问题的批复》（以下简称《批复》）的规定，两者都要求国家工作人员在利用职务之便为请托人谋取利益前后，须与请托人约定并确实在离职后收受请托人财物，可以受贿罪定罪。

对照 2007 年《意见》和 2000 年《批复》的规定，本次新规定不仅是对之前的突破，更是扩展。无论是 2007 年《意见》的规定还是 2000 年《批复》的规定，都要求国家工作人员须与请托人有所约定，当然约定指向的内容是在其离职或者退休，即不再是国家工作人员时接受请托人的财物。对于以职务之便为他人谋取利益并约定一定时间之后接受财物的行为，虽然谋利与收财相分离，但是由于在谋利前后就已经对于财物有所约定，相当于网上购物的订单已经提交，但是隔一段时间才收货，因此国家工作人员心知自己行为完成后将会在离职或者退休后得到应有的报酬，而请托人也明知自己需要在双方约定的时间为国家工作人员的行为付账买单，因此对双方而言早在约定之时已经就权钱交易达成一致，因此完全符合受贿罪的成立要件，确实应当按照受贿罪定罪论处。

但是，本次最新规定并无对双方约定的要求，不仅如此，还将履职时不存在请托但是之后因其履职行为收受财物的行为也纳入"为他人谋取利益"的范畴，构成要件要求从有请托、约定和实际接受已经扩展到无请托、约定但是实际接受的领域，已经远远突破了原有规定，可以说是完全涵盖之前规定的新规定。例如，国家工作人员 A 利用职务之便，接受 B 的请托为其谋取利益，并约定 A 离职或者退休后再收受财物，但是由于各种原因，无论是 A 主观上不想收还是 B 在时过境迁之后不想给，A 最终并没有收到财物，那么按照旧规定，这种情形因为并不存在最后收受财物的行为，那么就不符合规定，因此可能无法认定 A 受贿罪成立。再比如，A 为 B 谋取利益后并未约定，但是在离职或者退休后接受了 B 的财物，此时因为不具备"约定"要素，而不符合旧规定，因此也不成立受贿罪。然而，针对第一类情形而言，早在双方约定时，互相已经知道并且实践"权钱"交易；对第二类情形而言，起初 A 与 B 之间并无对于财物的约定，A 只是利用职务之便为 B 谋取了利益，不免存在些滥用职权等不良甚至不法行为，但是当 A 在之后接受 B 的财物时，行为性质发生了变化，尽管 A 已不在其位，但是没有之前行为 B 也不会给予 A 财物，其实虽然没有约定，但是在接受财物的那一刻，之前的"权"与现在的"钱"一脉相承且形成完整的交易。不论是以上哪种情形，都应当按照受贿罪论处，但是依照旧规定可能会发生认定上的困难或者认定无能的结果。

而依照新规定，以上问题都可以得到解决：第一类情形因已经实际为请托人谋利，因此符合《解释》第13条第1项"实际或者承诺为他人谋取利益的"的规定，应当认定为"为他人谋取利益"；第二类情形因事后基于该事项而收受财物，因此符合该条第3项"履职时未被请托，但事后基于该履职事由收受他人财物的"的规定，未被请托但基于此收受财物的情形都可以认定为"为他人谋取利益"，那么按照接受请托后再基于此收受财物的肯定也符合"为他人谋取利益"的要求。相比较而言，新规定不仅取消了对"约定"的规定，大大降低了实践中认定难度，增强了操作性，而且大刀阔斧地降低了对"请托"的要求，即使履职时并未被请托，但是只要存在事后因该履职事项而接受财物的情形，依然可以认定为"为他人谋取利益"。

"履职时未被请托，但事后基于该履职事由收受他人财物的"应当认定为"为他人谋取利益"的规定，最大的突破在于履职时并无请托，而这项规定的出台想必是为了防止漏网之鱼。实践中肯定有不少案件是某些人虽然没有作出请托，而国家工作人员也正常履行职责，但事后基于该履职事由给予国家工作人员一些财物。其实，在国家工作人员接受财物之前，一切都是合理合法的，国家工作人员也是依照规定尽职尽责地工作，给予财物也仅仅是为了表达自己的感激之情，但是国家工作人员接受财物的瞬间，行为性质就发生了变化，这种变化造成的影响不是针对之前的事项，而是辐射到之后的种种，比如民众对政府以及国家工作人员的信任。

此外，该项涉及学界中存在较大争议的事后受财行为的定性问题，而规定实则是对事后受财可以构成受贿罪的肯定性回答。陈兴良教授曾指出，在我国刑法中，事后受财是指国家工作人员在事前没有约定的前提下，正常履行职务以后，他人为表示感谢而向国家工作人员交付财物，而国家工作人员明知该财物系他人对此前履职行为的酬谢，并收受财物的行为。因此，此处所言时间节点"事"，是指国家工作人员正常履行职务的行为。按照刑法理论一般观点，贿赂可以统分为收买性贿赂和酬谢性贿赂。收买性贿赂是指先收买再办事的顺序，即请托人先向国家工作人员交付财物，后者在接受财物后再为请托人谋取利益；而酬谢性贿赂是先办事再交付的顺序，即国家工作人员先为请托人谋取利益，请托人获取利益后，再向国家工作人员交付财物。而这种酬谢性贿赂通常以事先约定为前提，即在国家工作人员为请托人谋取利益前，双方已就权钱交易达成一致，因此事后交付的财物名曰酬谢，实则收买。①

根据此项规定，国家工作人员在履职之前并无请托，完成正常履职行为后就该履职行为收受财物的，可以看作为他人谋取利益。但是对于这种事先没有约定，其履职行为亦是正常行为，可以说国家工作人员在接受请托人送出的财物之前，并未发生侵犯职务行为的不可收买性的行为，因此无法直接定性为酬谢性贿赂，对于该种事后受财行为是否构成事后受贿，关键还在于刑法有无明文规定。

（五）对"为他人谋取职务提拔、调整"的理解

为他人谋取职务提拔不难理解，提拔本身就是一种由低到高职务上的升迁，此外由此带来的薪资、奖金以及权力等均会增加，因此为他人谋取职务提拔肯定属于为他人谋取利益的一个方面。为他人谋取职务提拔可以分为以下两种情形：一种是提拔不应被提拔的人；另一种是提拔可以被提拔或者应当被提拔的人选。第一种情形下的提拔肯定是不符合规定、不同程度违纪的行为，如果其间存在权钱交易、权权交易等情况，那就触犯了法律，可以构成贿赂犯罪等犯罪行为。而针对第二种情形，又可以分为两种类型，一种是在多位符合提拔条件的候选人中，因存在某种交易而选择某位候选人予以提拔；另一种是符合条件的候选人仅一人，按照要求和程序本该提拔那位候选人，但是如果其为了确保可以得到提拔，或者不知只有自己符合提拔要求，因此为了得到提拔而做出行贿行为，那么也应当构成贿赂犯罪。对第二种情形而言，可能要求得有些严格，但是对于代表政府形象的国家工作人员而言，不仅其职务行为应当合法合理，而且应当维持清廉性。原本正当合法的提拔行为因为其多此一举的行为举动，破坏了民众对职务行为不可收买性的信赖，客观上也符合受贿罪的客观构成要件，因而构成贿赂犯罪，其所得到的职务提拔也会成为行贿所得的利益。

职务调整有很多种形式，部门间、平级间、区域间以及其他级别间等。"为他人谋取职务调整"是否一定是为他人谋取利益，不可一言以蔽

---

① 陈兴良：《为他人谋取利益的性质与认定——以两高贪污贿赂司法解释为中心》，《法学评论》2016 年第 4 期。

之。特别是当职务调整涉及部门、区域、级别等多种因素时，不仅要考虑调整后的职务级别和薪资，还需要考虑其未来的提升空间和晋升速度等因素，切不可管中窥豹，断章取义。《解释》的目的和意图是打击权钱交易，买官卖官，因此对于职务调整的行为，更要从本质上考量和认定是否符合《解释》的意图。

对于职务调整中进行平级调动是否符合"为他人谋取利益"的要件，有学者持否定论的观点，理由是职务上的平级调动对于行贿者而言，既无级别上的晋升也没有待遇上的提高，无利可图，因此不存在谋取利益一说。对此，我们认为以上观点有失偏颇，一是简单以职务级别和待遇为确定利益的标准，是对利益外延不当的限制性解释；二是以上观点是学者从自身角度在限缩的利益外延中得出的"无利可图"的结论，但是否存在利益应当从行贿者的角度出发，是行贿者的主观判断和认识，如果行贿者认为有利可图，那么不论外界如何理解和评价，也是谋取利益的行为。①

首先，"为他人谋取利益"中的利益包括但不限于职务级别和待遇。所谓的平级调动当然发生在同一职务级别上，但是既然行贿人不惜踩着犯罪的底线通过行贿谋取职务上的平级调动，必然有其想要达到的目的。有的可能处于家庭或者自身的考虑想追求清闲的工作，有的可能想谋取更有职权的工作岗位，有的可能想要解决夫妻两地分居或者照顾孩子和老人的困难，有的可能是为了离领导更近或者投奔以前的领导、同学、战友、亲属、朋友等为了将来有更好的前途，也有的可能出于公报私仇等目的……目的的种类各式各样而且因人而异。应该说，以上列举的以及其他目的基本上都与职务级别、待遇无直接联系，但是不可否认的是对于当事人而言确实是某种利益。

但是，如果为了解决夫妻常年两地分居、家有老人和小孩需要照顾等问题，多次提交或者当面向上级申请进行职务调整，上级领导和部门考虑到其家庭情况而允许调整的，虽然对其来说是一种获利，可是仅仅出于人情上的考虑而多作倾斜，条件和手续符合规定和程序的，不宜认定为《解释》中的"调整"。

其次，应从行贿人与受贿人的角度判断利益是否存在。从行贿人的角

---

① 周铁震、丛树德：《为他人谋取职务平级调动而收受应认定为受贿罪》，《法制与社会》2016 年第 27 期。

度判断是否有利很好判断，而且如上所述，这是行贿人的主观判断，第三人从外界考量时应当从行贿人的角度思考，而不能依靠自己或者大多数人的价值判断。另外，受贿罪的落脚点是受贿人，最终由后者承担受贿罪的刑事责任，为了与受贿罪中"为他人谋取利益"要件相连接，应当明确从受贿人的角度也可以判断利益的存在。

再次，受贿人对利益的存在无须"确知"但应"明知"。行贿、受贿犯罪与其他犯罪不同，具有较强的隐蔽性，看似互相应当知道对方心里所想所欲，但是往往即便是共享犯罪之秘密的双方之间也未必"开诚布公"。特别是当行贿人希望通过行贿对象谋取职务晋升或调整时，行贿人往往不会直抒胸臆，而是表达"立志做出更大贡献""想在更多更难的工作中发挥个人作用、实现个人价值"等堂而皇之的说辞，而对于其真实目的特别是"不可告人"的目的往往是隐晦缄默，有的甚至只说事项不说明理由，尤其是在事后受贿的情形中，事前并无行贿、受贿的意思联络。而且，前面也有说到，利益对个人来说是种主观判断，同一个事项对不同的人而言都是不一样的利益，因此从客观角度看，要求受贿人确知行贿人所欲所求的利益是不大现实的，也是不容易实现的，因此不需要受贿人确知行贿人的利益，但是由于受贿罪的构成要件要求其具有为他人谋取利益的意识，因此受贿人应当明知某事项对行贿人而言是种利益，对于是何种利益不做强求。

最后，受贿人对行贿人所追求利益的"明知"意在明知行贿人对此有需求。针对同一个请托事项，不同请托人的目的可能有所不同，由于行贿人对请托事项所追求的利益或想要达到的目的各不相同，且对其能否实现还无法确定，因此受贿人对行贿人所追求的利益的明知程度达到知其有需求即可，即只需行贿人在行贿前或者行贿时对请托事项表达过明显的需求，便可认定受贿人有为行贿人谋取利益的想法，此时行贿人的需求在受贿人个人价值判断中是否是利益等在所不问。当然，"明知"不局限于行贿人向受贿人表明，如果局限于此，那么行贿人只需一口咬定自己未曾表明心迹就可以为自己和行贿对象开脱。而且，在此时不建议将"应当知道"加入其主观要件中，不仅是因为行贿人与受贿人可能持有不同的价值判断，对行贿人来说是利益不见得对受贿人来说也是利益，而且要求受贿人应当知道难免有些苛求，受贿人在实践中也可通过各种方式证明自己未能预见，不属于"应当知道"的情况而逃避追责。

（六）对"感情投资"中"具有行政管理关系"的理解

我国自古以来就是礼仪之邦，礼尚往来、礼多人不怪等传统观念几乎深入我们的骨髓，且在升学、寿诞、晋升、丧事、探病等婚丧嫁娶以及逢年过节时分，亲朋好友以及战友同事之间以礼金、贺金、红包等形式进行的人情往来更是络绎不绝。考虑到"感情投资"入刑可能会导致管辖面过宽，可能会无形中限制大多数公民的生活往来，因此截至 2016 年年初我国并无对"感情投资"的规定。

在最新《解释》出台之前，我国没有对"感情投资"认定为受贿罪的规定，我们认为有以下几点原因。

第一，传统文化使然。纵观我国五千年发展历史，人情社会由来已久且不断得到巩固，在人情文化根深蒂固的大环境下，人与人的交往除了精神相通，惺惺相惜，很多时候以人情为交换的媒介，访问拜访、互相走动、馈赠礼物等是维持人际关系的重要手段，甚至使其成为一种社会心理，影响深远。①

第二，发现率低使然。在我国，"感情投资"是极好的掩护，与其他形式的行贿方式最大的不同恐怕就是因其掩护而难以发现。其他形式的行贿，无论是进行金钱、干股、高档礼品、奢侈品等财产性贿赂还是提拔工作、解决户口以及接受性服务等非财产性贿赂，都是有迹可循的，而且其发生率和被发现率都比较高，然而"感情投资"相比于前者而言，本身隐蔽性更好，加上"人情"这一层保护色，更是大大降低了发现率，而且因为担心全面查处会使得人心惶惶，从而出现影响国家工作人员之间的正常交往或者为了保护自己的羽毛而不能任人唯贤的局面，因此投鼠忌器的思想负担更是模糊了"感情投资"，同时也难以发动群众检举揭发。

第三，难以取证使然。本身"感情投资"就因其隐蔽性而难以发现也难以取证，加上感情因素的存在，取证更是难上加难。"感情投资"很多时候的确是从单纯地往来、帮助和关心等开始的，并无目的性，或许直到有事相求那一刻，依旧没有想着用多年的感情作砝码，但是另一方却很可能会因为曾经过往而无法公平公正地行使权力。另外，很多"感情投资"犹如温水煮青蛙，是慢慢量变最终导致质变的长过程，可能刚开始没有察觉，等到有所意识时已经难以全身而退，很可能就想做个顺水人情，

---

① 高铭暄、张慧：《论受贿罪的几个问题》，《法学论坛》2015 年第 4 期。

结果就违法违纪了。除这些客观情况，难以取证的另一个重要因素是主观因素的存在。不论是否带着目的性进行"感情投资"，时间长了自然会多多少少产生些感情，尤其当"感情投资"发生在熟人、朋友、师生以及战友等特殊关系之间时，考虑到本身就有感情加上少一人受牵连好过多一人受罪的思想，被审查人可能保持沉默不言或者在不可推脱时将所有过错背上身，这些都加大了取证和侦破案件的难度。

"感情投资"外观上披着联络感情的外衣，实则是一种新的贿赂方式，而且这种风气越来越盛，因此 2016 年 4 月出台的《解释》第 13 条第 2 款规定，"国家工作人员索取、收受具有上下级关系的下属或者具有行政管理关系的被管理人员的财物价值三万元以上，可能影响职权行使的，视为承诺为他人谋取利益"。可以说，该款从立法初衷到目的都是更好地遏制和解决"感情投资"型贿赂行为，该规定也打破了我国没有对"感情投资"的限制局面，开辟了我国将"感情投资"绳之以法的先河。

司法实践中，将收受具有上下级关系的下属或者具有行政管理关系的被管理人员的财物的情形称为感情投资。感情投资很形象地描述了该种行为是对国家工作人员暂无所求，但是为了与之建立或者维系亲密关系，以便在日后有所求时，能够使曾经的投资成为让国家工作人员利用职务便利为其谋取利益的助力或者砝码，而事先进行的情感与财物上的铺垫。进而，感情投资型贿赂是指国家工作人员以私交友好的名义接受超出正常限度的赠予。《解释》第 13 条第 2 款出台之前，我国在处理这种收受具有上下级关系的下属或者具有行政管理关系的被管理人员财物的行为时，因无法可依也较为混乱：多数情况下，如果累计的数额较大，多数直接认定为受贿罪，只有少数情况未按照受贿罪论处。不构成受贿罪并不代表其行为不受规制，可以通过其他手段对其进行处罚和规范，例如通过党纪、政纪来警告、处罚等，或者将其纳入行政法的范畴。

在感情投资型贿赂中，送礼人主要是为了将来有需要时能得到收礼人的关照，然而在送礼之时，受礼人实际上尚未为送礼人谋取利益。部分学者认为感情投资型受贿须以为他人谋取利益为条件，纯粹的拉关系而没有具体请托事项的不能认定为犯罪。我们不赞同这种观点，感情投资的目的绝大多数都是谋利，但是至于何时以及能否谋利是不确定的，导致无法谋利的原因也不一定就出于受礼人一方，也可能由于送礼人的原因导致之后并无请托和需求，因此要求感情投资型贿赂必须以实际为送礼人谋取利益为条件也有些不现实。而且，送礼的目的纯粹是拉近或者维系关系的可能性也极小，多少都带有未来可以利用之前的关系和感情获得某些便利或者利益的目的，而且哪怕一直以来都是为了维持友好关系，但是一旦随着时间的持续接受赠予的财物越来越多，很难相信受礼人在送礼人和其他人之间能做到一碗水端平，之前送礼人与受礼人之间的种种也会成为其他人心生质疑的根据。加上《解释》第 13 条第 2 款的规定，该规定并不要求须具有请托事项，也并未对实际为他人谋取利益做出明文规定，而是规定财物价值 3 万元以上，以致可能会影响职权行使，此时则视为承诺为他人谋取利益。既然是视为，则意味着是一种推定，也说明如果有证据证明是可以推翻的，这样可以尽可能做到不放过一个腐败分子，也不冤枉一位清廉之人。

司法解释中所述"行政管理关系"是指在运用国家权力对社会事务进行管理活动时产生的一种关系。从"具有行政管理关系"在法条中所处位置可以看出，此处的行政管理关系是排除了直接的上下级关系的部分，而且因该罪犯罪主体是身份犯，须具备国家工作人员的身份，因此该行政管理关系中收受财物一方须在国家机关、国有公司、事业单位等公职单位任职，但对于送出财物一方并无特殊身份的要求。此外，对二者的职务级别的有无以及高低无须多做考虑，毕竟行政管理关系中，在某一特定的行政法律关系中，被管理者的职务级别也不一定比管理者低：如教育部某部门的科员负责管理某高校的国有资产，那么两者之间行政管理关系由此产生，如果该科员作为国家工作人员，利用职务之便利，收受高校校长赠送的价值 3 万元以上的财物，由此影响其合法合理地行使职权，那么贿赂犯罪已然成立。在此例子中，管理者作为科员的级别就可能比被管理者高校校长的级别低，但是不影响行政管理关系的发生，也不影响职务级别高的被管理者向职务级别低的管理者行贿。

我们认为，将"具有行政管理关系"纳入规制的范畴，是对现实生活中贿赂犯罪复杂化的回应。跨系统的贿赂犯罪更为复杂和隐蔽，很多时候看似没有明显的管理与被管理、领导与被领导的关系，可是都存在着行政管理关系。而且，对具有行政管理关系的双方进行约束，也是对打击面的进一步扩大，显然是再次强化反腐倡廉之风，推进廉洁政府建设的重要一举。但同时，将所有涉及"感情投资"的行为都纳入行贿受贿的范畴甚至都按行贿、受贿处理肯定不符合我国的国情，因此我们认为在感情投资案例中尤其需要具体问题具体分析地处理。

二　"为他人谋取利益"要件之分析

很多国家的受贿罪并不要求行为人"为他人谋取利益",在我国,不少学者对该要件的合理性提出质疑和发表异议,其存与废也一直是学界热度不减的话题。

"取消论"的学者建议将该要件从受贿罪构成要件中剔除出去,主要理由如下。

首先,取消该要件有助于明确受贿罪既遂与未遂的区分标准。学界对受贿罪是单一行为说还是复合行为说有一定的争议,主要是源于对该要件的理解与定性。取消该要件,意味着只要行为人利用职务便利,存在非法收受或者索取他人财物行为,那么受贿罪便已既遂;如果因客观原因未能收受或者索取他人财物,便是受贿罪未遂。至于以职务之便实施收受或者索取财物之后是否为他人谋取利益,以及收受或者索取之前是否有意为他人谋取利益,都在所不论。从该角度而言,该要件的存在会给那些收受贿赂而没有为他人谋取利益者一根救命稻草,使他们就此试图以各种理由逃脱法律的制裁,逍遥法外,不利于惩治腐败犯罪。①

其次,取消该要件有助于解决一些司法实践中难以认定的案件,如事后受财可否认定为受贿。事后受财是行为人在依法行使职权后,对方为表达感激之情给予财物而行为人欣然接受。按照现行规定,这种行为因不具备"为他人谋取利益"而无法认定为受贿,然而事实上该行为已经侵犯了职务行为的廉洁性,在收受财物那一刻已经发生了权钱交易,按无罪处理有些不妥,不仅是对个案如此,也会在无形中为贪官指引一条规避法律收敛财物之路。如果取消该要件,那么行为人以职务之便收受了财物,便可顺理成章成为贿赂罪,解决了司法实践中如何认定事后受贿的问题。

最后,取消"为他人谋取利益"这一要件,可增强司法实践中的可操作性。刑法学界一直争执不休的一个问题是"为他人谋取利益"究竟是犯罪构成的主观要件还是客观要件。但是,无论把"为他人谋取利益"作为受贿罪的主观要件还是客观要件,都会引起理论上和司法实践的困惑,造成理论与实践的脱节。把"为他人谋取利益"作为受贿罪的主观

---

①　朱建华:《受贿罪"为他人谋取利益"要件取消论》,《现代法学》2001 年第 4 期。

要件，会给受贿罪的查处增加难度。因为行贿人与受贿人一般是一个利益共同体，相互之间互相配合，采取的手段比较隐蔽，很难去认定受贿人主观上是否具有该意图，这方面的证据收集起来就会比较困难。需要司法机关花费很大力气去证明犯罪嫌疑人具有为他人谋取利益的事实，而且还需要证明收受他人财物与为他人谋取利益之间存在的因果关系，这无疑会大大增加司法机关的取证难度，很多时候也容易造成因为证据不足而无法定罪的情况，让真正的犯罪嫌疑人逍遥法外。所以，应当取消"为他人谋取利益"这一要件，增强司法实践的可操作性。①

综合而言，取消派认为"为他人谋取利益"作为受贿罪的要件，与受贿罪的本质不相符合，与认定受贿既遂的标准不相符合，与国际上大多数国家的做法不相符合。② 实事求是地说，该要件的存在确实增加了认定受贿罪的难度，对国家的廉政建设产生了一定的负面影响，但是细细揣摩和分析该要件产生的历史和一直发挥的正面作用，我们主张有条件地保留该要件。

"为他人谋取利益"要件作为收受型受贿罪的要件符合我国立法传统和现行法律规定。1979 年，我国首部《刑法》出台，其中第 185 条规定："国家工作人员利用职务上的便利，收受贿赂的，处五年以下有期徒刑或者拘役。赃款、赃物没收、公款、公物追还。犯前款罪，致使国家或者公民利益遭受严重损失的，处五年以上有期徒刑。向国家工作人员行贿或者介绍贿赂的，处三年以下有期徒刑或者拘役。"可见，当时受贿罪的构成条件并不包括"为他人谋取利益"，但是伴随着国家对外开放和经济体制改革的逐步施行，受贿犯罪越发猖狂，索取型贿赂案件日渐增多，原有规定已经无法适应现实需要，因此为适应形势发展变化的现实要求，1985年，最高法和最高检联合颁布的司法解释——《关于当前办理经济犯罪案件中具体应用法律的若干问题的解答（试行）》中首次出现了"为他人谋取利益"要件："受贿罪是指国家工作人员利用职务上的便利，为他人谋取利益，而索取或非法收受他人财物的行为……"该规定意味着如果国

---

① 张京宏：《受贿罪立法理论与司法实践衔接研究》，载《中国犯罪学学会年会论文集》（2014 年），中国检察出版社 2014 年版，第 198 页。

② 游伟、肖晚强：《论受贿罪构成要件中的"为他人谋取利益"》，《政治与法律》2000 年第 6 期。

家工作人员索取或者非法收受他人财物但是并未为他人谋取利益，那么不成立该罪，以体现惩罚少数教育多数的刑事政策。1989年，最高法和最高检联合印发《关于执行〈关于惩治贪污罪贿赂罪的补充规定〉若干问题的解答》将"为他人谋取利益"进一步细化到索取型受贿和收受型受贿中的要求，其中"三、关于贿赂罪的几个问题"项下的"（四）关于构成受贿罪的行为如何掌握的问题"里，（1）索取他人财物的，不论是否"为他人谋取利益"，均可构成受贿罪；（2）非法收受他人财物，同时具备"为他人谋取利益"的，才能构成受贿罪。在此基础上，1997年，《刑法》颁布施行，其中第385条沿用了该规定，其第1款规定："国家工作人员利用职务上的便利，索取他人财物的，或者非法收受他人财物，为他人谋取利益的，是受贿罪。"终于，"为他人谋取利益"正式成为收受型受贿罪的法定构成要件。该要件从无到有，从雏形到成型再到细化的蜕变过程，以及近40多年的发展可以看出，"为他人谋取利益"要件最终获得法定客观要件地位，是众多学者根据我国国情和司法实践的客观需要，在不断总结经验的基础上得出的结果。

"为他人谋取利益"要件在绝大多数情况下有利于司法实践的需要，特别是在判断"感情贿赂"和正常人情往来时，是否存在为他人谋取利益的行为成为比较重要的因素。但是，随着贿赂范围向非财产性利益扩大以及贿赂的形式不断变化，"为他人谋取利益"的取证难度太大，这也是国内有学者呼吁取消该要件的重要原因之一。综合而言，我们认为应当在保留该要件的同时明确该要件的性质是主观违法要素的客观表征，因此在认定时应当着眼于为他人谋取利益的表现方式以及未来可期待性，虽然对表现方式以及未来可期待性的取证较难，特别是难于将可期待性定格为证据，而且如何取得该证据也是一大难题，但是相信通过其他要件的确认以及多种直接、间接证据的组合，可以判断是否存在可期待性。

第三节　斡旋受贿的认定

根据我国《刑法》第388条规定，斡旋受贿罪是指国家工作人员接受请托，索取或者收受财物，利用本人职权或者地位形成的便利，如利用上下级之间的隶属关系，或者利用部门、单位之间的工作关系等便利，通过斡旋或借助其他国家工作人员职务上的行为，为请托人谋取利益的行为。

一　对"利用本人职权或地位形成的便利条件"的探讨

对斡旋者如何利用自己职权或地位形成的便利条件在请托人和其他国家工作人员之间斡旋，主要是斡旋者与被斡旋者之间的关系该如何认定，一直都是理论和实践中存在争议的问题。对此主要观点有两种，即制约关系说和影响关系说。

制约关系说认为斡旋者和被斡旋者之间须以存在制约关系为前提，即一方能够决定另一方。而制约关系又可以分为简单的横向与纵向制约关系和潜在的横向与纵向制约关系，前者是从职权的大小或高低进行区分，简单的横向制约主要表现为双方不存在上下级的隶属关系，但是可以对被斡旋者施加压力或影响，而简单的纵向制约关系即双方之间存在上级对下级的制约关系；潜在的横向与纵向制约关系主要体现在以下四种关系中：监督制约关系，如检察机关的上下级之间是横向的监督制约关系，法院系统中上下级之间是纵向的审判监督制约关系；行业管理与被管理制约关系，主要发生在行政或业务等行业管理方面，如食品药品监督管理局与食品、药品行业的监督与管理；协作关系中的制约关系，这种主要发生在联营企业和多单位协同办公中；潜规则中的制约关系，如司法程序中侦查、起诉、审判之间的潜在的制约关系。①

影响关系说认为斡旋者和被斡旋者之间须有职务上的影响关系，实践中主要体现在：如果被斡旋者违背斡旋者的意愿来进行某项职务行为，在结果上可能会给自己将来的工作或协作关系产生某些不利影响，且这种不利影响与违背意愿实施的职务行为即前行为之间缺乏直接必然的联系。②

相比较而言，我们认为影响关系说更为合适，斡旋者既然是在请托人和被斡旋者之间斡旋，那么其与被斡旋者之间的关系应该是平等的，不具有制约关系中典型的不平等性与强制性，而且最高人民法院于2003年印发的《全国法院经济犯罪案件工作座谈会纪要》中指出斡旋者职权或者地位形成的具有影响力的工作关系可被其利用，因此影响关系说更为合适。

---

① 范春明：《贪污贿赂犯罪的法律适用》，人民法院出版社2001年版，第97页。

② 游伟：《斡旋受贿罪若干问题探析》，《河南省政法管理干部学院学报》2005年第6期。

二　对"不正当利益"的探讨

"为请托人谋取不正当利益"作为斡旋受贿罪中重要要件，尽管通过 1999 年最高法与最高检两次联合出台的相关司法解释为如何判断该要件提供了基本标准，但随着时代的发展以及需求的多元化，学界和司法实践中依然对"不正当利益"存在着诸多难点和争议，莫衷一是。以贿赂犯罪来说，法律对于"不正当利益"的规定就存在诸多的解读空间，尤其目前我国《刑法》将"不正当利益"同时作为斡旋受贿的受贿罪、利用影响力受贿罪和行贿罪都要求的必备要件，对其"不正当利益"要件进行解读，看能否区分斡旋受贿的受贿罪、利用影响力受贿罪和行贿罪中"不正当利益"的理解。

（一）目前刑法学界关于"不正当利益"的解读

法律对于"不正当利益"的规定从 1979 年《刑法》到 1997 年《刑法》经历了一个从无到有的过程，这也引起了人们对其存废和内涵的争论。站在"不正当利益"客观存在的基础上，探究其内涵，目前司法界和学术界对其内涵的解读主要有以下内容。

1. 司法界对于"不正当利益"的解读及其评析

1999 年 3 月，司法界较早对不正当利益作出规定，最高人民法院、最高人民检察院在《关于在办理受贿犯罪大要案的同时要严肃查处严重行贿犯罪分子的通知》（以下简称《通知》）中规定："谋取不正当利益"是指谋取违反法律、法规、国家政策和国务院各部门规章规定的利益，以及要求国家工作人员或者有关单位提供违反法律、法规、国家政策和国务院各部门规章规定的帮助或者方便条件。

2008 年 11 月，最高人民法院、最高人民检察院又在《关于办理商业贿赂刑事案件适用法律若干问题的意见》（以下简称《意见》）第 9 条中规定：在行贿犯罪中，"谋取不正当利益"，是指行贿人谋取违反法律、法规、规章或者政策规定的利益，或者要求对方违反法律、法规、规章、政策、行业规范的规定提供帮助或者方便条件。同时第 2 款又增加了："在招标投标、政府采购等商业活动中，违背公平原则，给予相关人员财物以谋取竞争优势的，属于'谋取不正当利益'。"

2013 年 1 月起施行的"两高"《关于办理行贿刑事案件具体应用法律若干问题的解释》（以下简称《解释》）中对于行贿犯罪中"谋取不正当

利益"的规定第 1 款与《意见》规定的相同，同时第 2 款增加了："违背公平、公正原则，在经济、组织人事管理等活动中，谋取竞争优势的，应当认定为'谋取不正当利益'。"

从"两高"三次对于不正当利益的解读中可以看得出，它的内涵包括两个方面："它不仅指获得的利益本身不正当，而且利益本身虽然正当，但是要求国家工作人员违反法律、法规、规章规定而谋取的，也属于不正当利益。"① 也就是说它的内涵包括利益本身不合法以及取得利益的程序不合法。从法律的规定来看，对于不正当利益内涵的理解也呈现逐步扩大的趋势：首先是从违反国家政策和国务院各部门规章扩大到规章、政策、行业规范的规定，其次是将谋取竞争优势的范围从招标投标、政府采购等商业活动扩大至经济、组织人事管理等活动中，充分体现了国家打击贿赂犯罪的决心。

2. 学术界对"不正当利益"的解读及其评析

学术界对贿赂犯罪中的"不正当利益"的理解，主要有以下几种观点。

（1）非法利益说

持此观点的学者认为，所谓不正当利益，主要指非法利益，即法律禁止请托人得到的利益；也包括在不具备取得某种利益的条件时请托人用不正当手段所取得的利益。② 利益的正当与否取决于其性质而不决定于取得利益的手段。如果是请托人依法应当或者可能得到的利益，即使采用送钱送物的手段得到的，也不应当视为不正当利益。③ 该说完全从实体上来界定不正当利益，而忽视了获取利益的手段对利益正当性的影响，大大缩小了不正当利益的范围。

（2）手段不正当说

该学说认为不正当利益既包括非法利益，也包括用非法手段取得的利益。该学说强调程序与实体密切相关，程序合法是利益正当的重要保证。国家工作人员通过违反程序，使请托人得到本来得不到或不一定能得到的

---

① 陈兴良：《陈兴良刑法学教科书之规范刑法学》，中国政法大学出版社 2003 年版，第 684 页。

② 赵秉志：《新刑法全书》，中国人民公安大学出版社 1997 年版，第 1265 页。

③ 陈忠林主编：《刑法（分论）》，中国人民大学出版社 2011 年版，第 341 页。

利益，同时，使其他合法竞争者失去了本来可以得到或可能得到的利益，因而其所谋取的利益就具有不正当性。[①] 该说重在强调程序的独立性，力图通过民主公正的运作程序来提升公众对于过程和结果的可接受性，但是对于不正当利益从程序和实体两个方面来界定仍然过于笼统，不够细致。

(3) 受贿人是否违背职务说

这种观点认为，不正当利益应从国家工作人员为行贿人谋取利益违背职务与否进行界定。[②] 这种观点试图跳出非法利益说与手段不正当说来界定不正当利益，但是实际上采取的是非法利益说，因为是否违背职务，关键还是看法律是否从实体上禁止行贿人得到该利益。[③]

(4) 折中说

持此观点的学者认为不正当利益包括非法利益以及以非法或不正当手段取得的不确定利益。[④] 这种说法是将实体利益本身不正当以及取得手段不正当相结合来界定不正当利益，避免了非实体即程序的界定方式。

对于以上四种学术学说，没有严格的对错，只是从不同的角度对不正当利益进行理解罢了，但均是笼统抽象地谈及什么是不正当利益或者是在行贿罪中探讨什么是不正当利益，并没有系统地对斡旋受贿、利用影响力受贿和行贿罪中的不正当利益进行解读，我们认为，斡旋受贿、利用影响力受贿罪中的不正当利益的理解应该与行贿罪中的不正当利益有所区别。

(二) 对"不正当利益"进行区分解读的原因

由于斡旋受贿、利用影响力受贿和行贿罪中都有"不正当利益"的规定，是否这里的"不正当利益"都是同样的含义呢？由于惩治腐败的需要，不能将行贿罪中的"不正当利益"与斡旋受贿、利用影响力受贿罪中的"不正当利益"的理解等同，我们认为，将斡旋受贿、利用影响力受贿罪中的"不正当利益"和行贿罪中"不正当利益"作区分理解更有价值和意义。

1. 从犯罪主体要件的视角分析

受贿罪的主体是国家工作人员，其通过履行职务行为而得到报酬的方

---

① 朱孝清：《斡旋受贿的几个问题》，《法学研究》2005 年第 3 期。

② 陈兴良：《当代中国刑法新理念》，中国人民大学出版社 2007 年版，第 867 页。

③ 吕天奇：《贿赂罪的理论与实践》，光明日报出版社 2007 年版，第 211 页。

④ 赵秉志、赵辉：《龚建平受贿罪的法理研究》，《刑事法判解研究》2005 年第 5 期。

式来实现为国家和人民服务的宗旨，具体体现为保护和促进各种法益，基于此，对于国家工作人员的要求理应高于普通人，不允许其通过职务行为获得不正当的报酬。

但是，在贿赂犯罪的主体要件中，对于不正当利益的解读，由于利益的不同，究竟应从受贿人的角度解读还是行贿人的角度解读，学者们的意见也不统一。有学者认为，从《通知》的规定来看，不正当利益应当从受贿人的角度进行解读，即认为受贿人为行贿人谋利提供的帮助或方便条件如果违反了法律、法规、国家政策和国务院各部门规章的规定，行贿人谋取的就应当属于不正当利益。① 也有学者认为，考察其正当性不应根据受贿人的手段来判断，而应该根据行贿人的手段来判断。② 我们认为，如果不正当利益的理解从受贿人的角度来看，受贿人本身基于其一定的职务地位，对于获取利益的手段有一定的自由裁量权，其可以采取合法的手段，也可以采取不合法的手段，行贿人对此未必知晓，因此，以受贿人所采取的手段的合法性来衡量行贿人利益的正当性，这一标准是否合理，令人怀疑，甚至有可能导致对行贿者的客观归罪。③ 反之，如果以行贿人的角度来定义不正当利益则往往会使得一些受贿人员辩称自己为他人谋取的不是不正当利益来为自己脱罪，从而对其行为无法定性为犯罪。我们认为，为了更好地惩治收受贿赂者，应当将受贿人和行贿人对"不正当利益"的标准分开解读，即斡旋受贿和利用影响力受贿罪中的不正当利益的解读应当区别于行贿罪中的不正当利益。

2. 从我国腐败犯罪治理策略原因分析

对斡旋受贿和利用影响力受贿与行贿罪中不正当利益的区分解读的原因还在于我国腐败犯罪治理思路的考虑，我国目前采取的是重受贿轻行贿的策略来侦破贿赂犯罪，由于贿赂犯罪中，给予和收受财物的行为大多是行贿人与受贿人当面作案，无第三人在场，所以就没有被揭发的顾虑，其中的情形也只有行受贿双方知晓，无形之中就形成了受贿人和行贿人之间的信任关系，但这样，无疑只会让贿赂犯罪愈加猖狂。在行受贿案件中，如果过多地惩治行贿人的行贿行为，将使行贿人不愿检举、揭发，也不愿

---

① 梅屹松：《行贿犯罪法律规定的理解与适用》，《法治论丛》2006 年第 4 期。

② 邹志宏：《论行贿罪中不正当利益的界定》，《人民检察》2002 年第 3 期。

③ 颜小冬、游光业：《斡旋受贿罪的独立性探析》，《求索》2010 年第 12 期。

意交代自己的行贿行为，因此，对行贿人的相对"放纵"，是为了更好地惩治受贿人的受贿行为，这才是刑法惩治腐败犯罪的打击重点。因此，打破行贿人和受贿人之间的信任关系可以成为腐败犯罪的侦破口，"置贿赂者于囚徒困境"，就是采取立法与司法措施，使行贿者、介绍贿赂者主动交代行贿事实，使受贿罪选择拒绝贿赂，从而减少贿赂犯罪。① 我国《刑法》明文规定"行贿人在被追诉前主动交代行贿行为的，可以从轻处罚或者减轻处罚"。这就打破了二者之间的信任关系，为贿赂案件找到侦破口的同时也让国家工作人员在接受贿赂或者索贿的时候因为顾及被对方出卖的风险而不敢受贿。正基于此，我们认为对行贿罪的"不正当利益"的理解作出狭义的理解，对于斡旋受贿、利用影响力受贿罪和行贿罪中的不正当利益的区分解读，是符合我国对受贿和行贿犯罪的惩治思路的。

3. 从我国社会现状视角原因分析

比较法律社会学的开山鼻祖埃尔曼曾经说过："法律的发展的重心不在于立法，不在于法律科学，也不在于司法判决，而在于社会本身。"② 当代中国处于变革时期，作为社会生活系统组成部分之一的法治必须同社会生活的其他部分相互协调，③ 所以谈及腐败现象的治理，在与国际接轨的同时，不能盲目地认为国外的规定是怎样我们国家就必须怎样，腐败犯罪的治理，必须充分考虑到我国的国情。我国不像美国等国家在刑事诉讼中存在着辩护交易制度，对"污点证人"往往会通过免除其罪的方式来换取其对受贿行为的指证，所以我国在腐败犯罪治理上重受贿轻行贿有一定的道理。基于贿赂犯罪往往只有犯罪行为人双方知晓，如果对受贿和行贿行为进行同等的处罚，则会使得行贿人站出来指证受贿人变得几乎不可能，这样无疑大大增加了侦查过程取证的难度。我国目前对受贿人——国家工作人员的处罚明显重于行贿人，有一定的社会原因作支撑。对斡旋受贿和利用影响力受贿罪与行贿罪中不正当利益的区分解读的原因首先在于腐败治理必须结合我国的社会现状。有学者责备说："行贿罪社会危害的本质是严重腐蚀国家工作人员，诱发大量受贿犯罪，损害国

---

① 张明楷：《置贿赂者于囚徒困境》，《法学家茶座》2004 年第 5 期。

② ［美］埃尔曼：《比较法律文化》，贺卫方、高鸿钧译，清华大学出版社 2002 年版，第 3 页。

③ 苏力：《也许正在发生：转型中国的法学》，法律出版社 2004 年版，第 234 页。

家工作人员职务权力的廉洁性。"① 不可否认，行贿行为确实会损害国家的廉洁制度，但是我们必须看到部分行贿人行贿并不是出于己愿，而是由于社会上的不良之风的影响，个别国家工作人员做事拖拉，不给钱不办事，行贿人因而采取给钱送礼等形式来实现自己的利益。然而，对于斡旋受贿和利用影响力受贿罪而言，如果对"谋取不正当利益"也像行贿罪一样作出同样解读的话，无疑将会放纵大量的贿赂犯罪，成为逃避刑法处罚的"新路径"，对惩治腐败极端不利。②

（三）对于"不正当利益"的区分解读

1. 对"利益"的解读

对于利益的分类有多个角度，从是否合法这一角度而言，可分为合法利益和非法利益。③ 也有学者认为，利益按其合法程度可以分为三种：一是应得利益；二是非法利益；三是介于上述两者之间的所谓"不确定利益"，它又称可得利益，是指根据有关法律、法规、政策，任何具备一定条件的人都可能取得的利益，但究竟能否取得，则是不确定的。④ 我们认为，第二种分类标准按照合法程度来说有点牵强，应得利益或者可得利益应该更侧重于利益归属的角度，而不是从合法程度来分。为了区分斡旋受贿和利用影响力受贿罪中不正当利益和行贿罪中的不正当利益，我们将采用合法和利益归属这两个角度对利益进行分类。首先从合法角度而言，将利益分为合法利益和非法利益；其次再从利益归属角度来细分，由于非法利益是法律、法规、相关政策禁止取得的利益，它不应该属于任何一方，故不存在利益归属问题，所以利益归属这一分类仅仅针对合法利益而言，可以将合法利益细分为应得的合法利益（应得利益）和不确定的合法利益（可得利益）。所以按照这两个分类标准，我们将利益分为三种，即非法利益、应得利益和不确定利益。

---

① 高铭暄、赵秉志：《新中国刑法学研究历程》，中国方正出版社 1999 年版，第 586 页。

② 在我国司法实践中，很多涉嫌斡旋贿赂罪和利用影响力受贿罪的犯罪嫌疑人都纷纷以自己的行为没有为行贿人谋取"不正当利益"、都是行贿人该得的正当利益为由进行辩护，并且取得了良好的辩护效果。但是，我们认为，斡旋受贿和利用影响力受贿罪的行为人都是收受行贿人的贿赂，都是对国家公职人员的不可收买性的侵犯，不管为行贿人谋取的是否"不正当利益"，都应该成立犯罪。

③ 孙国华、朱景文：《法理学》，中国人民大学出版社 2004 年版，第 62 页。

④ 颜小冬、游光业：《斡旋受贿罪的独立性探析》，《求索》2010 年第 12 期。

所谓非法利益是指不符合法律、法规、规章和政策规定的利益；应得利益则是指按照法律、法规、规章和政策应当得到的利益，应得利益是确定的、必然应当获得的利益，本身具有合法性、合理性，也被称为确定利益；① 不确定利益则是指按照法律、法规、规章和政策的规定，任何人按照合法的途径均可以取得但是是否取得还为未确定状态，这种利益，由其不确定的特点所决定，或者说国家工作人员在人员的选择上拥有一定的裁量权，因而其取得具有竞争性。②

2. 对"不正当利益"的解读

从相关的司法解释中可以看出，其对于"不正当"的理解思路是从实体和程序两个角度来谈，再结合上述对于"利益"的解读，我们可以得出以下可能的组合：采用正当手段取得的非法利益、采用正当手段取得的可得利益、采用正当手段取得的应得利益、采用不正当手段取得的非法利益、采用不正当手段取得的可得利益、采用不正当手段取得的应得利益。再结合"不正当"这一因素，我们可以完全排除毫无争议地采用正当手段取得的合法利益，即采用正当手段获取的应得利益和可得利益。所以，对于不正当利益的理解，具有以下三种可能：一是非法利益，不论采取何种手段；二是采用不正当手段取得的可得利益；三是采用不正当手段取得的应得利益。

对于不正当利益的这三种理解，我们将在斡旋受贿、利用影响力受贿和行贿罪中一一展开。

3. 对于斡旋受贿、利用影响力受贿罪与行贿罪中"不正当利益"的区分解读

如前所述，无论是出于犯罪主体要件的原因还是社会现状的原因抑或是出于我国打击腐败犯罪的需要，都有必要对斡旋受贿、利用影响力受贿罪与行贿罪中的不正当利益进行区分。

我们认为，在斡旋受贿和利用影响力受贿中，不正当利益的内涵应该包括：非法利益、采用不正当手段取得的可得利益和采用不正当手段取得的应得利益。而在行贿罪中的不正当利益则仅包括非法利益和采用不正当手段取得的可得利益。其区分点在于前者中不正当利益的解读范围要宽于

① 吕天奇：《贿赂罪的理论与实践》，光明日报出版社 2007 年版，第 155 页。

② 肖中华：《贪污贿赂罪疑难解析》，上海人民出版社 2006 年版，第 169 页。

行贿罪中的解读，即在斡旋受贿和利用影响力受贿中，采用不正当手段取得的应得利益也属于不正当利益。

非法利益是从广义上来讲，它不仅指根据法律规定不应当得到的利益，还包括法规、规章及有关政策规定不应当得到的利益。非法利益属于不正当利益是从《解释》等相关司法解释得出的应有之义。

不正当手段获取的可得利益，其本身具有很强的不确定性和竞争性，如果采用了不正当的手段获取，将会破坏原有的竞争体系，这从"两高"司法解释《意见》以及《解释》中可以看出，法律不断将谋取竞争优势的范围从招投标、政府采购等商业活动领域扩大到经济、组织人事管理等活动领域，足以看出法律禁止用不正当的手段获取不确定利益的严厉态度，由于在招投标、政府采购以及人事管理等领域，利益的归属仍然是不确定的，故而给了国家工作人员更多的权力寻租空间，如果国家工作人员采用违背公平公正等手段为请托人谋取利益，必将会破坏原有的竞争秩序，法律如果坐视不管，则只会使得腐败犯罪更加猖獗。所以无论是斡旋受贿还是利用影响力受贿的主体只要采用了不正当手段为请托人谋取不确定的利益均构成为请托人谋取不正当利益，同理，对于行贿人而言，只要企图通过不正当的手段谋取不确定的利益，均为谋取不正当利益。

不正当手段取得的应得利益算不算不正当利益，这是斡旋受贿、利用影响力受贿与行贿罪中不正当利益的区分所在。在斡旋受贿和利用影响力受贿中，"为请托人谋取不正当利益"中的不正当利益包括了以不正当手段获取的应得利益，然而行贿罪中的不正当利益却不包括以不正当手段获取的应得利益。也就是说，如果国家工作人员利用职务之便，采用了不正当手段为请托人谋取了其原本应该有的利益，对于斡旋受贿一方以及利用影响力受贿的人来说是属于一种权钱交易的行为，其侵犯了职务行为的不可收买性，应当认定为为请托人谋其不正当利益，故而应以相应的受贿罪和利用影响力受贿罪惩罚；而对于行贿人而言，其寻求的是其应得的利益，不存在对于正常的竞争秩序产生影响一说，之所以采用了不正当的手段获得该利益多有不得已的苦衷，如国家工作人员拖拉或者是办事效率低等原因。可见这种情况的出现，与国家工作人员办理公务中存在的不正之风有密切关系，主要责任应在受贿方。① 例如，美国国会1998年通过的

① 刘生荣、但伟：《腐败七罪刑法精要》，中国方正出版社2001年版，第221—222页。

《全面贸易与竞争法》也将对国外政府官员的支付分成两类：一类被称为腐败性支付，指的就是这种目的在于诱导官员滥用职权或者偏离其职责，从而获得或者保留某些利益的支付；另一类被称为加速费，目的仅在于加快官员例行职权的行使。前者属于非法，后者则是合法的。这种界定可以说是抓住了有害行贿行为的本质，较为合理。① 且斡旋受贿的国家工作人员主观上乐于接受财物，与被迫行贿的行贿人主观恶性完全不同，对其自然应当比普通的公民作出更高的要求。② 所以对于斡旋受贿或者利用影响力受贿的主体应当按照"为请托人谋取不正当利益"来认定，而对于行贿人而言，行为人给有关人员送钱送物，以解决某种正当利益，属于不正之风而不构成行贿罪，③ 所以也就不以"谋取不正当利益"论处。

（四）小结

对于腐败犯罪的治理，我们在与国际接轨的同时，不能脱离我国的现状以及腐败犯罪的治理思路。对于斡旋受贿、利用影响力受贿罪以及行贿罪的打击，如何认定"不正当利益"是关键，为了更有效、更合理地打击贿赂犯罪，必须对斡旋受贿、利用影响力受贿罪中的不正当利益和行贿罪中的不正当利益作区分解读，明确认识到斡旋受贿、利用影响力受贿罪中的不正当利益的范围应当宽于行贿罪中的范围，这样才能在严厉打击贿赂犯罪的同时做到宽严有别，罚当其罪。

---

① 赵秉志、肖中华、左坚卫：《刑法问题对谈录》，北京大学出版社2007年版，第479页。

② 吕天奇：《贿赂罪的理论与实践》，光明日报出版社2007年版，第381页。

③ 高铭暄、马克昌主编：《刑法学》（第二版），北京大学出版社、高等教育出版社2005年版，第706页。

结　　语

习近平同志这些年非常关心法治建设，主张司法公正是现代社会主义法治建设的核心，并反复强调努力"让人民群众在每一个司法案件中都感受到公平正义"。但是，要让人民群众在司法案件中都感受到公平正义，首先就需要司法工作人员的公正司法，这是重中之重，如何使得司法工作人员公正司法，如何防治司法腐败，就成为摆在我们每个法律人面前不得不思考的问题。

当然，防治司法腐败，预防司法工作人员职务犯罪是一个很庞大的工程，不是一朝一夕所能办到的，但是如果不去深思、反思司法工作人员是如何走上腐败道路的、司法腐败的主要行为方式等问题，那防治司法腐败，建立公正司法就仅仅是水中花、镜中月。本书正是以西南地区司法工作人员职务犯罪的数据为基础，通过大量地走访、调研，试图探寻预防司法工作人员职务犯罪的方法和措施。虽然一直在努力，但由于条件限制，始终感觉不能完全厘清司法腐败的根源，感觉预防司法腐败的途径和方法就如同"不识庐山真面目，只缘身在此山中"。但是，再苦再难，探寻预防司法工作人员职务犯罪的方法，也是值得做的，"路漫漫其修远兮，吾将上下而求索"！

参考文献

一 著作

陈兴良：《规范刑法学》，中国政法大学出版社 2003 年版。

陈兴良：《当代中国刑法新理念》，中国人民大学出版社 2007 年版。

陈兴良：《刑法学的现代展开》（Ⅰ），中国人民大学出版社 2015 年版。

陈兴良：《刑法的人性基础》，中国方正出版社 1996 年版。

陈忠林：《刑法散得集》，法律出版社 2003 年版。

陈忠林：《刑法散得集》（Ⅱ），重庆大学出版社 2012 年版。

陈忠林：《刑法的界限》，法律出版社 2015 年版。

陈忠林：《意大利刑法纲要》，中国人民大学出版社 1999 年版。

陈忠林主编：《刑法》（总论），中国人民大学出版社 2016 年版。

陈忠林主编：《刑法》（分论），中国人民大学出版社 2016 年版。

董鑫：《国家公务员犯罪及其防治》，成都科技大学出版社 1995 年版。

樊凤林、宋涛：《职务犯罪的法律对策及治理》，中国人民公安大学出版社 1994 年版。

高铭暄、马克昌主编：《刑法学》（第二版），北京大学出版社、高等教育出版社 2005 年版。

高铭暄、马克昌：《中国刑法解释》，中国社会科学出版社 2006 年版。

高铭暄、赵秉志：《新中国刑法学研究历程》，中国方正出版社 1999 年版。

高铭暄：《刑法学》（新编本），北京大学出版社 1998 年版。

高一飞：《有组织犯罪专论》，中国政法大学出版社 2000 年版。

郭立新、苏凌：《渎职侵权犯罪认定疑难问题解析》，中国检察出版社 2008 年版。

范春明：《贪污贿赂犯罪的法律适用》，人民法院出版社 2001 年版。

郝银钟：《遏制腐败犯罪新思维》，中国法制出版社 2013 年版。

何家弘、刘品新：《证据法学》，法律出版社 2011 年版。

蒋小燕、王安异：《渎职罪比较研究》，中国人民公安大学出版社 2004 年版。

刘明波：《中外财产申报制度述要》，方正出版社 2001 年版。

刘生荣：《施行典范》，中国方正出版社 1998 年版。

刘生荣、但伟：《腐败七罪刑法精要》，中国方正出版社 2001 年版。

刘志高：《司法工作人员渎职犯罪基本问题研究》，上海社会科学院出版社 2008 年版。

吕天奇：《贿赂罪的理论与实践》，光明日报出版社 2007 年版。

苏力：《也许正在发生：转型中国的法学》，法律出版社 2004 年版。

孙国华、朱景文：《法理学》，中国人民大学出版社 2004 年版。

孙国祥：《新类型受贿犯罪疑难问题解析》，中国检察出版社 2008 年版。

孙谦：《国家工作人员职务犯罪研究》，法律出版社 1998 年版。

王作富：《刑法分则实务研究》（下），中国方正出版社 2003 年版。

王作富：《经济活动中罪与非罪的界限》，中国政法大学出版社 1993 年版。

吴振兴：《新刑法罪名司法解释适用全书》，中国言实出版社 1998 年版。

肖中华：《贪污贿赂罪疑难解析》，上海人民出版社 2006 年版。

张明楷：《刑法学》，法律出版社 1997 年版。

张明楷：《刑法学》（第五版），法律出版社 2016 年版。

张明楷、劳东燕、吴大伟等：《司法工作人员犯罪研究》，中国人民大学出版社 2008 年版。

张志铭:《法律解释操作分析》, 中国政法大学出版社 1998 年版。

赵秉志:《扰乱公共秩序罪》, 中国人民公安大学出版社 1999 年版。

赵秉志、肖中华、左坚卫:《刑法问题对谈录》, 北京大学出版社 2007 年版。

赵秉志:《新刑法全书》, 中国人民公安大学出版社 1997 年版。

庄劲:《犯罪竞合: 罪数分析的结构与体系》, 法律出版社 2006 年版。

周其华:《职务犯罪热点、难点问题解析》, 中国方正出版社 2007 年版。

中国社会科学院"政治发展比较研究"课题组:《国外公职人员财产申报与公示制度》, 中国社会科学出版社 2013 年版。

马克思、恩格斯:《马克思恩格斯全集》(第一卷), 人民出版社 1974 年版。

[苏] 特拉伊宁:《关于犯罪构成的一般学说》, 薛秉忠等译, 中国人民大学出版社 1957 年版。

[俄] 斯库拉托夫、列别捷夫:《俄罗斯联邦刑法典释义》, 黄道秀译, 中国政法大学出版社 2000 年版。

[意] 贝卡利亚:《论犯罪与刑罚》, 黄风译, 中国法制出版社 2005 年版。

[法] 孟德斯鸠:《论法的精神》, 张雁深译, 商务印书馆 1961 年版。

[法] 埃米尔·迪尔凯姆:《社会学方法的准则》, 耿玉明译, 商务印书馆 1995 年版。

[英] 约翰·埃默里克·爱德华·达尔伯格-阿克顿:《自由与权力》, 侯健、范亚峰译, 译林出版社 2011 年版。

[美] 埃尔曼:《比较法律文化》, 贺卫方、高鸿钧译, 清华大学出版社 2002 年版。

[美] 德沃金:《法律帝国》, 李常青译, 中国大百科全书出版社 1996 年版。

[美] 加里·S. 贝克尔:《人类行为的经济分析》, 王业宇、陈琪译, 格致出版社、上海人民出版社 2008 年版。

[美] 汉密尔顿等:《联邦党人文集》, 程逢如等译, 商务印书馆 1980 年版。

［德］马克斯·韦伯：《经济与社会》（下），林荣远译，商务印书馆1997年版。

［德］E.博登海默：《法理学：法律哲学与法律方法》，邓正来译，中国政法大学出版社1999年版。

二 论文

白建军：《司法潜见对定罪过程的影响》，《中国社会科学》2013年第1期。

卞建林、张璐：《我国刑事证明标准的理解与适用》，《法律适用》2014年第3期。

边秀琴：《论受贿罪客观方面的几个问题》，《河北法学》2007年第8期。

陈兴良：《为他人谋取利益的性质与认定——以两高贪污贿赂司法解释为中心》，《法学评论》2016年第4期。

陈瑞华：《刑事证明标准中主客观要素的关系》，《中国法学》2014年第3期。

陈瑞华：《论国家监察权的性质》，《比较法研究》2019年第1期。

陈瑞华：《刑事证明标准中主客观要素的关系》，《中国法学》2014年第3期。

陈新生：《人民监督员监督与人大监督之互补与衔接》，《人大研究》2008年第11期。

崔光华：《一些国家和地区的反腐制度与实践》，《红旗文稿》2006年第14期。

董玉庭、董进宇：《刑事自由裁量权负效应及其克服》，《北方论丛》2006年第2期。

杜国强：《无身份者与有身份者共同犯罪定性问题研究》，《国家检察官学院学报》2004年第3期。

冯毛毛：《宪法视域下监察权与检察权的衔接》，《忻州师范学院学报》2018年第8期。

高兵：《徇私枉法罪阴暗问题分析》，《人民检察》2003年第1期。

高铭暄、张慧：《论受贿罪的几个问题》，《法学论坛》2015年第4期。

郭晶：《"科层制"司法与法律人之异化——从刑事司法角度切入探讨》，《云南大学学报》（法学版）2013 年第 4 期。

管晓静：《警察职务犯罪心理因素分析》，《山西警官高等专科学校学报》2008 年第 3 期。

何承斌：《徇私枉法罪行为构造研析》，《郑州大学学报》（哲学社会科学版）2006 年第 1 期。

洪新进、郭其洪：《保障人民监督员制度时效性略论》，《人民检察》2006 年第 1 期。

胡渝：《职务犯罪的预防研究》，《重庆工商大学学报》2008 年第 11 期。

侯启舞：《渎职罪中的徇私概念问题探讨》，《黑龙江省政法管理干部学院学报》2006 年第 3 期。

黄国盛：《受贿后实施渎职行为的罪数分析——兼论刑法第 399 条第 4 款的理解与使用》，《中国刑事法杂志》2010 年第 1 期。

黄河：《公诉工作中强化诉讼监督的主要内容与对策》，《人民检察》2010 年第 3 期。

黄京平、石磊：《论包庇、纵容黑社会性质组织罪的主体和主观方面的若干问题》，《法制现代化研究》2004 年第 9 期。

黄奇中：《刑法第 399 条第 4 款的理解与适用》，《中国刑事法学杂志》2004 年第 4 期。

暨中党、冯智锋：《绩效考核在检察机关人力资源管理中的作用》，《人民检察》2009 年第 20 期。

康均心：《受贿罪若干新问题讨论——以〈刑法修正案（九）〉和"两高"司法解释为视角》，《武汉公安干部学院学报》2016 年第 12 期。

李建：《绩效考核体系设计与作用探讨》，《人民检察》2005 年第 8 期。

李文生：《关于渎职罪徇私问题的探讨》，《中国刑事法杂志》2002 年第 4 期。

李志平：《"以事实为根据，以法律为准绳"原则研究》，《政治与法律》2003 年第 2 期。

林亚刚：《徇私枉法罪主观要件及共犯》，《上海对外经贸大学学报》2014 年第 1 期。

刘宪权、吴允峰：《黑社会性质组织犯罪司法认定中若干疑难问题探讨》（下），《犯罪研究》2002 年第 2 期。

龙宗智：《中国法语境中的"排除合理怀疑"》，《中外法学》2012 年第 6 期。

路志强：《强化法官自由裁量权检察监督的路径探析》，《河北法学》2014 年第 9 期。

马荣春：《论刑法的常识、常理、常情化》，《清华法学》2010 年第 1 期。

马松建：《徇私枉法罪客观方面疑难问题探讨》，《河北法学》2004 年第 7 期。

梅屹松：《行贿犯罪法律规定的理解与适用》，《法治论丛》2006 年第 4 期。

莫洪宪、李成：《职务犯罪共犯与身份问题研究》，《犯罪研究》2005 年第 6 期。

牛克乾、闫芳：《试论徇私枉法罪中"徇私"的理解与认定》，《政治与法律》2003 年第 3 期。

秦强：《构建以监察委员会为主导的反腐败监督体系》，《人民法治》2018 年第 4 期。

谭世贵、宗慧霞：《论我国财产申报制度的建立与实施》，《海南大学学报》（人文社会科学版）2009 年第 4 期。

天津市西青区人民检察院课题组：《检察机关与监察委员会办案衔接问题研究》，《法治与社会》2018 年第 9 期。

王爱东：《徇私枉法罪中"有罪的人"辨析》，《中国刑事法杂志》1999 年第 6 期。

王福生：《浅谈徇私枉法罪客观方面的认定》，《人民检察》2001 年第 3 期。

王志远：《多远身份主体共同犯罪之定性难题及前提性批判》，《法律科学》2010 年第 2 期。

王作富、陈兴良：《受贿罪构成新探》，《政法论坛》1991 年第 1 期。

武小凤：《关于徇私枉法罪主体问题的初步探讨》，《河南师范大学学报》（哲学社会科学版）2007 年第 2 期。

吴学斌、俞娟：《徇私枉法罪的基本问题研究》，《政治与法律》2005

年第 2 期。

　　熊选国：《牵连犯之牵连关系》，《现代法学》1987 年第 4 期。

　　谢甫成、牛建平：《受贿罪认定中值得探讨的几个问题》，《重庆大学学报》（社会科学版）2001 年第 3 期。

　　徐显明：《论"法治"构成要件——兼及法治的某些原则及观念》，《法学研究》1996 年第 3 期。

　　颜小冬、游光业：《斡旋受贿罪的独立性探析》，《求索》2010 年第 12 期。

　　杨兴培：《再论刑法不应增设"性贿赂犯罪"》，《检察日报》2008 年 9 月 4 日。

　　叶锐：《刑事证明标准适用的影响因素实证研究》，《中国刑事法杂志》2014 年第 2 期。

　　余少祥：《论公共利益的行政保护——法律原理与法律方法》，《环球法律评论》2008 年第 3 期。

　　袁建伟：《"性贿赂"入罪的制度设计》，《西安电子科技大学学报》（社会科学版）2009 年第 2 期。

　　袁其国：《监所检察工作中强化诉讼监督的重点与措施》，《人民检察》2010 年第 3 期。

　　游伟、肖晚强：《论受贿罪构成要件中的"为他人谋取利益"》，《政治与法律》2000 年第 6 期。

　　游伟：《斡旋受贿罪若干问题探析》，《河南省政法管理干部学院学报》2005 年第 6 期。

　　赵秉志、赵辉：《龚建平受贿罪的法理研究》，《刑事法判解研究》2005 年第 5 期。

　　张宝来：《司法工作人员职务犯罪探析》，《江西社会科学》2001 年第 5 期。

　　张明楷：《置贿赂者于囚徒困境》，《法学家茶座》2004 年第 5 期。

　　张妮：《监察体制改革相关问题探析》，《法治博览》2018 年第 9 期。

　　张平芳、黄卫平：《家庭财产申报制度面临的困境》，《中国社会导刊》2004 年第 1 期。

　　张苏苏：《包庇、纵容黑社会性质组织罪主观方面研究》，《湖北警官学院学报》2012 年第 3 期。

张亚明、苏妍嫄：《"小官巨腐"的定律与防治路径》，《行政管理改革》2016 年第 3 期。

张兆松：《审查批捕方式的反思与重构》，《河南政法管理干部学院学报》2010 年第 1 期。

朱力宇、林鸿姣：《"以事实为根据，以法律为准绳"原则的形成和发展》，《法律适用》2013 年第 2 期。

庄劲：《从一重断还是数罪并罚——从牵连关系的限定看牵连犯的处断原则》，《甘肃政法学院学报》2007 年第 1 期。

朱建华：《受贿罪"为他人谋取利益"要件取消论》，《现代法学》2001 年第 4 期。

朱孝清：《斡旋受贿的几个问题》，《法学研究》2005 年第 3 期。

左卫民、唐清宇：《制约模式：监察机关与检察机关的关系模式思考》，《现代法学》2018 年第 4 期。

周光权：《徇私枉法罪研究》，《人民检察》2007 年第 12 期。

周光权：《论常识主义刑法观》，《法制与社会发展》2011 年第 1 期。

邹志宏：《论行贿罪中不正当利益的界定》，《人民检察》2002 年第 3 期。

后　记

　　夜深了，万籁寂静，只剩下我轻轻敲打键盘的声音……当我敲定最后一个字时，那种解脱、不甘、遗憾等种种心情同时上涌，填满了我的内心。解脱，是因为终于将这个国家级项目完成了；不甘，是觉得这个项目还有一些内容没有完全展开，远远没有达到令人满意的水平；遗憾，是觉得自己的水平有限，此时难以真正将自己想表达的全部东西展现。虽然具有种种复杂的心情，但是，我还是很珍惜这本书籍，因为毕竟是自己花了几年心血和力气完成的辛勤之作。

　　"司法工作人员职务犯罪预防研究"这个课题思路来源于2010年我参与由陈胜才副检察长、蓝林处长牵头的重庆市人民检察院第一分院的项目"重庆市司法工作人员职务犯罪预防研究"，这个项目由于时间紧、任务重，我们虽然做了很多工作，但难免不尽如人意，留下一些遗憾，因此，我就萌生了再次将这个课题进行下去的想法。2013年，我以这个题目申报国家社科基金项目，幸运的是，该题目受到评委专家们的青睐，成功评为2013年国家社科基金西部项目。得到国家社科基金支持之后，我将调研范围进一步扩大到西南地区的范畴，并得到了很多朋友的帮助，最终将调研和写作完成。

　　感谢我的恩师陈忠林教授和师母徐代庆女士，在项目申报、进行和完成过程中，是你们一直的教诲和帮助，让我能够努力做下去，是你们的鼓励，让我能够完成我人生的第二部专著。真诚地谢谢你们！

　　感谢重庆市人民检察院的陈胜才副检察长、第一分院蓝林处长以及当时参与项目的检察院的朋友们，是你们的帮助让我萌生了做这个项目的第一原动力，也是你们后来的大力支持和鼓励让我能够将项目进行下去。

感谢我们项目组成员张波、王志刚、蔡英、杨露、蒋毅、张涛、谢海燕、梅锦，是我们的共同支持、鼓励、努力才能将这个项目完成。尤其是张波是我的师兄兼同门，平时对我的工作和生活都非常关心，在项目的调研和写作过程中都提出一些非常好的建议和思路，让我受益匪浅。

感谢重庆大学法学院和刑法学科的老师们！感谢周国文老师、高飞老师、牛建平老师、任娇娇老师对我项目的支持和鼓励！感谢重庆大学法学院刑法与法治现代化研究中心对我项目的支持！

感谢我的研究生蒋佳丽、姜风维、表春香、李梦思、李菊瑞、张诗梦、沈佳诚等同学，感谢你们对这个项目的帮助和支持，让我轻松很多，谢谢你们！感谢我的研究生邹培江、本科生方钰燊、吴函璐等同学对本书的校对，让我省心不少！

当我再次细细思索需要感激的人时，也许真的是上天的眷顾，我发现对我关怀、帮助过的人如此之多，真的在此无法一一列举，我只能在此对你们表达诚挚的谢意！

肖　洪

2020 年 11 月 10 日